中国农业农村现代化的寿光模式

历史、现实与未来

王立胜 等◎著

中央党校出版集团
国家行政学院出版社
NATIONAL ACADEMY OF GOVERNANCE PRESS

图书在版编目（CIP）数据

中国农业农村现代化的寿光模式：历史、现实与未来 / 王立胜等著 . -- 北京：国家行政学院出版社，2024. 9. -- ISBN 978-7-5150-2927-6

Ⅰ. F327.524

中国国家版本馆 CIP 数据核字第 20245X9W13 号

书　　名	中国农业农村现代化的寿光模式：历史、现实与未来 ZHONGGUO NONGYE NONGCUN XIANDAIHUA DE SHOUGUANG MOSHI: LISHI XIANSHI YU WEILAI
作　　者	王立胜　等　著
责任编辑	刘锦
责任校对	许海利
责任印刷	吴霞
出版发行	国家行政学院出版社 （北京市海淀区长春桥路 6 号　100089）
综 合 办	（010）68928887
发 行 部	（010）68928866
经　　销	新华书店
印　　刷	北京九州迅驰传媒文化有限公司
版　　次	2024 年 9 月北京第 1 版
印　　次	2024 年 9 月北京第 1 次印刷
开　　本	170 毫米 × 240 毫米　16 开
印　　张	17
字　　数	233 千字
定　　价	60.00 元

本书如有印装问题，可联系调换，联系电话：（010）68929022

前言

王立胜

寿光模式是伴随40多年的改革开放历程在不断探索和实践中形成的。40多年来,寿光由农业产业化起步,历经工农互助、三产互融,城乡一体均衡发展,到产业全链条融合、城乡全要素融合、治理全领域融合,县域经济、文化、社会、生态等各项事业全面进步,为乡村振兴"齐鲁样板"贡献了寿光力量。寿光模式解决的不是单纯的农业产业化问题,而是农业农村改革和城乡一体化创新发展问题,它是中国式农业农村现代化发展的创新典范,是通过农业现代化推动区域现代化的范本,为全国农业农村现代化和乡村振兴战略的推进提供了可借鉴和推广的发展模式。

一、寿光模式迭代升级的历史逻辑

寿光模式的形成发展过程是蔬菜产业化引领农业与非农产业协调发展带来的农民富裕、产城互动、城乡融合、特色城镇化的过程。自20世纪80年代末至今,寿光模式历经蔬菜大棚生产、农业产业化经营、农业与非农产业协调发展、县域经济社会文化整体推进四个阶段,历经40多年的创新和拓展,寿光模式在迭代提升中内涵不断丰富,展示出强大的活力、示范力和引领力。

第一阶段,组织农村市场,发展商品经济(1978—1988年)。从改革开放到1988年前后,以建设蔬菜批发市场为标志,率先冲破计划经济坚冰,蔬菜产业逐步成为支柱产业。为解决蔬菜销路问题,

1984年，寿光县政府建设九巷蔬菜批发市场，之后，采取一系列措施，积极组织和指导市场的建设、发育和完善工作。不断完善配套设施和基础设施；制定优惠政策，为市场发展提供良好的政策环境；强化市场管理，维护良好的市场秩序和信誉。市场体系的畅通带动了蔬菜生产的发展，蔬菜生产的发展又反过来促进市场的繁荣，两者实现了良性循环。短短几年，寿光蔬菜产业迅速发展，成为全国最大的"菜园子"。

第二阶段，推进农业产业化发展（1989—1999年）。从1989年开始，寿光在时任县委书记王伯祥的全力支持下，在三元朱村党支部书记王乐义的带头实践下，成功研制和推广了冬暖式蔬菜大棚，推动蔬菜种植业迅速发展，探索出了一条独具特色的农业产业化经营道路。以市场为导向，培育主导产业；实行区域化布局，搞好基地建设；发展专业化生产，提高规模效益；扶持建设龙头企业，实行一体化经营。把千家万户的农民与千变万化的市场紧密连接，促进了农村产业结构升级和资源优化配置，提高了农业比较效益。

在20世纪最后10年，寿光模式重点解决的是农业产业化问题，是计划经济向市场经济转型背景下的成功探索。寿光的农业产业化实践契合了20世纪80年代城乡经济体制改革解决温饱后，农民增收与市民消费升级的要求。一方面，随着联产承包责任制成果的显现，农民解决了温饱问题，对轻工业产品的需求逐渐增加，产生了较强的货币收入需要。而单纯的粮食生产无法满足这一需要，因此，调整农业产业结构，开展多种经营成为必然。另一方面，随着党的十二届三中全会的召开，城市改革也随之启动，城市居民收入有了较快增长，消费水平和消费结构升级，对多元化、高品质农产品的需求旺盛起来。供给侧和需求端同时发力，为寿光的蔬菜产业化发展提供了现实基础。

第三阶段，工农互促、农业与非农产业均衡发展（2000—2011年）。

以2000年首届中国（寿光）国际蔬菜科技博览会举办为标志，寿光模式的创新提升进入新阶段。经过前一阶段以蔬菜为主导的农业产业化发展，寿光农民获得了较高的货币收入，在生活水平不断提高的同时，也产生了大量县域内存款，形成信贷规模，为县域第二、第三产业发展提供了资金。在此基础上，农业产业化助推一、二、三产同步迭代，县域经济实现规模扩张和结构升级。这样，在21世纪的第一个10年，寿光模式被赋予新的时代内涵，即以产业富民为目标，以蔬菜产业化为动力，实现农业与非农业相互促进、城乡一体均衡发展。

首先，蔬菜生产绿色化、标准化助推农业产业化。寿光以科技进步为动力，大力推进绿色化标准化，推动农业产业化向高端化国际化发展；通过谋跨越、创品牌，树立寿光农业新形象；通过建立专业市场、拓宽流通渠道来拉动产业发展，形成了布局区域化、产品标准化、经营品牌化的现代农业产业化发展模式。其次，大力发展工业。促进传统工业升级，做大做强优质工业，推动农业产业化和工业化均衡发展，实现了城乡一体、工农互促、城乡互动和双赢。走出一条以规划、产业、城乡建设、生态文明、民生、党建一体化为重点，涵盖经济、政治、文化、社会各领域的城乡均衡发展新路子。

第四阶段，三产融合、城乡融合（2012年至今）。进入新时代，尤其是2018年以来，寿光市把拓展创新寿光模式放到乡村振兴大战略和"三个模式"大框架中去谋划、推进和落实。着力解决农村发展不平衡不充分的问题，坚持农村现代化与农业现代化一体设计、一并推进，着力构建现代农业产业体系、生产体系和经营体系，走标准化、绿色化、园区化、智慧化、品牌化发展之路。通过政府改革创新，发挥蔬菜产业的比较优势，不断优化资源配置，推动形成了以市场为导向、以科技为动力、以品牌为引领、以标准化生产为抓手、以组织化发展为路径的现代农业生产经营体系,同时,不断向全国输出技术、人才、标准以及农业发展的整体解决方案,带动农业增效、农民增收。推动乡村经济结构、人口结构和空间结构同步优化,生产方式、生活方式和治理方式同步改进,收入水平、文明水平和生态水平同步提升,为打造乡村振兴"齐鲁样板"贡献了寿光力量。

总之,40多年来,寿光模式的创新和提升过程就是以蔬菜产业化引领农业与非农产业协调发展,实现农民富裕、三产融合、城乡融合的过程,其发展演进的历史逻辑是"蔬菜产业化－农业产业化－农业与非农产业协调发展－产业园区化、园区城镇化、农民市民化",实现了实践成效显著、地方特色鲜明、发展动力持续、社会认同广泛、借鉴推广度高的发展效应。其中,党建引领是保障,农业产业化是动力,农业助推工业、农业与非农产业协调发展、三产一体、城乡融合是路径,整县推进是措施,率先实现农业农村现代化、不断满足农民群众对美好生活的向往是目标。

二、寿光模式的新时代实践成效

寿光模式历经40多年的迭代升级,实现了三产互融、城乡互融,县域经济、文化、社会、生态等各项事业全面发展,寿光成为中国式农业农村现代化发展的先行者。对此,习近平总书记给予了高度评价。2018年3月,习近平总书记在参加全国两会山东代表团审议时指出:"改革开放以来,山东创造了不少农村改革发展经验,贸工农一体化、农业产业化经营就出在诸城、潍坊,形成了'诸城模式''潍坊模式''寿光模式'。"

2018年以来,寿光市委、市政府以习近平总书记的相关重要论述和指示为基本遵循,把寿光模式放到农业农村现代化和"三个模式"的大框架下进行创新、提升和落实，以实施乡村振兴战略为抓手，统筹推进产业、文化、社会、生态和组织振兴，生动演绎了寿光模式的活力和魅力，为乡村振兴打造了"齐鲁样板"的寿光样本。

（一）党建引领乡村全面振兴

寿光市在实现三产融合、城乡融合、经济高质量发展，打造乡村振兴"齐鲁样板"的寿光模式中，高度重视党建引领，将其视为实现乡村全面振兴的基础和前提，始终坚持政治引领、思想引领、组织引领、社会引领、作风引领和制度引领。各级党组织以增强自身政治建设为统领，以加强理论学习能力为抓手，以激发群众首创精神为重点，以调动一切积极因素为方针，以优良作风为底色，以完善制度为保障，在党建互学、项目互联、人才互通上深化交流，不断强龙头、树品牌、补链条，激活了乡村振兴的"一池春水"。与此同时，积极探索党建引领乡村振兴新模式，坚持以精准理念为导向优化党建引领乡村全面振兴主体、以因地制宜为准则擘画党建引领乡村全面振兴蓝图、以数字技术为载体创新党建引领乡村全面振兴方式、以文化建设为支撑营造党建引领乡村全面振兴氛围、以产业特色为抓手打造党建引领乡村全面振兴品牌，激活了乡村振兴原动力，蹚出了乡村振兴的新路子。

首先，构建多层次、广覆盖的党建联盟，"战斗堡垒"更加坚实。寿光市以党建引领促民增收为工作导向，积极推动构建多层次、广覆盖的党建联盟，将战斗堡垒建强在"链"上，布局党建链有效激活服务链、产业链、效益链，促进产业融合，构建产业抱团发展新格局，实现党组织"领着农民干、带着农民富"，走出一条"党建+农业"的丰收路。其次，搭建全方位、成体系的组织网络，"红色动能"更加强劲。大力实施"同心筑网"工程，以党建引领为核心，将资源汇聚到网格，做到居民群众的事"一网揽尽、服务到家",打造"有事找支部、服务有温度"党建领航基层治理服务品牌。再次,拓展多元化、特色化的党建服务,"红色旗帜"更加鲜亮。聚焦"党建+规划",明确发展方向。聚焦"党建+产业",实现发展为民。推行"党支部+合作社+种植户"等经营模式,实现"支部建在产业上,党员聚到产业中",夯实组织引领,充分发挥党组织的战斗堡垒作用,聚焦"党建+人才",激发发展活力。最后,建立高效化、创新化的工作机制,寿光模式更加完备。强化党建引领核心,凝心聚力求突破;推动四级联动发力,一抓到底解难题;突出多元共建共治,区域融合强治理。发挥党建引领作用,汇聚多元力量资源,建立全员参与、守望相助的共建共治格局。

(二)产业融合推动经济高质量发展

寿光模式经历了设施蔬菜的产业化起步阶段、转型升级的工业化强市阶段、统筹城乡发展阶段、城乡融合与高质量发展阶段。单纯从产业角度看,寿光模式是蔬菜产业化发展过程中所形成的生产、销售、技术、会展和标准输出等创新经验,突出解决的是个体小农经济与现代农业整体化、规模化、产业化发展之间的矛盾,是农业供给侧结构性改革的生动实践,其本质是推动了生产要素更大范围、更高质量的优化配置。寿光因菜而兴、因农而旺,但寿光并非仅仅是农业强。2022年,寿光市第一产业实现增加值131.6亿元,占地区GDP的13.13%,三次产业结构比为13.13∶43.49∶43.38。寿光取得这些成绩,是全面推进城乡产业融合发展的结果,走出了一条以产业融合推动经济高质量发展的成功道路。

首先,经济实力实现历史性跃升。党的十八大以来,寿光市注重做好"优存量"和"扩增量"两篇文章,在继续强化农业特别是蔬菜产业化优势的同时,大幅提升了高新技术产业的占比、服务业数量和质量。2012—2022年,三次产业结构比由16.3∶52.1∶32.6

演变为13.13∶43.49∶43.38，产业结构持续优化升级，农业经济不断提质升级。蔬菜产业链条不断延伸、产业优势持续增强；农业经济持续扩量、提质、增效。坚持"工业强市"战略，把做实做优做强实体经济作为主攻方向，一手抓传统产业转型升级，一手抓战略性新兴产业发展壮大，加速向数字化、智能化、绿色化发展，产业链供应链稳定性和现代化水平不断提高。服务业加快转型升级，现代服务业和现代农业、先进制造业深度融合发展的态势已基本形成。2022年，寿光市列"中国工业百强县"第76位和"中国创新百强县"第45位，被评为全省民营经济高质量发展先进县、省促进工业稳增长和转型升级成效明显县。其次，产业融合发展水平不断提升。寿光抓住农业产业化、新型工业化和服务业现代化的历史机遇，精准建链、延链、补链、强链，产业链不断健全。产业科技含量持续提升。全力做好种业研发、现代农业高新技术集成应用等工作，主动扛起振兴民族种业责任，积极探索农业适度规模新型经营方式、组织方式，向全国输出寿光标准和集成解决方案，加快向农业现代化迈进。再次，城乡融合发展水平显著提高。寿光市立足现代化农业发展优势，优化特色产业城乡布局，推动城乡要素双向流动，统筹推进基础设施城乡一体化，不断完善城乡公共服务体系，协同推进新型城镇化和乡村振兴，城乡融合发展水平显著提高。最后，绿色发展和开放发展水平大幅提升，人民生活得到全方位改善。党的十八大以来，生产标准化、农业园区化、蔬菜品牌化、农民职业化、乡村宜居化、公共服务均等化，寿光正在以产业融合推动乡村全面振兴、人民生活全方位改善，人民群众的获得感、幸福感、安全感更加充实、更有保障、更可持续。

寿光模式不同于率先以工业推动发展、以开发资源促进发展，或者以大城市为依托带动发展的现代化之路，而是通过做大做强农业，培育工业基础，工农并驱又奠定了服务业腾飞的底蕴。概言之，寿光模式成功地走出了一条产业融合推动经济高质量发展之路。从产业融合推动经济高质量发展动力来看，寿光经历了从规模驱动和效益驱动，向质量驱动和品质驱动的转变，产业融合、经济发展越来越考虑文化因素、社会因素和生态环境因素。

（三）文化振兴为乡村塑形铸魂

寿光高度重视文化振兴，以文化振兴为乡村塑形铸魂，是寿光模式的基本内涵。寿光市委市政府把文化阵地建设、文化活动开展、文明乡风培育和文化产业发展等作为推进新时代乡村文化振兴的重大工程，探索实施"三位一体"推进县域公共文化服务体系建设，谱写乡村文化振兴新篇章，使乡村振兴更具活力。

首先，深挖优势资源，传承创新农耕文化，打造特色文化标识。寿光市在推进农业农村现代化的进程中，高度重视发挥文化的力量。深挖地域文化优势，大力开发农耕文化传统村落。传承创新地域文化，把传统文化与现代农业相结合，培育涵养了现代蔬菜文化。积极打造"中国蔬菜之乡"和"中国海盐之都"特色文化标识，形成"农圣·菜乡""盐圣·盐都"等历史文化名片。由此化生了寿光"敢想敢闯敢干、于守正中创新"的当代特质，成就了一个经济百强县的强大内生动力。其次，实施"三位一体"模式，完善公共文化服务体系。寿光市以习近平新时代中国特色社会主义思想为统领，以走在前列的担当和勇气，率先提出"乡村振兴，文化先行"的口号，立足寿光实际，聚焦"文化惠民"和"群众满意"两条主线，创新探索实施"三位一体"模式，不断完善公共文化服务体系，丰富公共文化产品和服务供给，为乡村振兴提供文化助力，让文化成果惠及广大群众，市民参与度和文明度显著提高。一是打造"三个文化圈"，建设高标准公共文化设施。在中心城区打造"城市核心文化圈"，在城镇街道打造"城郊辐射文化圈"，在村庄社区打造

"乡村特色文化圈"。构建起以市级公共文化设施为龙头、镇街综合性文化服务中心为纽带、村（社区）综合性文化服务中心为基础的三级公共文化服务网络体系，满足了群众文化阵地需求。二是实施"文化带动""文化下乡""文化服务"三大工程，大力开展文化惠民活动。三是构建"三大体系"，即投入体系、考核体系、政策倾斜体系，以确保文化服务保障有力。再次，发展特色文化产业，助力乡村富裕。着力打造以"爱国教育、使命担当"为主题的红色教育研学游、以"科技博览、蔬菜观光"为主题的绿色农业观光游、以"海上体验、湿地度假"为主题的蓝色滨海休闲游、以"三圣故里、古韵留存"为主题的文化寿光体验游四条精品旅游线路。把文化资源优势转化为产业优势，为乡村文化振兴奠定坚实的物质基础。最后，发展职业教育，培育发掘乡村建设人才。乡村文化振兴离不开乡村文化人才，实施乡村振兴战略，必须打造一支强大的乡村振兴人才队伍。寿光市始终重视文化人才培育工程，以培育乡村文化人才为重要抓手，不断壮大文化人才队伍，以"润物细无声"的方式将优秀文化力量融入乡村振兴的脉搏之中，激活乡村振兴的"文化潜力"。

（四）构建再造适配本土社会结构的全域社会治理体系

面对新时代我国基层社会治理的新形势和新要求，寿光市在党委统领之下，整体推进、综合施策，持续加大基层基础设施投入、统筹公共产品供给、实现多规合一，完善基层治理体制机制建设，构建适配本土社会结构的全域社会治理体系。

第一，寿光市以党的领导为基础，把党的领导作为各项工作推进的领导核心，健全治理领导体制，充分发挥党组织的战斗堡垒作用以及党员的先锋模范作用，不断优化基层治理体系。第二，通过党的组织体系密切联系群众，实现党对人民群众的政治领导，通过有效行使党的执政权、科学执政，实现了对社会的有效治理。在社会治理的实践中达成"双轮驱动"，促进了党的坚强领导下共建、共治、共享的治理格局形成。第三，始终注重发挥文化的主体性作用，以"文化治理"推动多元主体之间协调互动、共建共治。在具体的治理实践中，寿光市坚持以本土文化建设为切入，整合县域内文化资源，推动了城乡文化一体化建设，有效发挥文化教育人、培养人、提高人的积极作用，撬动社会治理资源，加强和创新社会治理。第四，大力发展农村集体经济，既为打造过硬党支部、保障村级组织正常运转提供了经济保障，也为提高群众的社会治理获得感、参与感提供了组织保障。第五，以情感治理+软治理为线索，内化社会矛盾与冲突，推进县域城乡治理"三治"融合，逐步构建了适配本土社会结构的全域社会治理体系。

寿光市以党委统领、组织激活、复育文化与动员市场等方式构筑了适配本土社会结构的全域社会治理体系，实现了复杂治理场域下的社会基础再造。通过党的集中统一领导、本土文化复育、集体经济发展、协调政府市场关系，取得了良性善治的社会治理效果，助推寿光模式实现高质量发展。

（五）以生态优势赋能乡村全面振兴

生态振兴是乡村振兴的重要内容，也是寿光模式的重要内涵。新时代新征程，寿光市坚持以习近平生态文明思想为指导，把"整县域推进乡村生态振兴"纳入总体布局，以生态优势赋能乡村全面振兴。树牢"绿水青山就是金山银山"理念，坚持源头治理、精准治理、系统治理、全域治理，将生态环境保护作为重要的民生工程来抓。坚持遵循规律、整体谋划、因地制宜、守住底线、农民主体的基本原则，构建系统完备的制度体系、精准施策的推进体系、多元融合的保障体系、绿色低碳的民生体系四大体系，突出上下联动抓推进、县域联动抓攻坚、建管联动抓落实,全面推动乡村生态振兴迈出坚实步伐,各项工作扎实有效开展,生态环境治理成效突出。

首先,绿色发展理念深入人心,寿光市深入开展生态环保宣传教育,持续规范、约束和引导全社会保护生态环境行为。目前,已基本构建起全方位、多角度、立体式的生态环保宣传工作格局,建立起生态环保宣传长效机制,既宣传好党的生态思想、方针政策、法律法规,也讲好"寿光环保故事",实现公众对环保工作的理解和支持度持续提升。其次,生态环境质量持续稳定向好,碳排放强度持续降低,生态系统稳定性明显增强,环境安全有效保障,生态文化特色优势彰显,低碳、天蓝、水绿、土净、景美的美丽乡村建设取得重大进展。最后,生态环境治理的体制机制逐步完善。寿光市坚持目标导向和问题导向,通过深入加快破解制约生态环境保护的体制机制障碍,进一步完善生态环境法规体系,善用体制机制、政策、法治,综合施策、科学规划,开展常态化生态保护建设,扎实推动可持续性发展,不断提升生态环境治理能力和水平。人民群众对优美生态环境的获得感、幸福感不断提升。

三、寿光模式的突出特征

寿光模式是通过农业现代化推动区域现代化的典范。在党建引领、有为政府和有效市场的前提下,以农业产业化为核心,通过生产关系变革促进生产力发展,通过有为政府激活有效市场,通过体制机制创新激励群众首创,在农业现代化的实现方式和实践路径上提供了系统性的解决方案。

（一）始终坚持以人民为中心的发展思想

寿光模式本质上是党领导人民为美好生活而奋斗的典型，始终以"提升人民生活品质"为目标，是充分发挥人民首创精神，依靠人民推进产业融合发展的实践经验，自始至终贯穿了发展依靠人民、发展为了人民的立场。这突出表现在寿光模式的核心要义就是以农民为中心的产业化，即充分调动广大农民的积极性，发挥农民首创精神，依靠农民启动和推进产业化，同时，始终坚持以产业为民、产业富民为目标。

寿光模式的最大特点就是农民的广泛参与和直接受益。寿光模式自始至终都坚持农业农村现代化的核心在产业，根本在农民。无论是最初的冬暖式大棚的发明，还是后来一系列的技术改进、设施升级、先进管理方式应用，都是寿光农民在实践中创造探索、政府积极引导的结果。正是这种立足实践、持续创新的精神，使寿光蔬菜产业始终保持了旺盛的生命力，在市场竞争中越做越大、越发展越好。

进入新时代，我国社会主要矛盾已经转化为人民日益增长的美好生活需要和不平衡不充分的发展之间的矛盾，人民对美好生活的向往更加强烈，人民群众的需要呈现多样化、多层次、多方面的特点。寿光在实现高质量发展的过程中，城乡、社会不同的阶层都分享了发展的利益、发展的成果。寿光市用心办好民生实事，百姓福祉持续增强。围绕为城乡居民提供更稳定的工作、更满意的收入、更好的教育、更高水平的医疗卫生服务、更可靠的社会保障、更舒适的居住条件、更优美的环境、更丰富的精神文化生活而全面深化改革，并取得了一系列重大成就。从幼儿园到大学的全链条人才培养体系全面形成；城乡均衡养老服务体系基本形成，养老服务集团创建为全省连锁化、规模化、品牌化养老服务机构；形成以市级公共文化设施为龙头、镇街综合性文化服务中心为纽带、村（社区）综合性文化服务中心为基础的三级公共文化服务网络。

（二）正确处理政府与市场的关系

寿光模式是在我国市场化改革进程中政府与市场共同作用的产物。40多年来，寿光模式在各个时期都比较好地发挥了政府的引导调控和市场的资源配置这"两只手"的作用。一方面，充分发挥市场在资源配置中的决定性作用，坚持以市场为导向、以效益为中心的思路；另一方面，注重发挥政府的引导作用。无论是产业转型升级或是融合发展，寿光都坚持将政府"有形之手"与市场"无形之手"有机结合起来，在积极落实国家政策的同时，致力于寻找与市场的最佳结合点，把工作重点放在优化营商环境、弥补市场功能失灵的关键环节，并在事关全局、民生、重大基础设施建设等重点领域，履行其应有的责任。

回顾寿光蔬菜产业发展历程可以看到，在大棚种植技术刚出现的时候，政府主要抓技术推广和产业引导。到蔬菜大棚实现规模化之后，技术和产业的推广与扩散就交给市场，政府开始解决基础设施水平不高的问题，调配资源建高标准基地。市场倾向于绿色、无公害、有机的蔬菜时，政府的主要精力转向制定和推广蔬菜质量标准；省内外设施蔬菜大规模发展之后，寿光党委、政府开始大力培植种子产业。寿光成为中国蔬菜产品的集散中心、蔬菜信息的交流中心、蔬菜价格的形成中心、蔬菜标准的制定中心，得益于种植技术、设施水平、市场开拓的迭代进化，更是地方政府产业政策实现主动迭代进化的结果。

长期以来，无论是马克思主义政治经济学还是西方经济学理论，都认为小农户很难与大市场相衔接，寿光模式超越了把小农与市场极端对立起来的认识和主张，通过提供完善发达的农业社会化服务体系，实现了小农与大市场的无缝对接，而这个农业社会化服务体系就是充分发挥政府职能的结果，是党委和政府在各个时期制定符合实际的地方产业政策的结果。更具体地看，在寿光从事蔬菜种植业的小农户，由于其主导生产品类是鲜食蔬菜，加工深度不深，因此更加需要政府主导建立完善的产前、产中、产后社会化服务体系，沿着生产链条进行高水平整合，更加强调政府直接功能的发挥。寿光市委、市政府积极发挥"有形之手"的作用，积极有为，主动作为，主导建立了完善的农业社会化服务体系，并将政府信誉注入地方农产品品牌中，极大降低了农户经营者资本形成的门槛和市场风险，使小农户作为分散经营主体与市场销售体系、科技研发体系、质量标准体系实现了很好的对接，使分散的小农户融入完善的社会化服务体系中，与大市场紧密联结。从而实现了有为政府和有效市场相结合，避免了很多地方在农业发展中出现的"政府失灵"和"市场失灵"现象。

（三）坚持创新驱动发展

寿光模式的成功之处在于创新，在经济发展的每个重要阶段，寿光都以"敢为天下先"的智慧胆识，争作改革探路者。寿光历届党委、政府深入实施创新驱动发展，推动制度创新、科技创新、产业创新、企业创新、市场创新、产品创新、业态创新、管理创新、文化创新等，逐步形成以创新为主要引领和支撑的发展模式。从最初的大田蔬菜到20世纪90年代的大棚种植再到现代高端农业品牌，寿光模式的成功以及寿光蔬菜这一特色产业得以一步步发展壮大、焕发出勃勃生机，其成功的主要原因在于寿光坚持创新驱动，牢牢抓住各阶段产业竞争的关键，积极开展创新，从而保证始终走在产业发展最前沿。2023年5月，寿光市以潍坊市唯一、山东省第一的成绩获批建设国家创新型县（市），这是寿光县域创新的重大成果，为坚持创新驱动发展战略奠定了坚实的基础。

一是科技创新。寿光农业产业发展之路，就是一条不断运用科技推动产业升级之路。科技赋能，积极推进科技创新，用最新的农业科技、管理方法扩展延伸产业链，进一步提升附加值，造就了高效农业，形成了品牌优势。寿光积极推进农业物联网、大数据、空间信息等新兴前沿技术与蔬菜大棚的融合与应用，蔬菜大棚技术已从第1代发展到了第7代，太阳能光伏大棚、水肥一体机、智能温控等高科技设施都已投入使用，智能技术模拟的生态环境和对大棚综合功能系统的控制，其效果甚至已超过蔬菜生长的自然环境。毋庸置疑的是，蔬菜大棚技术是对农业内部能源和其他各种自然能源的充分利用，在不投入或少投入人为因素的条件下，取得了较高的经济效益，其核心是对传统农耕文化充分利用自然能源传统的传承创新。

注重科技创新，创新活力足，发展动能强劲是寿光模式的鲜明特点。近年来，寿光围绕科技创新，实施四大工程，科技创新始终保持旺盛活力。实施科技项目引领工程。围绕重点领域和产业发展方向，聚焦技术创新，以省重大科技创新项目为引领，不断提升企业自主创新能力，支持以企业为主体，"企业+"模式联合争取省级重大科技创新工程，开展关键核心技术攻关与研发，实现一个项目引领一个产业，逐步形成创新发展的集群效应。实施创新平台提升工程。围绕现代农业、新材料、生物医药等优势产业领域，引导企业加大研发投入，加快创新资源集聚，全力支持企业打造高能级创新平台，不断完善"企业自建－市级－省级－国家级"四级平台体系，主动融入全省科技创新平台体系战略布局。实施科技企业壮大工程。大力实施高新技术企业育苗造林行动，通过分类施策，精准指导，构建起"初创型企业－科技型中小企业－高新技术企业"梯次培育机制，推动科技企业规模不断壮大，形成了以高新技术企业为引领、科技型中小企业为支撑的创新发展格局。实施高端人才引育工程。坚持人才引领发展的战略地位，以拓宽引才渠道、深化校地合作为路径，推动创新链、产业链、资金链、人才链深度融合，扩大人才增量、提高人才质量、盘活人才总量，为企业高质量发展注入"智力活水"。截至2023年5月，寿光先后建成国家级创新平台23家，省级创新平台121家。大力实施产业领军人才工程、精英人才创业计划等重点人才工程，引进培育省级以上重点人才工程149人，企业合作院士38人。实施科技型企业梯次培育行动，不断壮大创新主体，全市高新技术企业总数达到182家。高新技术产业产值占比达到57.9%，高于全省9.6个百分点。走科技创新之路是寿光模式取得成功的秘诀。

二是制度创新。寿光以制度创新为支撑，大胆探索实践，走出农业农村一体发展新路。在发展的每一个阶段，始终坚持制度创新，主动变革体制机制，破解要素制约，从制度上释放市场活力、激发社会活力，乡村振兴动能得到充分释放，不断赋予寿光模式新内涵。

三是文化创新。增强文化自信，积极推动文化创新，既是经济社会发展的必然要求，也是推进经济社会发展的强大力量。寿光产业融合发展不仅是制度创新和科技创新的结果，文化创新使寿光经济高质量发展具备了更加强大的传播力和竞争力。寿光称为"三圣"故里，深入挖掘"三圣"文化资源，启动历史文化溯源工程。围绕农耕文化建设，寿光突出"蔬菜文化"主题，积极探索创新，先后创成"中国民间文化之乡""中国农耕文化之乡"。

（四）坚持协同推进、融合发展

寿光模式在迭代升级中始终坚持系统观念、整体推进，遵循的是一套整体性、全局性的乡村振兴思路。

第一，整县推进。习近平总书记指出，在我们党的组织结构和国家政权结构中，县一级处在承上启下的关键环节，是发展经济、保障民生、维护稳定的重要基础。县域既是乡村振兴的主战场，也是推进乡村振兴的基本单元，这是由县在国家治理体系中居于枢纽地位以及县在城乡关系中居于枢纽地位所决定的，也是由县域经济的整体性，以及县域政治、文化、社会、生态文明发展的整体性决定的。实现一、二、三产业融合发展，事关产业布局、链条延伸和产业规模，实现城乡融合发展，事关基础设施投入、公共产品统筹和多规合一，这些都需坚持从县域整体出发，统筹规划，一体推进。实现县域经济的整体发展，是推动农业农村现代化和城乡融合发展的必由之路。寿光在县域农业农村现代化方面，坚持把强县和富民统一起来，把城镇和乡村贯通起来，始终坚持以县为基本发展平台和推进单元，实施整县推进，为乡村振兴提供了坚实的路径保障。

第二，坚持融合发展，通过融合发展推动乡村振兴和经济高质量发展，这逐渐沉淀为寿光模式的标识性底蕴。寿光模式的重要特点在于依托发达的第一产业，大力推进农业、农产品加工业、涉农生产性服务业实现三产融合，推进产业链相加、价值链相乘、供应链相通。在加快产业融合的同时，积极推进城乡融合，加快城乡公共服务均等化，推进区域治理融合，不断提升农民的获得感、幸福感和安全感。尤其是进入新时代以来，寿光市坚持融合发展，积极推进三个融合。一是积极推进产业全链条融合，加快实现农业现代化。在产业全链条融合进程中，前端主抓价值提升，重点突破标准制定、种子研发、技术集成创新；中间主抓规模种植，加快构建以合作社、家庭农场为主体的新型经营体系；后端主抓品质供给，重点培育特色蔬菜品牌、打通高端销售渠道；数字赋能主抓智慧转型，以数字改造推动蔬菜产业向高质高效演进。实现做强两端、提升中间、数字赋能的产业融合推动高质量发展的目标，寿光坚定地走城乡融合发展之路，协同推进新型城镇化和乡村振兴。二是以县为单位积极推进城乡全要素融合。聚焦城乡全要素融合，系统深化农村改革，完善农村服务配套，全力补齐农村基础设施和公共服务短板，推动城乡资源统筹配置、功能衔接互补，提升生活富裕度、设施完备度、服务便利度，加快建设宜居宜业和美乡村，在农民生活现代化上走在前列。三是积极推进治理全领域融合。坚持以自治增活力、法治强保障、德治扬正，在农村治理现代化上走在前列。

目录

第一章 寿光模式的发展历程

一、组织农村市场，发展商品经济（1978—1988年） / 002

二、推进农业产业化发展（1989—1999年） / 008

三、工农互促、农业与非农产业均衡
发展（2000—2011年） / 017

四、三产融合、城乡融合（2012年至今） / 025

第二章 党建引领乡村全面振兴

一、党建引领乡村全面振兴的主要成效 / 034

二、寿光模式中党建引领乡村全面振兴的机理 / 044

三、寿光模式中党建引领乡村全面振兴的特点 / 057

第三章 产业融合推动经济高质量发展

一、寿光产业融合推动经济高质量发展的成就 / 072

二、寿光产业融合推动经济高质量发展的机理 / 090

三、寿光产业融合推动经济高质量发展的特点 / 106

第四章 文化振兴为乡村塑形铸魂

一、积极推进文化振兴,塑形铸魂成效显著 /124

二、寿光模式提升发展中蕴含的文化机理 /139

三、寿光模式中体现的时代精神内涵 /148

第五章 构建、再造适配本土社会结构的全域社会治理体系

一、尊重基本社会构成,构建适配本土社会结构的全域社会治理体系 /162

二、四位一体:适配本土社会结构的全域社会治理体系再造 /177

三、寿光模式的社会治理体系机制 /189

第六章 以生态优势赋能乡村全面振兴

一、生态环境治理成效突出 /202

二、以生态优势赋能乡村全面振兴的机理 /210

三、以生态优势赋能乡村全面振兴的特点 /223

结语 新征程寿光模式的创新提升思路

一、全面总结和系统建构寿光模式基本内涵、学理道理
　　及其方法论体系，以模式输出替代现有的技术、标准
　　输出　/ 237

二、回答"时代之问"，紧紧围绕实现中国式农业农村现代化
　　进行创新提升　/ 239

三、强化创新驱动，以新质生产力助推寿光模式的提升　/ 240

四、坚持"农业农村优先发展"原则，深化提升寿光
　　模式　/ 242

五、坚持县域整体推进　/ 243

六、高度尊重和充分发扬农民首创精神　/ 244

01
CHAPTER

第一章

寿光模式的发展历程

寿光模式是伴随40多年波澜壮阔的改革开放历程一路探索、实践形成的。最初的寿光模式为致力于发展现代农业，特别是设施蔬菜产业的地区提供了一条可借鉴、可复制的路径。随着探索的持续推进和不断深入，尤其是在实施乡村振兴战略的大背景下，寿光模式的内涵不断得到拓展、提升和发展。围绕农业高质高效、乡村宜居宜业、农民富裕富足，推进产业全链条融合、城乡全要素融合、治理全领域融合，加快乡村经济结构、人口结构和空间结构同步优化，乡村生产方式、生活方式和治理方式同步改进，乡村收入水平、文明水平和生态水平同步提升，实现了由以城带乡到一体均衡、再到无差别融合发展的新跨越，为农业农村农民现代化和区域发展蹚出了一条新路子。寿光模式被赋予新的时代内涵，成为中国式现代化地方实践的典型。

总体来看，寿光模式的形成发展历程分为四个阶段。第一阶段：组织农村市场，发展商品经济（1978—1988年）；第二阶段：推进农业产业化发展（1989—1999年）；第三阶段：工农互促、农业与非农产业协调发展（2000—2011年）；第四阶段：三产融合、城乡融合（2012年至今）。

一、组织农村市场，发展商品经济（1978—1988年）

从改革开放到1988年前后，以建设蔬菜批发市场为标志，寿光率先冲破计划经济坚冰，蔬菜产业逐步成为支柱产业。寿光蔬菜批发市场建立于20世纪80年代中期，被普遍认为是中国最具有历史性、标志性意义的农产品批发市场，是寿光模式形成和发展的历史起点。

（一）建立蔬菜批发市场

改革开放初的寿光尚在温饱线上挣扎。1978年，全县总人口中97%为农业人口，农民人均纯收入74元，在潍坊12个县市区中处于末位，在

第一章
寿光模式的发展历程

山东也处于靠后位置。为了让寿光富起来，让老百姓有饭吃、有钱花，过上好日子，寿光县政府结合本地情况，提出了"南抓菜、粮、果，北抓盐、棉、虾，始终不懈抓企业"的发展战略。

寿光政府选择发展蔬菜产业，主要有两个原因。一是蔬菜生长周期短，而且市场大，相比于粮食，有比较大的盈利空间，所谓"一亩园，十亩田"。二是蔬菜种植历史悠久。寿光地处平原，土质肥沃，光照时间长，水资源条件好，适宜多种蔬菜生长，当地在历史上就以种植蔬菜闻名各地。北魏时期寿光人贾思勰编著的《齐民要术》就对当时当地的蔬菜品种和种植技艺做过翔实记录，300多年前寿光的一些村庄就出现了火炕温室种植韭菜技术，种植的独根红韭菜在明清时期是皇宫的贡品。在长期的生产实践中，寿光群众积累了发展蔬菜生产的丰富经验。1974年，寿光县城小东关村建设了一个玻璃温室，第二年清明节前后新鲜黄瓜上市；随后新建土温室中逐步使用了塑料薄膜和地膜，并在1980年引入了火炕，蔬菜产量有了小幅提高。早期的土温室跨度小、墙体薄、技术含量较低，保温效果较差，生产成本较高，且只能种植以韭菜为主的耐低温的叶菜。

1980年以后，寿光县政府就开始花大力气促进本县的农业种植结构改变和作物布局调整。在"要想发展快，抓紧种蔬菜"的口号引领下，寿光蔬菜的播种面积和产量成倍增加。1979年之前，寿光蔬菜种植面积不足8万亩，1983年增长至15万亩，1989年22万亩，1990年24万亩（复种面积35万亩），蔬菜总产量1989年为11亿千克。农民收入大幅增长，但是蔬菜销路的问题也随之而来。1983年，刚刚解决温饱问题的寿光农民习惯单一种植大白菜，结果这一年秋冬白菜大丰收，供大于求。虽然当时的潍坊地委、行署发了通知，发动各县市区都来购买寿光的大白菜，但还是有近5000万斤大白菜烂在地里，直接经济损失达100多万元。菜烂挫伤了老百姓种菜的积极性，也惊醒了县委、县政府一班人。严酷的现实使他们认识到抓生产不抓流通不行，抓流通不抓市场也不行。

由于寿光距离胜利油田很近，油田有数十万名职工，蔬菜的需求量巨大，经常派专车到寿光买菜，在寿光城区西南自然形成一个路边小农贸市场。1984年3月，小市场因修路被占用，为了方便农户卖菜，寿光县政府在地处县城西南临潍高和羊临两条公路交会处的九巷村，投资5万元，重建了一个占地10亩的蔬菜批发市场。蔬菜批发市场的建立顺应了天时地利，很快就繁荣了起来。鉴于不断增加的交易量，寿光县政府在1985年将此市场扩建为20多亩，并建起了700多平方米的交易棚，设立服务秤和几个服务公司，正式成立了九巷蔬菜批发市场，后改名寿光蔬菜批发市场。随着市场的声名远播，前来买卖蔬菜的人越来越多，1986年，寿光县将市场扩建为150亩，在此后四五年内，蔬菜市场每年扩大100多亩，到1991年发展为600亩。

（二）培育和完善市场

寿光蔬菜批发市场粗具规模后，寿光县委县政府积极发挥政府职能，积极组织和指导市场的建设、发育和完善工作。

第一，立足本地实际，统筹规划，不断完善配套设施和基础设施。首先，坚持"市"在先，"场"在后。先培育"市"，后规范"场"。根据"市"的发展梯次推进、逐步扩大"场"的规模。随着农业产业化的发展和农产品上市量的增加，他们坚持"设施先进、功能完善、管理有序、国内一流"的建设要求，走出了一条先培育"市"，后扩建"场"，量力而行，步步为营，梯次推进，逐步扩大规模的路子。其次，陆续修建"十纵十横"20条公路，为南来北往的运菜司机提供了很大的方便，使每一个乡镇、村庄和菜农都可以与九巷市场相连；修建各类气调库、恒温库、冷库40座，解决了市场上暂未出售的蔬菜的储存保鲜问题；1991年，在县财政还极为困难的情况下，投资1000万元建起了通信大楼，把全县第一部程控电话安在了蔬菜批发市场，极大地提升了远距离的蔬菜交易的可能性。

第二，制定优惠政策，为市场发展提供良好的政策环境。县政府在培育市场过程中，除在舆论上进行宣传，引导农民进入市场从事交易外，还制定了优惠政策。如为鼓励本县农民参与流通，规定在蔬菜集中上市的季节，对运销蔬菜的单位和个人优先供应柴油、汽油并以燃料作为奖励；为吸引外地客户，规定免收交易费，不收停车费、卫生费、摊位费，并实行"三优先"，即优先提供食宿、停车、供油、供水，优先提供经营场所，优先提供产供销信息。

第三，强化市场管理。县里由分管财贸的副县长负责组织有关部门对全县市场实行统一领导，市场内成立了市场管理领导小组，监督市场交易，检查商品质量，打击不法交易行为，维护正常的市场秩序。设立工商管理所、治安联防队、交通安全管理小组，重拳整顿强买强卖、欺行霸市、掺杂使假、偷盗、聚众斗殴等恶意行为，集中整改管理费过高、乱罚款且罚款过重、管理人员态度粗暴等市场管理问题，以维护市场秩序。这些举措不仅有力地促进了市场建设的迅速发展，保证了良好的市场秩序，还保证了市场的良好信誉，赢得了众多的客户。1988年，寿光蔬菜批发市场被国家工商局评为"全国文明市场"。

第四，在调控市场方面，县政府成立了"蔬菜领导小组"，下设"蔬菜办公室"，负责协调蔬菜生产、流通方面的工作。坚持每五天分析一次蔬菜市场行情，通过市场的"寒暑表"来掌握市场动态，做好市场调控。1988年，全县大白菜丰收，省内其他地区和一些外地省市歉收时，县里作出限价调运的规定，保证了外调白菜和调运工作顺利完成。1989年，全县出现蔬菜价低积压现象，此时，县政府又限定了最低保护价，从而减少了农民的损失，调动了菜农的积极性。

事实上，除了发展位于县城的九巷蔬菜批发市场之外，20世纪80年代寿光在既有流通体系的基础上进行创造性的转化与发展，逐渐形成了一个多元化的、多层次的"五渠通天下"的市场体系。一是以国营商业、供销社为主的流通渠道，其特征是设施全、关系广、销路远，与全国80多个大中城市建立了蔬菜销售业务，且可以不单纯以营利为目的，从而起到平抑物价的作用。二是以九巷蔬菜批发市场为代表的各类专业批发市场。截至20世纪80年代末，寿光全县已出现了13处大中型的蔬菜专业批发市场，其中3处位于县城，其余10处分散在各乡镇。三是全县24个集中产菜的乡镇都成立了蔬菜公司，而这些蔬菜公司又连接着全县300多个产菜村的销售站。四是利用政府渠道，在全国60多个大中城市，通过代购代销、联购联销、定购包销、建立产销基地等多样化的办法，以长期合同取代不稳定的零散销售模式，建立的比较稳定的蔬菜产销关系。五是从农民群体中分化出来从事蔬菜运销的个体户与联合体蔬菜公司。他们从利用自行车、小推车搞运输开始，发展到利用汽车和火车，从运销当地菜，发展到贩运南北各地蔬菜。截至1988年，寿光从事蔬菜运销行业的人员达3.7万多人，机动车达8000余辆。

市场体系的畅通带动了蔬菜生产的发展，蔬菜生产的发展又反过来促进了市场的繁荣，两者实现了良性循环。短短几年，寿光即成为全国最大的"菜园子"。据统计，1988年寿光全县已有16万户（占全县总户数的64%）农民种植蔬菜，种菜收入成为农村经济收入的主要来源（约占农村经济总收入的60%以上）。蔬菜市场同时带起了包装、蒲草、良种、毛竹、水产、畜产等农副产品专业市场。市场也带动了住宿、餐饮、汽修等第三产业的发展，截至1988年，围绕市场兴建的各类第三产业个体工商户达1.3万户、从业人员达1.8万人。总而言之，菜农以及从事运输、经销、贸易第三产业的寿光人，都通过蔬菜市场获得了实利。

寿光组织市场的成功看似偶然，其实包含了农村经济体制改革的历史必然性。改革开放以后，农村经济的运行导向由过去的计划导向逐渐转变为市场导向，农村生产经营主体的特征发生了双重改变。一方面，随着国家逐渐放开大部分农副产品的统购统销，农民成为商品生产者，也有了积极追求生产经营价值的迫切愿望。另一方面，随着家庭联产承包责任制的推行，农户家庭替代生产队成为最基本的生产经营核算单位，这一转变在极大地调动生产积极性的同时，也带来了分散的小家庭经营与社会化大市场之间的矛盾。这一结构性的变化，再加上计划经济体制下形成的旧的流通渠道完全无法应对新的形势变化，突出表现为各种"卖难"现象（如卖菜难、卖水果难、卖猪难等）此起彼伏。在这一背景下，市场成了基层改革的实践者可以借助的最有效手段——市场发挥"无形的手"的作用，将"千家万户"分散的小生产者组织起来，帮助他们实现生产经营价值，并最终脱贫致富。而寿光正是在合适的时机，巧妙地牵住了市场这一"牛鼻子"，从而有力地拉动农村经济从传统小农经济朝现代化的商品经济的转型与发展。

改革开放初期，全国上下对于计划与市场关系问题仍存在很大的争议，而寿光的经验证明了两者相结合的可行性，因而得到了中央的重视。由寿光起草的经验介绍材料在中央办公厅的《情况交流》刊物上连发了十次。1989年12月23日至26日，一场主题为"组织农村市场，发展商品经济"的经济理论研讨会在寿光召开，来自中央、省、市及兄弟县市的100多位领导、专家、学者出席会议。会议认为寿光实践抓住计划经济与市场调节相结合这个课题，进行了有益探索，在全国具有普遍指导意义，给县级机关决策提供了理论和实践上的依据。[1]

如何才算是计划与市场的有机结合？1990年，时任山东省副省长高昌礼在为《县级改革的理论与实践》一书所写的序言中提及寿光经验给予我们诸多启示，包括：第一，随着商品流通重要性的提升，县委和县政府自觉运用价值规律调节供求矛盾，有计划、有组织地发展农村商品经济，可以促进产业结构的调整，带动整个农村经济的发展。第二，市场不是自发产生的，市场有建立、培育、发展的过程，包含了大量的组织工作，以促进市场从传统向现代的转型，而现代化的市场是法制化、

---

[1] 《寿光大事记（1989年）》，寿光市人民政府网，http://www.shouguang.gov.cn/sq/sdsj/201309/t20130902_3296521.html。

程序化和规范化的,对市场的组织程度越高,农村商品经济越发达和稳定。第三,在市场的组织和调节下,国营商业依然可以发挥重要作用,尤其是"给市场打强心针"的作用。

在计划与市场结合方面,寿光的经验还有其他值得挖掘的面向,例如,组织和培育市场的过程本身也促进了寿光行政管理部门的改革。针对旧体制条块分割、各自为政,无法应对蓬勃发展的商品生产活动的问题,寿光逐渐摸索出了一体化的协调领导机构——围绕一个专项工作,由县政府一位领导牵头,吸收供销、工商、税务、公安、交通、卫生等部门的负责人,成立专门的领导小组,下设办公室,授予计划指挥、奖惩、物资分配、用人、组织会议等权力,从而为计划经济和市场调节相结合提供了组织保障。

在多年与市场磨合的实践中,寿光有关部门也学会了自觉运用市场这一有效工具以组织和引导商品经济运行。一方面,寿光在全国设立了187个固定信息点,从而实现面向全国的双向信息交流;另一方面,有关部门坚持每五天分析一次蔬菜市场行情,这些信息成为反映生产状况的"晴雨表"和引导生产发展的"指示器",帮助寿光县政府制定生产发展决策,调节全县的生产经营活动,这也体现了计划和市场的内在统一。

二、推进农业产业化发展(1989—1999年)

从1989年到1999年前后,以冬暖式蔬菜大棚研制推广为标志,在全国掀起一场"绿色革命",拉开了寿光走向蔬菜产业化的序幕,寿光模式进入新的发展阶段。寿光从自身发展现状出发,以蔬菜作为主导产业和农业产业化发展的突破口,探索出了一条独具寿光特色的农业产业化经营道路,赋予寿光模式新的时代内涵。

（一）研制冬暖式蔬菜大棚，掀起全国性的"白色革命"

寿光农民运用温室培育反季蔬菜的想法由来已久。20世纪70年代中期，有农民尝试利用塑料大棚和地膜增温，从而提早了一些蔬菜上市的时间。80年代后，又有农民在塑料大棚中加火炕增温，使反季蔬菜的产量有了新突破。据统计，到1988年，寿光利用这一方式生产冬季黄瓜的大棚已有5万多个。但是这种大棚保温效果比较差，一亩大棚一冬消耗6吨煤，不但成本过高，而且污染严重，如何对这种大棚加以改造就成了寿光农民急需解决的难题。

为了带领村民寻求致富路，三元朱村党支部书记王乐义一直在寻求反季蔬菜种植的技术。他花了两三年的时间，走访了六个省，考察大棚种植技术，写了十几万字的笔记，形成一个结论，排除棚内烧煤的方式，转而使用加厚墙体的方式保温。在偶然得知辽宁瓦房店的农民韩永山发明了一种借助日光提温的大棚技术，王乐义和几名村干部决定北上学艺。一开始，韩永山并不愿意公开技术方案，但是王乐义等一心为民的精神打动了韩永山，他最终同意传授经验。

从东北归来，王乐义就召集村民大会，动员大家种植日照冬暖式大棚，但是每个大棚需要投入5000多元，当时县干部的月工资才几百元，显然没人愿意冒险。最终三元朱村党支部决议，17名党员先行试种。建大棚需要整块地，需要动用11户人家的土地，村委一家一户做工作，协商调地，但是有一个问题是不得不砍去36亩正在灌浆的玉米，如果等秋后收了玉米再种大棚，就无法赶在春节前让黄瓜上市，这在当时违反了青苗法。王乐义找到时任镇党委书记李培吉和时任县委书记王伯祥，两人都表示全力支持，并愿意承担政治责任。1989年8月，在韩永山的指导下，17个大棚搭建完成。4个月后，三元朱村的大棚黄瓜赶在春节前后上市，卖到了每斤10元，而且供不应求。三元朱村17个大棚，平均收入2.7万元。三元朱村一下子出了17个"双万元户"的事实，展现出了显著的示范效应，让群众看到了实实在在的利益，从此以后，农民种大棚的意愿就没有问题了。

三元朱村的冬暖式大棚试种成功后，寿光县委、县政府就立即决定在全县推广。县里成立了冬暖式蔬菜大棚推广小组，县委书记任总指挥，聘请王乐义和韩永山为蔬菜顾问，负责全县蔬菜大棚的规划、设计和技术指导。县里要求有条件的乡镇都上报大棚推广计划，党委书记和一名副乡镇长亲自抓，成立技术小组前往田间地头开展业务指导。县里还为每个大棚提供2000元的补助，并帮助农户申请银行贷款。1990年全县建起5130个大棚，全县农民一下子增收总计超过6000万元。一向温饱不保的寿光农民，户均收入一下子达到了两万多元，全县城乡储蓄余额超过60亿元，这在向来以贫穷闻名的寿光历史上亘古未有。1991年寿光大棚数量增加到近2.8万个，1992年增加到7.5万个，到1996年年底增加到21万个，高峰时达41万个。

1990年年初，时任国家科委主任宋健、国务院副总理田纪云先后来到三元朱村考察，对冬暖式蔬菜大棚技术给予高度肯定，并提议将此技术向全国推行，解决全国各地农民穷和吃菜难的问题。1991年年初，全国农村经济工作会议在山东召开，200多名与会代表来到三元朱村以现场会的形式学习探讨。自此以后，全国各地的农业部门纷纷以各种形式向寿光发出邀请，请求外派技术人员，前往当地传播和指导大棚种植技术。寿光常年有8000多名技术人员在全国建设大型蔬菜基地或指导蔬菜生产。三元朱村还建起了培训点，向前来学习的农民免费传授技术。寿光人走出去，外地人前来取经，他们就像蒲公英种子一样飞往全国各地，掀起了一场农业领域的"白色革命"。寿光对全国蔬菜产业的贡献不可抹杀，自然也成为中国蔬菜产业的"龙头"市场。

（二）落实农业产业化发展战略

冬暖式蔬菜大棚技术创造了低成本生产反季蔬菜的可能性，这克服了农业生产的季节性限制，大大延长了普通农民的农业劳动时间，打破了长久以来中国农民依靠兼业维持生计的模式，使农业具有了工业的性质。在某种意义上，耕地就成为生产车间，农民成为车间工人，农户家庭成为可以被纳入产业链的小工厂。另外，如前所述，三元朱村冬暖式蔬菜大棚试种成功让寿光农民看到了显著的增收效应，因而倡导农民种植大棚不再遭遇农民意愿的壁垒，冬暖式蔬菜大棚技术得以在寿光全县顺利铺开，这些都为寿光后来落实和推动农业产业化战略准备了基础性条件。

农业产业化是潍坊自1992年开始在市域范围推行的发展战略。党的十四大正式提出建立社会主义市场经济体制的目标后，山东省委要求潍坊市开始探索适应社会主义市场经济体制的更高层次的农业发展机制。在系统梳理本地成功经验[①]和学习欧美发达国家农业发展理念的基础上，潍坊市在1993年5月印发《中共潍坊市委、潍坊市人民政府关于按照农业产业化要求进一步加强农村社会主义市场经济领导的意见》，这标志着潍坊在全国率先提出并组织实施农业产业化战略。1994年山东省一号文件提出在全省推广农业产业化。1997年农业产业化被写进党的十五大报告，成为全国发展农村经济的重要战略。

《人民日报》原编委艾丰曾在1995年来潍坊就农业产业化进行深度调研，并发表社论和系列报道，当时在全国引起了轰动。在艾丰看来，农业产业化旨在解决的首要核心问题是"小生产"与"大市场"之间的矛盾，其中，"小生产"是指与家庭联产承包责任制相关联的"千家万户"分散生产的经营方式，而"大市场"是指随着社会主义市场经济发展而越来越大的国内外市场。形象而言，一家一户的农民很难真正进入市场，即使进入了，也是在市场海洋中随波逐流的小船，很容易被风浪打翻；而农业产业化好比是一艘大船，以家庭经营为基础的农民只有登

---

① 包括寿光的市场带动农村经济，如诸城的商贸工农一体化，寒亭的一村一品、一乡一业，安丘的名牌战略等。

上了大船，才能顺利进入市场的汪洋大海并扬帆远航。作为分散的农副产品的个体经营者，农民没有能力把握和应对瞬息万变的国内外大市场，农业产业化被认为是农民进入市场的最好载体。

艾丰认为农业产业化的本质是改造传统的自给半自给的农业和农村经济，使之和市场接轨，在家庭经营的基础上，逐步实现农业生产的专业化、商品化和社会化。结合潍坊当地的具体实践，农业产业化被表述为"以市场为导向，以效益为中心，围绕主导产业，优化组合各种生产要素，对农业和农村经济实行区域化布局、专业化生产、一体化经营、社会化服务，形成以市场牵龙头，龙头带基地，基地连农户，集种养加、产供销、内外贸、农科教为一体的经济管理体制和运行机制"。

寿光的农业产业化，则是在总结本市蔬菜生产发展经验教训的基础上，按照潍坊市关于农业产业化战略要求，依据寿光本地实际提出的。其总体思路是：依靠市场带动发展农业产业化，从而形成市场带基地、基地联农户的产供销一体化发展格局。其主要做法是：以市场为导向，培育主导产业；实行区域化布局，搞好基地建设；发展专业化生产，提高规模效益；扶持建设龙头企业，实行一体化经营。

改革开放前10年寿光的快速发展是从"组织农村市场"起步的，寿光的农业产业化进程因此具有鲜明的"市场启动"的特征。[①]寿光提出"像爱护眼睛一样爱护市场"，尤其是寿光蔬菜批发市场这个"龙头"市场，把扩大市场规模、改善基础设施、提升规范化服务、提高交易手段的现代化水平，作为促进农业产业化的重要举措。

第一，量力而行，不断扩大市场规模。1997年，投资3600万元建成了建筑面积32万平方米的钢网架结构、国内一流的全封闭蔬菜交易大厅和5000平方米的交易棚、7200平方米的交易服务楼；1998年，投资800

---

① 有学者尝试将山东地区农业产业化经营的原发动因区分为五类：外贸导入型、特色农业推进型、市场启动型、龙头企业带动型和新型经济合作组织延展型。（王慧：《山东省农业产业化经营与农村区域发展研究》，《地域研究与开发》2002年第2期。）

万元建成了外省市蔬菜交易中心；1999年，投资1500万元建成了一处占地5.33公顷、建筑面积36000平方米的蔬菜种子交易市场；2000年，投资1000万元建成了建筑面积5000平方米、全封闭式的放心菜专营区。到2002年，寿光蔬菜批发市场占地面积已达40公顷，年交易蔬菜15亿千克，成交额28亿元，成为中国最大的蔬菜专业集散中心、价格形成中心和信息交流中心，也是农业部首批定点鲜活农产品市场。

第二，不断加强规范化管理，强化市场管理队伍建设，提高综合管理能力。为加强市场管理，市委、市政府专门在市场设立寿光市蔬菜市场管理处，并设立了工商局市场分局、公安局市场分局，由市场管理处协调共同管理市场，抓好市场交易秩序和治安秩序，从组织上为市场发展提供了一个良好的保障。为切实维护市场交易秩序和治安秩序，经省公安厅批准，成立了一支定编56人的经济民警中队，组建了市场稽查大队，专门负责对市场上出现的违章违法行为进行查处和对管理人员的工作行为进行监督检查，健全的组织机构成为市场撑起的无形"保护伞"。

第三，不断完善现代化服务措施。1996年，投资200万元建立了市场电视监控中心，16路闭路电视24小时不间断监控指挥市场交易；1999年，建立了网站，同原农业部信息中心、原国内贸易局信息中心和搜狐、雅虎、网易等近20家知名网站作了电子联结，并同国内10多家大型蔬菜市场联网，每天在第一时间发布市场蔬菜价格行情，同时反馈外地蔬菜价格行情，然后通过当地新闻媒介及时发布，让菜农和客户随时了解全国蔬菜的价格行情；2000年，投资200万元，建立了微机结算中心，整个蔬菜交易流程全部实现了电脑控制。这些措施大大提高了交易的安全性和工作效率。

第四，全力拓展蔬菜流通渠道。推动各蔬菜经营单位在全国主要城市建立销售点，通过联购联销、代购代销、定购定销、直供直销等多元形式，建立稳固的购销关系。一是先后开通了寿光至北京、哈尔滨、新疆、南京等多条"绿色通道",与全国30个省、自治区、直辖市的近200多个大中型城市的农副产品批发市场建立蔬菜购销关系。二是开通了日本、韩国的海上"蓝色通道",蔬菜商品开始打入国际市场。

市场的发展培育了蔬菜生产基地,拉动了农业产业化全面发展。自改革开放以来,寿光通过不懈地引导农民推进农业结构调整,再加上在全县大力推广冬暖式蔬菜大棚,逐渐建立起了寿光蔬菜这个特色品牌,也将蔬菜确立为寿光农村经济中的主导产业(1989—1999年寿光蔬菜种植面积和产量见表1-1)。20世纪90年代,寿光许多乡镇和村庄都形成了独特的种菜强项,即所谓的"一乡一品""一村一品"。结合各产菜乡的优势,寿光依循"因地制宜、相对集中、一乡一业"的原则,先后发展了一批无公害蔬菜生产基地,包括西瓜和早熟甜瓜基地、冬春茄子基地、优质西红柿基地、大棚菜与阳畦菜基地、大路菜基地、稀有菜基地、出口创汇菜基地等。进一步实行区域化布局,引导专业化生产,提高规模经济效益。到2000年前后,全市逐步形成了8000公顷韭菜生产基地、2万公顷大棚蔬菜生产基地、4000公顷食用菌基地和6670公顷露天蔬菜生产基地。

表1-1　1989—1999年寿光蔬菜种植面积和产量统计

年份	1989	1990	1991	1992	1993	1994	1995	1996	1997	1998	1999
种植面积（千公顷）	15.01	16.18	18.13	19.32	30.69	29.76	32.47	35.94	36.10	37.65	39.22
产量（万吨）	120	125	92.5	125	173	200.6	205	218.4	218.5	238.4	251.5

资料来源：寿光市统计局《寿光统计年鉴2020》。

在这一阶段,寿光市重点建设了万亩蔬菜高科技示范园、林海生态博览园、农业高科技走廊、稻田镇国家级农业现代化示范区、寿北生态农业示范区五大示范工程和十大样板基地。全市各级农业示范园达161

个，投入资金达34亿元。依靠这些基地引导和辐射，农业结构日趋合理，形成了粮食、蔬菜、畜牧、果品、花卉五大支柱产业。到1999年，初步形成了70万亩粮食、60万亩蔬菜、12.5万亩优质果品、7.2万亩淡海水养殖和300个养殖小区，建成了万亩长茄、万亩香椿、万亩洋香瓜、万亩韭菜、万亩优质冬枣、万亩大棚食用菌等十几个成方连片的生产基地，形成了50千米的蔬菜大棚生产带。

随着以蔬菜为主导产业的农业产业化进程不断推进，寿光市先后被山东省和国家确定为粮食、蔬菜、果品、畜牧、水产综合商品基地县（市）。1991年进入了全国农村综合实力百强县（市）行列，荣获"中国科技实力百强县"，1995年被国务院农村发展中心等有关部门命名为"中国蔬菜之乡"，1998年被山东省确定为"农业现代化试点市"。

在推进农业产业化的实践中，寿光逐渐形成了一些创新型的组织模式，以促进小农户与大市场的对接。一方面，寿光围绕农业大办企业，改造和新建60多家速冻、保鲜、脱水等外向型的农副产品加工企业，这些企业采取合同、股份制等形式与蔬菜生产基地，进而与农户建立或紧或松的纽带联系。另一方面，寿光在县域范围内推动成立数百个农村经济协会，通过合同、订单等形式将多方主体相连接，从而形成"企业+协会+农户""园区（基地）+协会+农户"等经营模式，使农民可以手持订单开展生产，帮助农民克服担心市场风险、缺乏技术与信息等障碍，从而顺利进入经营体系。

寿光还非常重视建立、健全市-乡-村三级农业服务体系，包括良种繁育供应体系、农业信息服务网络、产品质量检测体系等。在寿光市层面，有多家专业的蔬菜研究所、无公害蔬菜检测站、蔬菜推广中心；各乡镇全部建立了科普夜校、农技站、种子站、兽医站等农业服务机构；几乎所有村庄都建立了科技综合服务大院。这一全方位、多层级的科技推广与培训网络有效地促进了全县农民的素质提升，为农业产业化提供了充足的后劲。

事实上，农业产业化不但是一种新的农业经营组织方式，也是一种新的农村发展机制，农业产业化加快了农民致富的步伐。1996年3月，时任国务院副总理朱镕基在寿光考察时说："你们的农业搞得好。看到寿光的农业，更坚定了我的一个认识，就是搞农业照样可以使农民富裕起来……一个大棚年收入两万多元，比我们的工资都高，全市一年存款增长十几个亿，经济发展很快，全国的农村都像你们这样，我们的事情就好办了……"收入增加显著提高了农民的生活消费水平，面向农村的连锁超市等商业网络迅速发展繁荣，农民也开始追求新的生活方式，电信、金融、保险、文化教育等行业也开始加速拓展农村业务。一些农民甚至开始带资进镇建设和进城置业，这有力地刺激了建筑业和房地产业的发展。城乡差距在逐渐缩小，城乡发展呈现出日益均衡的态势。

农业产业化需要产前、产中和产后的服务，这有效地带动了社会分工。一方面，一部分思维活跃的农民主动转向了农产品运输、农产品加工、农资销售，以及汽修、餐饮、宾馆等行业。另一方面，政府也围绕农业大办企业。这些都促进了农村原有劳动力向第二、第三产业的转移以及向城镇的集中，为下一阶段的城镇化奠定了基础。

农业产业化还有力地促进了农民素质的提高。一方面，借助寿光政府搭建的市－乡－村三级科技推广和服务体系，全市90%以上的农村基层干部和70%以上的普通农民每年都有机会受到科技培训。另一方面，组织起来的农民在亲自参与市场的实践中，在与朋友以及客户的互动交流中，逐渐获取和增长了与市场经济相适应的知识与视野，包括生产加工的新技术、接受和理解市场信息的能力、参与市场经营的法律规范等方面，这些成为农民进一步创造性地介入和开拓国内外市场的重要条件。

农业产业化以"确立主导产业、实行区域布局、依靠龙头带动、发展规模经营"为主要内容，体现"生产力标准"的原则，从调整生产关系入手，依靠深化改革，创新农业生产的组织形式、经营模式和运行机制，使农业农村生产力得到极大释放。它的全面推行和实施，把千家万户的农民与千变万化的市场紧密连接，促进了农村产业结构升级和资源优化配置，提高了农业比较效益。以寿光模式为代表的农业产业化已经成为中国特色农业现代化道路的重要内容。

三、工农互促、农业与非农产业均衡发展（2000—2011年）

从2000年到2011年前后，以菜博会举办为标志，寿光模式的创新提升进入第三个阶段。2000年，寿光举办第一届国际蔬菜科技博览会，集中展示国内外蔬菜的优良品种、优质产品、先进生产技术和设备，为交流和推广寿光蔬菜种植技术搭建了平台，大棚种植技术的推广和传播也进一步增强了寿光设施蔬菜在全国的影响力，为寿光模式的形成奠定了基础。这一阶段的寿光模式以产业富民为目标，以蔬菜产业化为动力，通过农业助推工业、农业与非农产业协调发展，实现工农互促，城乡一体，均衡发展。

可以说，工农互促、农业与非农产业协调发展是理解21世纪第一个10年寿光模式的关键词。如何处理工农关系和城乡关系，一直是我国社会主义建设过程中的重大课题。党的十六大以后，中央提出了科学发展观，强调以人为本，全面、协调、可持续发展。在新的历史阶段下，寿光的决策者基于本地较好的"三农"工作基础，在县域一体的发展理念指引下，确立了靠农业富民、靠工业立市、统筹城乡与建设社会主义新农村的发展思路。2008年，由中央政策研究室、中央财经领导小组办公室组建的联合课题组，在经过专题调研后，把寿光模式的基本内涵概括为："发挥初始的农业比较优势，由农业起步，创新农业生产方式，以农业培养工业，以工业提升经济，靠农业富民，靠工业强市，实现工农互助、城乡互动、工业和农业共同繁荣、城市和农村协调发展。"

（一）以蔬菜生产绿色化、标准化助推农业产业化

在21世纪之交，中国蔬菜的内地和海外市场都发生了重大的变化。从国内市场来看，随着大棚种植在全国的普及，反季蔬菜已经明显供过于求，不但价格走低，而且再次出现了"卖难"的困境。从国外市场来看，随着中国加入WTO，蔬菜出口可以创汇，但是发达国家对进口蔬菜的技术壁垒和绿色壁垒很高。在这双重压力下，寿光作为"中国蔬菜之乡"的地位受到严峻挑战。在历史的十字路口，寿光选择了发展无公害蔬菜这一条道路，并响亮地喊出了寿光农业"二次革命"的口号。在蔬菜生产的专业化、商品化和社会化基础上，以科技进步为动力，大力推进绿色化、标准化，推动农业产业化向高端化、国际化发展。

第一，推进蔬菜生产绿色化，做大做强农业主导产业，为农业产业化打基础。发展无公害蔬菜是一项庞大的工程，没有政府进行积极引导和调控，几乎不可能实现。为此，寿光成立了专项领导小组和办公室，负责项目的规划、申报、监督和管理工作。在多年的摸索实践中，寿光认识到了发展绿色食品蔬菜的三大突破口：基地建设、农业标准化、销售。

从1997年起，寿光累计投资480万元，在洛城的屯西、胡营的钓鱼台、孙家集的三元朱村分别建立了共计3800亩的绿色食品蔬菜基地，与基地内农户签订了责任状，实行生产资料统一供应，严格执行绿色食品生产标准。1998年6月，寿光20类蔬菜100多个品种被国家认定为"绿色食品"。此后，寿光又进一步将绿色食品蔬菜基地推广至25处合计5万亩。到2006年，寿光已经建成了5个国家级农业放心菜生产基地、10个外贸农业示范基地、500多个农业示范园区，与12万农户签订了"蔬菜质量安全责任状"，获得国家优质农产品基地认定和农产品认证的蔬菜品种达97个，获得国家认定的无公害蔬菜面积达到60万亩。

第二，推进蔬菜生产标准化建设。为了抓蔬菜标准化生产，寿光主

要推动了三方面的工作：一是修订蔬菜生产标准体系，标准范围涉及产前、产中、产后的每一个环节。寿光选择了国际标准作为标准修订的参照系，这为后来寿光走出"农业国际化"的发展方向奠定了基础。二是开展大量宣传推广和服务工作，一方面利用多种形式开展广泛地宣传发动，让尽可能多的农户理解和拥护发展标准化生产的意义；另一方面下大力气组织农技人员到田间地头指导农民，引导农民按标准化要求进行操作。三是建立健全的检测体系，开发快速、准确、低成本的检测办法，加强蔬菜生产、流通等环节的监督管理。

第三，积极推进蔬菜生产的品牌化、国际化。为了实现无公害蔬菜的优质优价，寿光从国内和国际两大市场着手推动销售服务工作。面对国内市场，寿光着力开展无公害蔬菜的品牌建设，实行定点销售，发展直供直销。在2005年前后，寿光已经有"欧亚特""洛城""乐义"等10多个无公害蔬菜品种在国家工商局注册了商标。结合国际市场需求，寿光在从国外引进新品种的基础上筛选出了200多个名优稀特品种进行推广种植，同时加强与外商合作，实现产品远销俄罗斯、日本、韩国等20多个国家和地区。另外，寿光从2000年起每年举办国际蔬菜科技博览会，这也在很大程度上加快了蔬菜产业国际化与标准化的步伐。

第四，依靠科技进步提升主导产业。寿光大力实施"科技兴菜"战略，2003年前后，寿光已建有蔬菜研究所1个、蔬菜科技推广中心2个、蔬菜协会和研究会20余个；同时还从全国引进一批高级农业专门人才，聘请包括多名院士在内的资深农业专家作为科技顾问，指导蔬菜生产；投资兴建了5个国家级和省级农业科技示范项目区，累计引进了20多个国家和地区的570多个蔬菜新品种，试验推广了130多项蔬菜种植生产新技术。寿光农业新技术、新品种推广面积超过100万亩，科技进步在农业增长中的贡献率达到55%以上。科技开发中充分发挥了园区和示范基地的辐射和带动作用，加快了新品种、新技术的推广和应用，推动了农业的产业化、标准化、国际化进程。

总之，在21世纪第一个10年，寿光通过抓科技、订标准促进产业升级，通过谋跨越、创品牌树立寿光农业新形象；以建立专业市场、拓宽流通渠道拉动产业发展，形成了布局区域化、产品标准化、经营品牌化的寿光现代农业产业化发展模式。

（二）工农互促

农业能够富民，但难富财政。20世纪90年代，寿光财政的主要收入来源已不再是农业，而是第二产业和第三产业，进入21世纪以后，农业四税在寿光财政收入中的比重更是不断下降。寿光的决策者意识到若要推动寿光各项事业全面发展，不得不增加财政收入，必须大力发展工业。

改革开放后，寿光的工业起步史可追溯至1987年时任县委书记王伯祥组织的寿北大开发。在此之前，寿光的工业基础极其薄弱，全县几乎没有像样的企业，1986年寿光的工业总量在潍坊市排倒数第三，这让当时的寿光县委、县政府认识到振兴工业刻不容缓。1987年10月发起的寿北大开发为期40天，先后有20万民工（当时寿光全域有20万户家庭，在农村实行家庭联产承包责任制后，这种大规模的自我组织实属罕见）参与，建起了30千米长的防潮大坝，将坝内60万亩盐碱地改造成了高标准的条台田（台面植棉，年收入达到8亿元），坝内40万亩潮间带改造成了高标准的盐田（年收入达10亿元），坝内20万亩浅海滩涂改造成了养虾池（年收入达3亿元）。经过此次大开发，曾经拥有大面积盐碱、滩涂和涝洼地的寿北洪荒地，后来成为寿光财政的重要来源地，也为后来的工业园区建设作了重要铺垫。

从1986年至1990年，当时的寿光县委、县政府在外出考察学习先进地区工业化经验的基础上，通过招商引资、选贤用能和抓企业人才、放水养鱼和政策扶持、推行企业管理新模式（承包经营责任制、厂长经营负责制、企业内部责任制）等策略，初步实现本地工业经济的起步积累。从1991年至2000年，寿光主要从传统产业和产品的技术改造、支持民营企业发展和实行激励政策、企业股份制改造等方面着眼,推动本地工业的进一步发展,培育出了晨鸣纸业、海源盐化、巨能电力、联盟化工、鲁丽板材、圣海渔业等一批具有竞争力的企业集团。

2001年之后的10年间,寿光工业经济进入快速发展的轨道。工业强,以工促农的力量才会大。为了推动工业立市,寿光市委、市政府采取的发展策略包括以下四个方面。

一是园区化发展。从2002年开始,寿光规划了五大工业园区,后来不断调整布局,在2007年形成"四园三区"的格局。其中,"四园"为晨鸣工业园、渤海化工园、科技工业园、东城工业园;"三区"为侯镇项目区、田柳项目区、台头项目区。退城进园不但推动了本地工业经济的集约化发展,也为企业带来了更广阔的发展空间。其中,寿光北部,多为盐碱荒滩,但是具有黄河三角洲高效生态经济区、山东半岛蓝色经济区、胶东半岛高端产业聚集区的政策叠加优势。基于此,寿光确定,把北部开发作为转方式、调结构的主战场,促进传统工业升级,做大做强优质工业,打造8个500亿产业基地。工业项目进入寿光北部的门槛很高,必须是先进制造业、新能源、新材料、新医药等项目,投资不得低于1亿元,投资密度每亩160万元以上;5亿元以下项目建设周期不能超过1年半,10亿元以上项目不能超过两年半,严防出现"圈地行为"。经过建设和发展。寿光北部已成为新兴工业高地,截至2010年,21个项目已经投产,14个项目建设进度已过半,累计投入达145.1亿元。[①]

二是划型动态管理。从2002年起,寿光对市域内的企业打破(行业和所有制性质的)隶属关系,采取按实际上缴税金对企业进行划型排序,一年一考核、评定,实行动态管理模式。企业划型排队和动态管理的手段,在企业间营造了一种比学赶超的氛围,有效地激励了企业的发展冲劲,推动了一批支柱产业、大型企业和知名品牌的诞生。

---

① 于洪光、韩迎祥、李晓兵:《"城乡一体均衡发展"的寿光实践》,《农民日报》2010年12月18日。

三是加强企业家队伍建设，通过建立健全面向企业家的教育培训、激励约束、保护支持机制，全面提升本地企业家队伍的经营管理水平。

四是政府职能的转变。寿光市委、市政府要求各相关机关部门强化服务意识，为企业发展创造良好发展环境，尤其是创造性地提出了"百家企业评议职能部门"的制度，实现了企业和政府双层管理的制度创新。这些成功实践，为在社会主义市场经济中正确处理企业、市场与政府的关系，正确处理经济发展与社会和谐的关系，积累了宝贵的经验。通过上述手段多管齐下，在21世纪第一个10年，寿光全市工业总产值年均增长33%左右。2009年，寿光财政总收入45.6亿元，地方财政收入25.1亿元，工业对财政的贡献达80%以上。地方财政进入山东全省县级市前三强，为寿光经济社会发展奠定了坚实的基础。

（三）城乡一体均衡发展

寿光在21世纪第一个10年的发展中，呈现出农业产业化、工业化、城镇化均衡发展的新态势。一般而言，工业强市的过程就是农业弱化的过程。但是，寿光确立城乡一体、工农互促的均衡发展战略，不仅没有削弱反而大大促进了现代农业的发展，还加快了建设社会主义新农村的步伐。从发展策略上看，寿光在工业崛起、财政收入增加的基础上，大规模地投资"三农"、补齐农业短板，持续推进工业反哺农业、城市支持农村，取得了城乡双赢结果。以蔬菜为主的第一产业不断壮大，为二、三产业提供了广阔发展空间，反过来也推动了工业化、城镇化，实现了城乡互动和双赢。

在具体实践中，寿光市进一步创新发展理念，提出了"建设城乡一体均衡寿光"的目标思路，走出一条以规划、产业、城乡建设、生态文明、民生、党建"六个一体化"为重点，涵盖经济、政治、文化、社会、生态等各领域的城乡均衡发展新路子。

第一，推进规划一体化。一是坚持规划全覆盖理念。把全市2072平方千米作为一个整体，着眼于城乡经济、社会、自然和人的协调发展，实行城乡发展统一规划、统一管理，加快推进城乡基础设施向农村延伸、公共服务设施向农村覆盖，形成城乡融合衔接的规划体系。二是坚持板块发展理念。突破行政区划，整合发展资源，着眼于未来发展空间，把寿光划为东部新城开发、西部市场物流、南部生态农业、北部现代工业、中部商贸服务"五大经济板块"，明确定位，错位发展，实现优势互补、相融共生。三是坚持区域联动理念。充分考虑经济社会一体化的大背景，明确板块与板块、城市与镇街、镇与镇、村与村之间的关系，在交通、能源、通信等大型基础设施方面充分重视区域性对接，加快实现工业向园区集中、人口向城镇集中、居住向新型社区集中。

第二，推进产业一体化。围绕"高端、高质、高效"和"低碳、循环、绿色"发展方向，全力加快转方式、调结构。在此基础上，寿光财政每年都拿出6000多万元来扶持农业，抓工业不但没有削弱农业，反而反哺农业，用工业的钱来支持农业发展。寿光独创性地提出了"1.5产业"的概念，即农产品加工业，找到了工业与农业、城镇与乡村连接的桥梁。用经营工业的理念经营农业，积极探索政府引导、企业开发、市场化运作、产业化经营的运行机制，大力推行"公司+基地带农户"的农业生产经营模式，全力加快农业农场化、农民职业化、生产基地化、产品标准化、贸易国际化进程。

第三，推进城乡建设一体化。城郊村向城区集中，镇郊村向镇区集中，大力发展镇域经济，周边村向中心村集中，鼓励建设农村大型集中居住区。寿光加快了城市基础设施向农村的延伸和覆盖。2008—2010年，寿光城乡地下"沟、渠、管、线"投入近20亿元，为了打造"信息高速公路"，政府每年拿出500万元补贴农民上网，每个上网农户补贴100元。推进城乡统筹建设，解决基础设施问题，搞村村通柏油路，村村通自来水，户户通有线电视。初步形成了"城区－中心镇－农村新社区－新村庄"梯次分明的城乡基础设施体系，为农民享受现代文明奠定了坚实的基础。2009—2010年，寿光城区每年新增商品房约300万平方米，其中农民买走了1/3以上；2008—2010年，有近10万农民跳出农门，在城镇、工厂就业，在实现身份蜕变中释放着潜能，助推着工业化进程。

第四，推进生态文明一体化。把生态文明建设作为提升城市形象、改善发展环境，提高文明程度的重要推动力，全力加快生态文明建设。为了改善生态环境，寿光加大了污染治理、节能减排、植树绿化等投入，2010年1月至10月生态环境投入达11.5亿元。让百姓受益最大的有两项工程：一是新开工建设了8座污水处理厂，日处理能力达25.1万吨，使全市工业污水和城镇生活废水全部得到有效处理，重点河流水质达到恢复鱼类生长目标；二是城乡垃圾按照"户装、村清、镇运、市处理"模式，全部实现了无害化处理，改善了城乡居民生活环境。

第五，推进民生事业一体化。进一步加大民生投入，加快公共服务向农村覆盖，重点办好"八大民心工程"，真正实现发展成果人人共享。根据"城乡一体、均衡发展"战略，60岁以上农民每人每月享有55元农保金。全市实现新型农村合作医疗（100%），70%的农民加入了社会保险，从而尽力缩小城乡居民在社会保障层面的差异。寿光北部地下水为苦咸水，为把"甜水"送过去，寿光建设了3处水厂和3处供水加压站，埋在地下的供水主管道达92千米，332个村铺设了自来水管道，从根本上解决了30多万农民的饮用水安全问题。

为了让公共文化的阳光照进城乡每扇"窗户"，寿光投资3.5亿元建设了集文化馆、图书馆、艺术馆、博物馆、多功能剧场于一体的"寿光文化中心"，建筑面积达4万平方米；同时，由政府投资建起了600多个农家书屋，依托城乡互联网络，发展了数字化图书馆，市图书馆50万册图书全部实现了数字化。形成以文化中心、图书馆、新华书店为龙头，以镇街文化站（中心）为纽带，以村级文化大院和"农家书屋"为基础的公共文化服务网络，为城乡文化均衡提升奠定了基础。

第六，推进党的建设一体化。采取村企联合、城乡联合、强弱联合等方式，建立联合党组织，促进资金、土地、劳动力等资源在城乡、村企和强弱村之间双向流动，实现以强带弱，共同发展。

四、三产融合、城乡融合（2012年至今）

进入新时代，寿光模式不断探索完善、转型升级，从原来的蔬菜产业化发展迈入"三全三融"的新阶段。即产业全链条融合、城乡全要素融合、治理全领域融合，推动乡村经济结构、人口结构和空间结构同步优化，生产方式、生活方式和治理方式同步改进，收入水平、文明水平和生态水平同步提升，实现由以城带乡到一体均衡、再到无差别融合发展的新跨越。2018年，习近平总书记对山东作出打造乡村振兴齐鲁样板的重要指示，并在当年全国两会期间到山东代表团参加审议，两次对诸城模式、潍坊模式、寿光模式给予肯定。

近年来，寿光市把拓展创新寿光模式放到"三个模式"大框架下去谋划、推进、落实。突出全域打造、统筹推进、融合发展，以蔬菜品牌化、生产标准化、农业智慧化为引领，以农业与二、三产业融合发展为抓手，积极推动农业农场化、农民职业化、乡村宜居化、城乡一体化，不断赋予寿光模式新的时代内涵。

（一）打造种业"中国芯"，推动蔬菜产业高质量发展

为了解决上游进口种子"卡脖子"的问题，寿光在2010年前后开始向"种业硅谷"转型，集中优势资源走自主研发之路。

21世纪初，寿光除了韭菜、白菜、萝卜等少数品种能够自主育种外，其他蔬菜的种子几乎都依靠进口。早在20世纪90年代，世界排名前十的种子企业就先后进驻寿光，设立育种研发基地或示范农场，推广蔬菜品种。彼时国产种子以中低端蔬菜品种为主，而进口种子则主攻高档特色

蔬菜品种，且在产量和抗药性方面有很大优势，因此迅速占领了国内市场。在寿光，进口种子占据了2/3以上，尤其是作为寿光主打产品的西红柿、胡萝卜和茄子等几乎完全使用的是进口种子。由于在种子市场上的垄断地位，国外企业掌握了种子价格的绝对话语权，因此进口种子价格通常是国产种子价格的10~20倍。"一克种子一克金"，寿光菜农不得不接受种植成本不断攀升的无奈。据统计，寿光菜农每年购买种子的花销约6亿元，其中近4亿元交给了国外公司。

面对蔬菜育种核心技术的"卡脖子"之痛，寿光在2006年前后开始探索发展自己的育种产业。2006年，寿光与中国农业大学签约，成立中国农业大学寿光蔬菜研究院，合作研发具有自主知识产权的蔬菜新品种。2007年，寿光建立了135亩蔬菜育种基地，为国产种子提供试验和推广平台。2008年，寿光建立蔬菜育种与示范工作站，进行新品种选育、种植示范和推广开发，推动国产种子的市场化。2009年寿光提出了"蔬菜之乡，种子之都"的发展目标。

2012年，寿光组建寿光蔬菜种业集团，投资2亿多元创建中国（寿光）蔬菜种业科技创新孵化器，设立种质资源库，建设专门的实验室。2013年，由农业部和山东省政府共同建设的国家现代蔬菜种业创新创业基地落户寿光，重点建设2000亩蔬菜育种创新基地和3000亩创业园区，配套建设商业化育种科研中心和种质资源库，建设蔬菜新品种展示推广中心、蔬菜种子检测及检疫中心、新品种测试中心。寿光还设立了蔬菜种质资源保护开发资金，每年拿出2亿元用于支持蔬菜种子研发和种苗繁育产业。

此后，寿光逐渐形成了体系化的育种推进工作，主要体现在以下三个方面：

其一，打造"育种-繁育-推广"一体化的蔬菜种业体系。在育种方面，寿光确立了"内培+外引+扶持"的原则，引导本地育种研发企业与中国农业科学院、中国农业大学等40多家科研院所开展合作，进行科研攻关和成果转化。在繁育方面，寿光在本地集中打造了"两带一区"种苗繁育区，还引导种业企业在甘肃、海南等地建设品种测试点和制种基地。在推广方面，自2013年起，寿光已经连续举办了20多届中国（寿光）国际蔬菜种业博览会，遴选优良品种进行推广。2021年，寿光国产蔬菜种子的市场占有率提升到70%以上，除了彩椒、洋葱、胡萝卜等少量品种外，黄瓜、圆茄、丝瓜、苦瓜、豆类、西葫芦、甜瓜、樱桃番茄等绝大多数都用的是国产种子。

其二，构建蔬菜种业全链条标准化体系。寿光依托农业农村部与山东省共建的全国蔬菜质量标准中心，组建国家蔬菜质量标准化创新联盟，举办全国蔬菜质量标准高峰论坛，率先完成并发布关于蔬菜生产基地的诸多国家、行业和地方标准，扭转以前蔬菜生产靠经验，品质与产量不稳定的问题。寿光已经开始尝试以工业互联网思维对农业产业链进行重塑，构建产前、产中、产后的全产业链监管服务体系。

其三，寻求多元化的蔬菜种业国际合作体系。近年来，寿光积极引导种子企业开展对外交流合作。合作形式既有中外企业合作开展蔬菜品种的研发和推广，实现资源共享和技术互补，也有引进国外人才来寿光参与合作育种项目，联合开展科研攻关。

目前，寿光保护和登记的自主研发蔬菜品种已达167个，种苗年繁育能力18亿株，占全省的近1/4，真正将寿光打造成为蔬菜"种业硅谷"；依托中国农业科学院寿光蔬菜研发中心，建成了蔬菜分子生物、细胞工程、植保、园艺作物种苗繁育等实验室，为持续不断的研发动力提供了强大的支撑。

（二）紧抓蔬菜标准化，实现由技术输出向标准模式输出转变

标准是蔬菜产业高质量发展的基石。谁制定标准，谁就拥有话语权。新时期寿光将围绕蔬菜产业高质量发展，探索建立蔬菜生产的寿光标准，进而形成全国标准、世界标准，不断引领蔬菜产业的转型升级，以此破

解核心竞争力缺乏的问题。

2018年7月,农业农村部与山东省政府签署省部共建合作备忘录,共同在寿光市建设全国蔬菜质量标准中心。旨在将其建成具有国际先进水平的质量评价中心、标准体系建设中心、国家品牌培育中心和信息交流中心,成为蔬菜产业发展的风向标和制高点,促进蔬菜产业优质化、绿色化、品牌化高质量发展。目前,中心先后成立了由5名院士领衔的全国蔬菜质量标准中心专家委员会和国家蔬菜质量标准化创新联盟,建立了日光温室全产业链标准体系,启动112项国家标准、行业标准、地方标准研制工作。编制完成了37种蔬菜的54项生产技术规程。已集成了2348条蔬菜产业链相关标准,其中,寿光已有番茄、黄瓜、辣椒、茄子、西葫芦5项全产业链标准成为"国家标准"。

加快标准输出,实现由"技术输出"向"模式输出"转变。在抓好标准集成的基础上,寿光也在致力于打造农业标准输出中心,积极主动地将先进技术、生产标准及解决方案推向全国。目前,此联盟已经在江西、四川、西藏等省和自治区认定19个试验示范基地,组织高新技术企业、技术人员向全国打包输出寿光模式,已向全国26个省份提供了蔬菜产业问题集成解决方案,全国新建大棚中一半以上有"寿光元素"。[①]

围绕蔬菜全产业链标准化破题,寿光创新"标准化+"工作机制,推动标准化与经济社会各领域深度融合,助推科技创新、标准研制和产业升级一体化发展,引领寿光蔬菜产业高质量发展。从"标准化+科技发展"来看,寿光持续优化标准供给结构,将种苗繁育、种质资源保护利用、蔬菜病虫害精准鉴定等相关专利技术嵌入标准研制与应用,从而大幅提高行业标准的竞争力。从"标准化+产业发展来看",寿光立足蔬菜产业优势,从产地环境、温室建设、种苗选择、种植技术、采后加工等各环节,带动菜农实现标准化种植与生产,从而实现蔬菜产量与品质的

---

① 刘杰:《寿光模式再升级——寿光市以"六化"发展为抓手奋力争当乡村振兴齐鲁样板排头兵》,《潍坊日报》2020年9月30日。

跨越式突破。

从"标准化+人才发展"来看，寿光依托国家技术标准创新基地（蔬菜）、国家蔬菜标准化区域服务与推广平台等27项国家级、省级标准化试点示范项目，引进落户全国蔬菜标准化技术委员会、山东省农业标准化技术委员会、全国绿色食品科技成果转化试验站等权威科研院所，成立了专家委员会，为标准化支撑蔬菜产业可持续发展夯实人才基础。

2023年6月26日，国际蔬菜标准化产业联盟启动组建，这对寿光推动"标准化+国际交流"工作具有重要意义。国际蔬菜标准化产业联盟由潍坊国家农业开放发展综合试验区牵头，依托全国蔬菜质量标准中心，组织国内外农业进出口龙头企业、行业协会组织、科研机构共同参与组建。国际蔬菜标准化产业联盟，旨在进一步做好蔬菜国际标准研制突破工作，以标准"软联通"打通"双循环"新路径，推动更多优质农产品、标准、技术"走出去"和"引进来"。

（三）以蔬菜园区化、智慧化、品牌化引领农业现代化

近年来，寿光在大棚"两改"（大田改大棚，旧棚改新棚）的基础上，开启了园区化大农业的探索。园区化建设挣脱了老旧小棚的束缚，大大拓展了农业机械应用的空间，也因而带来了"智能改造"新机遇。通过园区示范带动，全市新建大棚全面推广了自动卷帘机、自动打药机、自动温控、智能雾化、臭氧消杀、自动补光、水肥一体机、电动运菜机等智能设备，物联网应用率达到80%以上，农民在家用手机就可以远程种菜。物联网、大数据、云计算、人工智能技术的融合应用，大幅提升了蔬菜产业机械化、智能化作业水平。蔬菜大棚和园区也升级为"绿色车间"和"绿色工厂"。随着一大批示范带动力强、特色化、精品化和科技化的蔬菜园区脱颖而出，设施蔬菜园区化建设很快成为推动质量兴农和乡村振兴的主攻方向。

在此基础上，寿光紧抓品牌化，加快由增产向提质转变。寿光确

定了从生产源头抓起、走绿色发展之路的战略。寿光市财政每年投入近3000万元资金，深入开展设施蔬菜"沃土工程"，推广蔬菜秸秆综合利用、土壤火焰消毒、施用生物有机肥和高碳有机肥、土壤深耕深松、水肥一体化、病虫害绿色防控等七大土壤改良技术，为构建肥沃、安全的蔬菜产地环境提供坚实的保障。

另外，在推动园区化建设的基础上，寿光也提出了抓产品品质、打造高端品牌蔬菜的工作思路。寿光规划了18个重点园区，通过政策引导和财政投入，在园区基础设施配套、绿色生产技术推广、组织建设等方面进行扶持，致力于高端品牌蔬菜打造。

值得一提的是，寿光以监管手段智慧化提升农产品安全的探索实践。寿光将全市蔬菜种植区划分为28个监管网格，统一配备了56个专职监管员和28辆专用监管车，与镇村监管力量配合，共同构建了纵向分层监管到底、横向分块监管到边、纵横监管无缝对接的市、镇、村三级网格化监管体系。与此同时，寿光还配套开发了智慧监管服务平台，对全市蔬菜大棚、合作社和农资门店进行GIS精准定位，网格化监管实现数字化，蔬菜生产、农药实名制销售、蔬菜质量检测、蔬菜交易等大数据资源实现互联互通、智慧分析，食用农产品合格证实行电子化开具，蔬菜质量实现全程可追溯。因此，2021年4月16日，寿光市农业农村局被表彰为全国食品安全工作先进集体。

品牌即价值，是提升农业产业质量和促进农民增收的重要抓手。寿光市坚持走"品牌兴农"之路，"寿光蔬菜"成功注册为地理标志集体商标。在北京、济南等大中城市设立了"寿光蔬菜"旗舰店，与大润发、家乐福、盒马鲜生等建立直达终端的营销体系。

借助蔬菜品牌优势，寿光建成投用了全国规模最大的农村淘宝县级运营服务中心，促成了与京东物流、阿里巴巴等平台企业的战略合作，集中打造了农圣网、"种好地"等区域性电商平台，更有效地促进本地蔬菜、种苗、农特产品的网上销售。为此，寿光获评"2020年电子商务进农村综合示范县"。

园区化、智慧化和品牌化建设产生了显著的综合创新效应，全面推动了生产标准、技术服务、生资供应、产品包装、品牌销售、质量检测的"六统一"管理工作，有效推动了一、二、三产业融合，为带动农民增收、引领农业现代化奠定坚实的基础。

（四）以农民职业化、乡村宜居化推动城乡融合发展

富民增收是寿光农业农村现代化的根本目标，让农业成为有奔头的产业，让农民成为体面的职业是寿光农业农村现代化的应有之义。职业教育和农民的组织化建设是寿光培育职业农民的两大抓手。寿光历来重视农民科技培训工作，近年来，寿光开展了30万农民科技大轮训工程，组织寿光模式讲习所、"田间课堂"，让农民不离乡、不离土就能学习。另外，寿光还启动了"十百千万"蔬菜标准化培训工程，累计培训本地新型职业农民5万多人，为全国17个省区市培训农村干部1.5万多人。

培育新型农业经营主体，推行村两委领办合作社，成为新时代寿光加快富民进程的突破口。寿光采取了部门帮联、企业结对、强村帮带、能人回村、派驻"驻村第一书记"等多样化的策略，以推动村集体经济培育。通过流转土地收"租金"、农户入园打工获"薪金"、入股办公司或合作社分"红金"等形式，实现了农村资源变股权、资金变股金、农民变股民，有力带动了村集体和农民双增收、双受益。

截至2020年年底，全市果蔬类合作社共有2128家，其中国家级示范社3家、省级示范社17家、潍坊示范社48家。在此基础上，寿光进一步创新合作联盟组织形式，在市、镇两级分别成立蔬菜合作社联合会，一方面，引导合作社与龙头企业合作，进一步形成农业产业化联合体；另一方面，实行生产标准、技术服务、生资供应、产品销售、质量检测"五统一"管理，有效提高了农民组织化程度。

良好的生态环境是乡村振兴的重要支撑，寿光市把改善农村人居环

境与实现乡村宜居作为创新提升寿光模式、打造乡村振兴齐鲁样板的重要内容。近年来,通过实施农村厕所、道路、供暖、供气、污水处理等"十改"工程,实现了城乡公交、供水、垃圾清运、污水处理一体化,农厕改造和公厕建设任务全部完成,"户户通"工程实现全覆盖,被中央农办、农业农村部联合表彰为全国村庄清洁行动先进县。[1]

在城乡统筹发展方面,坚持工农互促并进、全域统筹发展,以公共服务均等化为突破口,推动城乡全方位"无差别化"发展,成为寿光模式最鲜明的特色。寿光已经形成了城乡道路、公交、供水、环卫、园林绿化、污水治理"六个一体化"格局,实现了村级文体中心、省级标准化卫生室、治安监控、生活垃圾无害化处理、有线电视"五个100%全覆盖"。以公共服务均等化为突破口,推动城乡全方位"无差别化"发展,成为寿光模式最鲜明的特色。

总之,党的十八大以来,寿光在实践中积极探索,不断创新赋予寿光模式的内涵。围绕农业高质高效、乡村宜居宜业、农民富裕富足,推进产业全链条融合、城乡全要素融合、治理全领域融合,加快乡村经济结构、人口结构和空间结构同步优化,乡村生产方式、生活方式和治理方式同步改进,乡村收入水平、文明水平和生态水平同步提升,实现了从以城带乡到一体均衡、再到无差别融合发展的新跨越,对于打造新时代乡村振兴的齐鲁样板和农业农村现代化的全国表率具有重要意义。

---

[1] 刘杰:《"寿光模式"再升级——寿光市以"六化"发展为抓手奋力争当乡村振兴齐鲁样板排头兵》,《潍坊日报》2020年9月30日。

02
CHAPTER

第二章

党建引领乡村全面振兴

坚持党建引领是实现乡村全面振兴的重要基础和前提。现代文明建构中国路径的组织逻辑和党领导农村现代化的历史经验表明，新时代乡村振兴的关键是不断巩固和加强党的基层组织建设，通过党的基层组织建设引领乡村全面振兴。寿光市在推进乡村振兴工作中，坚持政治引领、思想引领、组织引领、社会引领、作风引领和制度引领，取得了一系列重要成绩。在具体实践中，寿光市通过构建多层次、广覆盖的党建联盟，搭建全方位、成体系的组织网络，拓展多元化、特色化的党建服务，建立高效化、创新化的工作机制，"战斗堡垒"更加坚实、"红色动能"更加强劲、"红色旗帜"更加鲜亮、寿光模式更加完备。

一、党建引领乡村全面振兴的主要成效

实施乡村振兴战略是党和国家的重大决策部署，既是推进中国式现代化的重大举措，也是党的农村基层组织的中心工作。习近平总书记指出："把解决好'三农'问题作为全党工作重中之重，是我们党执政兴国的重要经验，必须长期坚持、毫不动摇。"[①] 办好农村的事情，实现乡村振兴，关键在党，关键在坚持党建引领。推进乡村振兴战略，必须毫不动摇地坚持和加强党的全面领导，紧紧依靠农村基层党组织，加强农村基层党组织建设。近年来，寿光市紧扣实施乡村振兴战略总要求，通过党建引领，以全面提升党建工作服务中心任务实效为目标，找准抓党建促乡村振兴的切入点和着力点，正道直行、守正创新，不断加强基层党组织建设，为全面推进乡村振兴、建成富裕文明、幸福美丽的新寿光提供坚强的组织保证。

[①]《习近平关于"三农"工作论述摘编》，中央文献出版社2019年版，第3页。

（一）构建多层次、广覆盖的党建联盟，"战斗堡垒"更加坚实

寿光市以党建引领促民增收为工作导向，积极推动构建多层次、广覆盖的党建联盟，将战斗堡垒建强在"链"上，布局党建链有效激活服务链、产业链、效益链，促进产业融合，构建产业抱团发展新格局，走出一条"党建+农业"的丰收路。

第一，布局党建链，由"点"变"线"解抱团发展之题。按照"组织联建、事务联商、产业联兴、治理联抓"的工作原则，构建运行"1+N+X"党建服务组织体系，即1个产业发展区域联合党委、N个行政村党组织、X家合作社，建立"党建联盟+产业组织+专业团队"的组织架构，推行"生产+科技"理念建设新农业，建立各类蔬菜产业园区，持续推动"机械换人"，逐渐梳理出一条发展现代农业的新路子。近年来，寿光市与全国30个省份成立蔬菜产业跨区域党建联盟，将涉农部门、龙头企业、行业协会等统筹整合，打破区域界限，以党组织联建为引领，引导寿光农业企业和技术人才走出去，为全国各地提供设施蔬菜产业集成解决方案。[1] 重点培育打造崔西一品、马寨黄瓜、桂河芹菜、甜鸣羊角蜜、馥农果蔬等40余个单体品牌，先后有桂河芹菜、侯镇葡萄、古城番茄、孙家集苦瓜、斟灌彩椒等10个农产品被纳入全国名特优新农产品名录。化龙镇通过全国蔬菜质量标准中心制定胡萝卜行业企业标准和团体标准，积极申报山东省特色优势食品产业强镇，投资100余万元实施胡萝卜产业园文化提升项目，着力打造"胡萝卜文化形象一条街"，逐渐形成了种全国、卖全球、立标准、享共赢的产业格局。

第二，畅通服务链，由"散"变"聚"答联盟优势之问。联盟积极搭建交流平台，帮助种植大户、蔬菜企业等与商业机构交流合作，组织开展"线上+线下"座谈会，就技术培训、产品检测、市场管理等进行

---

[1] 《寿光与30个省份成立蔬菜产业跨区域党建联盟，指导蔬菜生产 不教会不撤离 不丰收不脱钩》，《大众日报》2023年6月21日。

全方位交流，制定发展规划。针对产业振兴发展的难点问题，采用"联盟＋支部＋企业＋种植户＋党员志愿者服务队"的服务模式，由全市收集蔬菜种植、加工、销售信息并及时推送，把服务企业、助农落实到"最后一米"。寿光市商务局、寿光市直播电商行业党委联合各镇街开展"一村一品一达人"电商培训，2022年累计培训村民3万余人次，助力农村人才电子商务创业，助推企业线上、线下融合发展，为乡村振兴插上"云"翅膀。

第三，拓展产业链，由"量"变"质"破品牌提升之难。切实充分发挥联盟纽带作用，按照"政企良性互动、企企资源共享、企农联动发展"原则，整合资源要素，不断扩大产业的覆盖面和影响力，充分发挥产业"链主"党员模范带头作用，挖掘乡村科技型、带富型党员，形成龙头企业引领、农户参与的产业主体"雁阵"。深入实施特色品牌发展战略，加强党建联盟与村组织领办合作社有效互动，争创孙家集苦瓜和黄瓜、纪台长茄、洛城彩椒、古城番茄等"名特优新"品牌，与齐鲁工业大学食品科学与工程学科开展产学研对接合作，研发胡萝卜粉、胡萝卜果酒、胡萝卜汁等深加工产品。打造前端原料在田间、后端消费在嘴边的全链条产业，播种面积60万亩，总产量450万吨，年产值110亿元、年交易额200亿元，"中国蔬菜之乡"品牌更加响亮，各省份蔬菜在此集散交易，发往各地，当地大棚蔬菜从田间地头流向全国百姓餐桌，[①]联联互动达到"1+1＞2"的效果。

第四，延伸效益链，由"弱"变"强"增强村富民之效。通过党建引领、联盟发力，形成经济价值、文化价值、生态价值三赢的良好局面。发挥党员干部"传帮带"作用，与内蒙古、河北等地方种植基地联合协作，联合各职能单位组织劳务输出、乡贤回归、技术搭桥，实现联盟农户"走出去"、致富能手"请回来"、涉农专家"请进来"。通过发挥品牌

---

① 《物流畅起来　信心强起来——山东寿光见闻》，《人民日报》2023年1月14日。

优势，引领党员带头发展各类绿色产业，将党旗插在产业链上，实现党组织"领着农民干、带着农民富"。寿光目前拥有15.7万个蔬菜大棚，并正在向全国拓展。北到黑龙江省五常市的"冬季温室"，南到南沙永暑礁的蔬菜繁育基地，西到贵州省遵义市的"枫香速度"，在全国新建的蔬菜大棚中，一半以上都有"寿光元素"。遍布全国的8000多名寿光技术人员，已向26个省份提供了大棚蔬菜集成解决方案。①

（二）搭建全方位、成体系的组织网络，"红色动能"更加强劲

寿光市大力实施"同心筑网"工程，以党建引领为核心，将资源汇聚到网格，做到居民群众的事"一网揽尽、服务到家"，打造"有事找支部、服务有温度"党建领航基层治理服务品牌。

第一，将党支部建立在网格上，延伸组织触角，让居民群众看得见、觉得到、用得上。一是织密组织体系。按照利于管理、便于活动、发挥作用的原则，在试点运行71个网格党支部的基础上，推动1个网格设立1个党支部，对1个居民小区多个网格的，以居民小区为单位成立党支部，目前全市282个网格党支部全部实体化运行，统筹网格内百姓参政团、公益组织、物业服务企业等组织，整合直管党员、协管党员，建立1218个楼栋党小组，推选产生6500多名党员中心户，健全完善各级党组织架构，实现党的组织和工作进楼入户、全面覆盖，打通党组织联系服务群众的"最后一米"。二是配优支部力量。根据有能力、有威望、有公心、有热情"四有"标准，优先推选"五老"（老干部、老战士、老专家、老教师、老模范）志愿者、百姓参政团领衔代表，没有合适人选的，下派机关干部、社区工作者担任，筛选282名网格党支部书记。针对大部分党支部成员年纪较大的实际情况，每个网格明确1名社区工作人员配合完成网上信息上报、活动组织开展等工作，以老带新、优势互补。三

---

① 《从"一粒良种"到"一桌好菜"，全链条提升蔬菜产业竞争力》，《人民日报》2022年8月29日。

是强化支持保障。建立财政支持、党费补助等经费保障机制，每个支部保障启动经费、工作经费，坚持"一格一策"，采取腾、买、租、建、调等方式，通过整合物业办公用房、居民闲置用房等资源，设立标准的党群服务站，统一制作标牌，结合各网格小区实际情况设置警民联防、农家书屋、文明实践站等服务场所，让居民群众在家门口就能找到组织、享受到舒心服务。

第二，将党支部打造成纽带，统领资源力量，让为民服务更精准、更有力、更有效。一是建立需求收集上报机制。建立村（居）接访制度，每月举办一次"有事好商量"业主接待日，掌握居民信息，收集社情民意，反映工作情况。嫁接信息网络手段，每个网格都建立楼长微信群，随时上报居民诉求，由楼道长汇总到支部微信工作群；配备的社区工作人员兼任网格信息员，借助"寿光网格E通"App，每天上报需求信息，让居民需求感知"全天候""无缝隙"。二是建立服务精准供给机制。以党群服务站为载体，社区专职民警、法律顾问定期下沉村（居）坐班服务，130支"一家亲"志愿调解队配合党支部参与网格服务、风险防控、纠纷化解等工作，将矛盾问题化解在萌芽、解决在村（居）；结合"双报到"工作，131家机关企事业单位党组织、11000多名党员包靠小区，乡镇机关干部包保村庄，成立57支党员志愿服务队，每月举办"万名党员进网格、我为群众办实事"民生服务大集，网格党支部汇总群众需求"点单"，然后通过"社区派单、党组织和党员接单"的模式，精准提供宽带测速、健康义诊等服务。引导善德、弥水等社会公益组织到网格孵化"叮咚上门、幸福守候""爱心义剪"等一批服务项目，培育200多支"带不走"的志愿服务队伍，让小区能人发挥特长、就近服务。三是建立协调联动合作机制。建立网格党支部成员与业主委员会、物业服务企业"双向进入、交叉任职"制度，91名业委会成员进入网格党支部，176名物业党员兼任支部成员，增加党组织与业委会、物业服务企业等服务力量的黏度；网格党支部负责对到居住小区报到的党员进行工作定责、服务定格，设立政策宣传、民事调解等7大类37小类为民服务岗位，认领居民微心愿1000多个；组建由党支部成员、楼道长、百姓参政团、物业公司人员等构成的"红色管家服务团"，搭建"阳光议事会""书记工作室"等协商议事平台，将服务力量拧成一股绳、攥成一个拳，协同解决增建充电车棚、多占绿化用地、楼顶漏水等"疑难杂症"1850多个，化解矛盾纠纷300多起。

第三，将党支部明确为主角，真正明责赋能，让作用发挥得底气足、腰杆硬、干得顺。一是明确履职责任。制定"村党组织书记专业化管理15条意见""网格（小区）党支部工作制度"等制度，规定村级党支部具有建设微阵地、带好微队伍、提供微服务等八项职责，建立联席会议、民情日记、吹哨报到等六项制度，从生态环保、社会稳定等方面划定12类负面清单；开设"同心筑网"大讲堂，对村级党支部书记一季度一培训，让党支部成员肩上有责、心中有戒。二是赋予评价权力。村级党支部参加社区阳光述评会，结合党组织和党员报到、服务情况等，对市直机关、企事业单位作出A档、B档、C档、D档的综合评价意见，纳入部门、党员干部的年度考核；每季度参与对物业公司的"约谈+点评"，评价结果每季度在寿光日报公示，建立"发红榜""贴黄牌"制度。三是创造良好环境。将机关企事业单位与居民小区共驻共建列入高质量发展的综合绩效考核，全市三级干部会议连续3年集中表彰先进共驻共建单位26个，有效调动部门单位参与网格治理服务的积极性。对网格提报需求办理情况，明确7大类、51项职责不清事项"条块"责任，倒逼相关职能部门"即应即办、一办到底"。党员群众到小区开展志愿服务时长可兑换信用积分或日常用品，制定《寿光市自然人信用积分"信易+"惠民清单》，对信用积分为A+以上的志愿者在就诊、养老、健身、旅游、读书等8大领域给予优先推荐、打折优惠等激励，调动和激发了他们参与小区服务的热情。

（三）拓展多元化、特色化的党建服务，"红色旗帜"更加鲜亮

第一，聚焦"党建+规划"，明确发展方向。积极探索"党建引领、以农促旅、以旅兴农、农文旅互惠共赢"的乡村振兴模式，坚持"党建+产业+文化+旅游+生态"发展理念，以"三圣文化""农耕文化"为切入点，注入旅游参观、民俗体验、蔬菜学府、非遗传承、文化复兴等要素，规划建设以蔬菜文化为主题的农业公园、农业旅游研学基地等，依托田园风光、乡土文化，以旅游观光、创意农业为特色打造新的"网红"打卡地，蹚出一条"党建+规划"的乡村振兴新路子。开发建设传统文化村落、"红色村落+乡村旅游"、"油画艺术+文明乡风"模式，打造以"党建+文创""党建+乡村旅游"等党建文旅品牌，大力发展绿色观光、休闲采摘、农家乐等，形成以旅兴农、以农促旅的乡村旅游发展新格局，助力"党建+农文旅"融合推进。洛城街道韩家牟城村立足汉字文化渊源深厚，探索"党建+文化"服务模式，通过整合这些资源，融入乡土特色，打造诗意乡村景观，包括仓颉书院、汉字文化馆、书香房、国学堂、民间技艺传承馆，这成为提升乡村振兴的重要支撑。孙家集街道范于村深度挖掘"红色、绿色、古色、金色"资源，依托"名人、名品、名俗、名胜"优势特色，建成占地10821平方米、建筑面积为2160平方米的陈少敏纪念馆，加快推动文化与旅游资源深度结合，拓展多元化、特色化的党建服务。

第二，聚焦"党建+产业"，实现发展为民。推行"党支部+合作社+种植户"等经营模式，实现支部建在产业上、党员聚到产业中，大力发展现代农业园区，推动绿色产业转型升级。夯实组织引领，充分发挥党组织的战斗堡垒作用，放大资源优势，探索发展租赁经济、创办蔬菜合作社、申请注册自主商标、引导菜农走品牌化的发展路子，同时大力培育新兴产业，积极引进预制菜、高端蔬菜加工、蔬菜酿酒等领域的企业入驻，引导村民从事汽车运输业和餐饮服务等行业，培育了一条涵盖加

工、生产、冷链、运输等行业的绿色产业链，打出了增收和创收"组合拳"，推动产业提档升级。例如，稻田镇积极发挥党组织的"红色引擎"作用，创新"党支部+合作社+农户"的生产经营模式，以"党建链"串起"产业链"，112个村实现党支部领办合作社全覆盖，带动全镇村集体增收500余万元。古城街道充分发挥党建引领作用，将组织优势转化为发展优势，结合自身资源优势和产业基础，全力做强番茄产业，成为全国最大的番茄生产经营集散地之一，番茄种植面积达到2.3万亩，年育苗量突破9亿株，扩大了产业规模，提升了发展质效，增加了村民就业岗位和增收渠道，逐步呈现出基层"组织强""产业优""村民富""农村美"的良好发展态势。

第三，聚焦"党建+人才"，激发发展活力。一是全面落实村党组织书记县级组织部门备案管理制度，开展村干部学历和致富能手"双提升行动"。选树乡村振兴模范党组织、担当作为好支书，激励广大村干部在乡村振兴一线创先争优、担当作为。推动各地回引大学生到村工作，选培"乡村好青年"，为乡村振兴注入源头活水。二是探索构建"1+N+N"工作体系，"1"是党建引领，"N"分别是多元融合和多要素配套。将全市划分为1313个大网格、3917个小网格，配备1.2万名专兼职网格员。网格员实行"1+1+N"配备模式，每个网格配备1名网格党支部书记、1名专职网格员和多名网格协管员，以沉底到边的组织体系推动构建"一网兜起区域大小事"的基层治理格局。三是建立党员与乡贤定期联络机制，吸引各类创业人才回乡发展。组建各类乡村振兴工作服务队，成立乡贤参事会等乡贤组织，激发他们回乡创业的热情，利用自身在资金、技术、资源等方面的优势，推动资金回流、项目回归、信息回传、人才回乡，协助解决农村经济、农民增收、环境整治、医疗卫生、三务公开等事关群众切身利益的问题，让乡土人才成为推动寿光模式高质量发展的重要引擎。台头镇出台《关于培育和发展乡贤组织的实施意见》，以镇党委和村党组织为"主轴"，以血缘、地缘为根脉，以乡亲、乡情为纽带，把各方面的乡贤人才凝聚在党组织周围，引导乡贤人才有序参与到乡村振兴中来。

第四，聚焦"党建+治理"，培育发展动能。一是做优红色物业。发起城市社区物业服务"摘星夺旗"行动，组织社区党委、网格（小区）党支部成员以及居民代表对物业服务质量实行"双月点评"，每季度召开一次"党建领航·红色物业"现场会，通过评星定级、授旗挂牌、媒体晾晒，推动物业企业为党委分忧、为群众办事。二是做细矛盾化解。针对物管矛盾调处难、专业要求高等问题，探索成立村级纠纷诉调中心；村居组建"一家亲"调委会，配备一名公安民警、一名公益律师、一支志愿调解队；推行网格（小区）党支部"公开接访"制度，努力让矛盾解决在网格、消除于萌芽。三是做实"平急转换"。完善城市社区平战结合手册，以255个网格（小区）党支部为主体，将6000多名党员和志愿者编入服务（应急）队伍，分情形制定应急预案，责任到岗，明确到人，"平时"组织开展敬老爱幼、调处纠纷等志愿服务活动，"急时"迅速集结、高效运转。四是做强"智慧大脑"。建立起"一库三系统"，即街道信息大数据库和"民声"处理、平安防控、智慧小区三个系统，广泛推广智慧门禁、智慧梯控等智慧小区建设，依托"掌上邻里群""菜都红哨"、12345热线，实现民情民意"一键互通"、民生诉求"一网打理"。

（四）建立高效化、创新化的工作机制，寿光模式更加完备

第一，强化党建引领核心，凝心聚力求突破。一是突出以上率下，高位推进，构建上下贯通、统筹协调的创新突破格局。抓牢"书记项目"。突出"书记抓、抓书记"，将党建引领城市基层治理作为市委书记抓基层党建重点突破项目，连续3年列入市委重点突破事项中，同时街道、社区、网格（小区）分级设定"书记"项目，推动创新突破任务项目化管理，形成一级抓一级、层层抓落实的工作局面。二是做实网格支部。聚焦从"全面覆盖"到"有力服务"，制定村级党支部工作规范、履

职清单、坐班接访等制度，每季度举办村支部书记论坛，从支部成员中评选"最美奋斗者"，让党组织引领治理有能力、绽活力。三是强化保障激励。加大财政保障力度，新规划建设社区、商圈、新业态新就业群体等党群服务阵地13处，布局"菜乡红"驿站55处，推动全域提升、全面突破。全市三级干部会议集中表扬9名社区书记、10个党建引领城市基层治理先进单位，为"双联双强"派驻干部单设考核优秀指标，不断激发干事创业、奋发有为的澎湃动力。

第二，推动四级联动发力，一抓到底解难题。围绕解决好民生诉求，持续完善市城市治理服务中心、街道分中心、社区服务站、网格调解室四级联动机制。一是层层压实责任。健全职责任务清单动态调整机制，将诉求办理质效列入部门单位年度综合绩效考核，并将街道、社区评价占比提高到80%；街道、社区诉求处理情况定期通报排名；对群众不满意事项分情形督办、约谈、问责。二是信息赋能助力。推动街道、社区智慧公共服务全覆盖，广泛推广"菜都红哨"小程序，设置"网格议事厅""支部有号召"等板块，7100多名在职党员在线报到，认领"支部号召""微心愿"等400余项。三是提升解决效能。分管县级领导牵头，公安、住建、信访等14个部门集中办公，定期分类办理疑难工单；专门设立街道物业纠纷诉调中心，累计调处纠纷3900余起，居民反映热线工单同比下降30%以上。

第三，突出多元共建共治，区域融合强治理。发挥党建引领作用，汇聚多元力量资源，建立全员参与、守望相助的共建共治格局。一是深入开展"双联双强"活动。组织县级干部包联42个社区、部门单位帮联113个网格、机关干部直联523个小区，分阶段开展"大走访、大摸底""听民意、解民忧""强堡垒、争先锋"活动，建立应急先锋队伍271支，认领解决民生项目207项，解决各类民生问题1万余件，构建"平急结合"长效机制。二是打造"红色物业"服务队。推动网格党支部、红色楼道长走上"裁判席"，开展物业服务"双月点评"，大张旗鼓

"授红旗""挂黄牌",评选年度"金牌红色物业"示范企业、"金牌物业管家",奖惩并举打造"红色物业"服务队。2022年,47家物业服务公司领办"民生微实事"158项,投入2300万元。三是组建党建融合体。汇聚391家新经济、新业态等各类组织组建42个社区党建融合体,引入资金200余万元成立社区基金,聘任61名外卖配送员担任兼职网格员,全面营造"社区是我家、治理靠大家"的浓厚氛围。

二、寿光模式中党建引领乡村全面振兴的机理

寿光市在党建引领推动乡村全面振兴方面取得的斐然成就,是与党的各方面建设密切相关的。在深入推进乡村全面振兴的过程中,寿光市坚持政治引领、思想引领、组织引领、社会引领、作风引领、制度引领,以增强自身政治建设为统领,以加强理论学习能力为抓手,以激发群众首创精神为重点,以调动一切积极因素为方针,以优良作风为底色,以完善制度为保障,在党建互学、项目互联、人才互通上深化交流,不断强龙头、树品牌、补链条,激活了乡村振兴的"一池春水",寿光模式正在新时代中展现出新的内涵。

(一)政治引领:以增强自身政治建设为统领推动乡村全面振兴

近年来,寿光市坚持把党建引领作为推进乡村振兴的"第一引擎",突出特色鲜明、城乡同步、产城融合的发展路径,着重在聚合力、增动力、提效力上找出路、谋实招,集中全力破解城乡融合发展堵点、痛点,为全面推进乡村振兴开山凿路、积势蓄能。

第一,突出党建引领"聚合力",从"单兵作战"到"抱团出击",锻造过硬"主力军"。紧盯关键对象,创新"选、育、用"载体机制,多层面激发敢为、敢干、敢首创的群体力量,以人才振兴助推乡村振兴。

一是"领头羊"持续领跑。深入实施农村"头雁领航"工程，建立起选拔培养、激励保障、监督管理的全链条工作机制，选拔培养了一批有魄力、能担当的村党支部书记，为推进乡村全面振兴筑牢了基层根基。以"擂台比武"倒逼工作推进、创先争优，通过分主题、分类别组织各级党组织书记同台竞技，赛工作、亮成绩、比亮点、讲经验，达到以赛促学、以赛促干、以赛促进的目的，为全市高质量发展提供强大的精神动力。二是实用人才竞相领路。回引724名在外人才回村任职；为加强农村后备干部队伍建设，寿光市精心物色283名在外优秀青年人才跟踪培养，安排回村担任村支书（村主任）助理。[①] 同时，强化科技骨干力量，引进培育农业领域省级以上人才工程人选21人、农业企业合作院士10人、自主培育乡村之星106人、新型职业农民3464人、选派农业科技特派员71人、每年培训各类基层实用人才1万人次以上。三是党员创业率先领头。大力推行党员创办示范项目、示范基地，通过"党支部＋合作社""党员＋农户"等模式，不断放大组织优势和党员示范效应。同时，加强农村集体经济组织人才培养，推动村党组织书记全覆盖并兼任集体经济组织负责人，引领带动广大党员积极创办领办农民合作社、家庭农场、庭院经济等致富项目。

第二，突出党建引领"增动力"，从"绿水青山"到"金山银山"，激活发展"主引擎"。践行"两山"理论，大力发展沟域经济，构建"党建联合体"，打造党建强、发展快，沟谷美、共同富的乡村振兴寿光示范样板。一是量身定制强推动。践行"党建＋产业联盟"的生动实践，深入推进城乡融合发展，通过"跨村联建、项目联建、产业联建、活动联建"的方式，成立"强企兴村"党建联合体。坚持特色理念、共赢思维、精品意识，培育打造党建工作品牌，坚持高点定位，打破"就村抓村"的思维，以"跨村联建"为抓手，推动片区内整体联动、抱团发展，同

---

① 《山东寿光市：选优配强乡村振兴"头雁方阵"》，《人民日报》2022年7月5日。

时积极推动资源要素向农村倾斜，在培育特色产业、盘活闲置资源、提升基础设施、推动村企合作等方面，找准工作的突破口和结合点，实现企业做强、集体增收、群众致富的"三赢"局面，下功夫打造一批可比可学可借鉴的示范点。二是因地制宜兴产业。依托"寿光蔬菜"金字招牌，挖掘蔬菜大棚发源地——三元朱村等丰富的蔬菜文化资源，以农业观光、特色旅游、蔬菜艺术品开发等为重点，打造南部蔬菜文化产业带。侯镇、羊口镇、孙家集街道等探索旅游富民模式，通过以景区带村、能人带户、"合作社+农户"、直接就业、帮扶销售农副土特产品灵活多样的方式，让更多农民享受乡村旅游发展带来的红利，农民年人均可支配收入超过3万元，旅游富民成效显著。三是创新载体促服务。充分整合全市党建资源、阵地资源、人力资源、智力资源、社会资源，通过共建共享、有机融合，构建党建联合体，谋划实施惠民生、暖民心的实事29件，共同推动解决区域性和群众关注的难点问题。如圣城街道向阳社区积极打造"红色引领·向阳花开"社区品牌，创新实施"约谈+点评"的物业管理模式，社区党委组织小区党支部、百姓参政团，对物业矛盾突出的物业公司随时约谈，督促整改问题；每季度对物业公司进行现场点评打分，点评结果纳入信用等级评价，倒逼物业公司提升服务。同时，对物业公司实行"双备案、双考核"制度，充分运用70%的考核权，切实督促物业服务项目提升服务品质。

第三，突出党建引领"提效力"，从"规范管理"到"精细管理"，打通服务"主动脉"。建强上下贯通、执行有力的组织体系，发挥各级党组织的政治功能和组织功能，做到党的事业发展到哪里、组织体系就跟进到哪里，党组织和党员作用就发挥到哪里，为乡村振兴提供坚强的组织保障。一是规范管理"通经络"。聚焦不断提高组织工作质量的要求，进一步加强"一肩挑"村干部管理监督，推行"三审一谈"机制向末端落实，从根本上建强"领头雁"队伍。采取小班次模拟教学、即兴问答、现场实操等方式，严格规范"三会一课"、民主生活会、评议党员等组织生活,通过"送学上门"实现精准辅导、精准掌握,让党组织操之有据、行之有序。开展"农村基层组织规范化提升年"活动,用好村级事务公开平台,让"小微权力"在阳光下运行。二是整顿提升"固根本"。深化村党组织"争先创优"行动,聚焦组织力提升,突出党建助推乡村全面振兴、引领社区幸福家园建设、赋能产业高质量发展,坚持先进引领、典型引路,培育一批像三元朱村一样在全国具有影响力的典型村(社区)、示范企业,着力打造推得开、叫得响的党建品牌,推动基层党组织建设全面进步、全面过硬;聚焦服务力提升,实施村党组织书记"雁阵齐飞工程"和城市社区党组织书记"青蓝工程",持续培育引领党建突破的头雁队伍、中坚力量;聚焦执行力提升,抓严责任传导,抓实问题整改,抓好日常监督,倒逼党建工作责任落细落实,不断推动党建工作再上新台阶、取得新成效。三是善治共治"强底气"。全面推行网格化管理,发挥党建引领作用,推动多元力量资源向网格(小区)集聚,吸引党员参与网格化治理,营造全员参与、守望相助的浓厚氛围。依托"双联双强"活动,分阶段与帮联部门单位党组织开展"大走访、大摸底""听民意、解民忧""强堡垒、争先锋,构建'平战结合'长效机制"等活动,全覆盖走访住户、店铺,共同举办"万名党员进网格,我为群众办实事"活动,排查各类安全隐患,化解矛盾问题,提升基层社会治理效能。

(二)思想引领:以加强理论学习能力为抓手推动乡村全面振兴

持续深化理论武装工作,用好用活理论学习中心组、基层理论宣讲、"学习强国"三个阵地,推动形成领导干部带头学、基层群众乐意学、广大学员每日学的良好氛围,确保理论学习往深里走、往实里走。

第一,强化理论学习中心组"关键一环",领导干部带头学。制定理论学习中心组、中心组成员两张"任务清单",坚持每月一次集体学习研讨、每年一期读书班、每年一篇调研报告、每年一次理论宣讲、每年一次列席旁听。探索"全市重点听、工委全面听、部门互学听"三级旁听机制，建立列席旁听指导人员库，分系统组织开展列席旁听工作，做到全年列席旁听全覆盖。列席旁听过程中，重点围绕交流研讨、成效转化、学习管理等，提出加强改进的意见建议，旁听评价结果作为理论武装工作考核重要依据。将理论学习与指导实践相结合，推行问题导学法。全市共确定80多个"学做结合"重点项目、重大问题，在学习过程中始终坚持带着问题学习思考、带着问题研讨交流、带着问题深入调研，最终形成解决问题、推动工作的思路办法。年终，在全市范围内评选"学做结合"典型案例，形成"理论指导实践"学习闭环。

第二，打通基层理论宣讲"最后一米"，基层群众听讲学。精心打造"小菜篮·微宣讲"品牌，在发挥宣讲"八支队伍"基础上，用好农技人才、退休人员、道德模范、农村乡贤等宣讲资源，按照就近就便原则，建立宣讲小分队，一人以上即可建队。目前，寿光建立了宣讲"小分队"1100多支，各类宣讲员达到3000多人。打破"关起门来搞宣讲"的模式，把宣讲阵地建在群众身边。结合新时代文明实践平台，建设基层"宣讲角""农技学校"，用好寿光融媒体中心广播村村响、寿光云App，开通"空中讲堂""线上云讲堂"，结合文化进万家活动开展"文艺宣讲"，结合农业技术推广开展"大棚宣讲"，各类灵活多样的宣讲阵地活动，受到了群众欢迎。为适应生活工作的快节奏，寿光市鼓励宣讲小分队和基层宣讲员，发挥机动灵活的特点，利用碎片化时间适时开展"微宣讲"，每月一讲，每次不超过30分钟，2023年开展微宣讲活动5000多场次，逐步实现宣讲全覆盖。

第三，用好网络学习平台"指尖一点"，广大学员线上学。"学习强国"学习平台是学习党的创新理论的重要平台。寿光市在平台推广使用中，通过"制度督促学、党员带动学、活动引领学"三管齐下，引导学员形成每日学习的良好氛围。在全市推行"每日提醒、每周调度、每月通报"学习管理制度,用制度"管着学",管出学习好习惯。充分发挥6万多名党员战斗堡垒作用,采取"党员群众手拉手、学习强国齐步走"的"1+N"结对模式,带动了32万多名学员"打卡学习"。持续开展"学习强国 奋斗追梦"活动,从购书、健身、旅游等方面开展50多项学习优惠活动,在社会各界掀起学习热潮。在寿光,每天登录"学习强国","指尖一点",学理论、学知识成为城市新风尚。

(三)组织引领:以选优配强人才队伍为重点推动乡村全面振兴

第一,聚焦"有能人"干事,持续优化带头人队伍结构。寿光市坚持把牢政治关口,从好人中选能人,把人才培养好、使用好。一是拓宽选人视野。实施农村优秀在外人才"雁归计划",组织镇街党委全面摸排,建立起村党组织书记后备人才库,吸引在外能人、退役军人、离退休干部、返乡大学生、致富能手等回村任职。侯镇草碾村回引在外能人何延发担任村支部书记,筹资45万元整修破损道路和农电线路,理顺承包合同让村集体增收38万元,对全村1280亩土地进行流转,村里"一年一个样,三年大变样"。二是从严审查把关。制定《寿光市农村主职干部备案管理办法》,严格落实村干部任职资格市镇联审制度,强化党组织的领导和把关作用,坚决把不符合条件的人挡在门外。三是充实后备力量。实施农村后备干部"雏雁计划",结合团委"村村都有好青年"评选,择优选聘一批优秀青年人才跟踪培养,组织到山东(寿光)农村干部学院集中培训,为村两委换届提供源头活水。田柳镇崔家村"85后"乡村好青年崔默然,退伍后返乡成立农业科技公司,带动村民共同致富,2020年被选聘为村支部书记助理后,积极参与村内工作,热心为村民服务,2021年当选村党支部成员。换届后村党组织书记年龄、学历实现"一降一升",其中"90后"村支书有18人,"80后"有120人,为推动乡村振兴注入了新鲜血液。

第二,聚焦"有本领"干事,持续提升强村富民能力。一是加强理论知识和业务能力培训。高标准建设了山东(寿光)农村干部学院,进门是课堂、出门是现场,让村干部在"家门口"就能接受高质量培训。每年组织优秀村党支部书记到苏州、杭州、青岛等先进地区对标学习,开阔视野。二是探索导师结对帮带制度。2022年,寿光市选出40名"兴村治社好导师",成立了19家优秀村党组织书记工作室和8家优秀社区书记工作室,每个工作室安排2~3名年轻村党支部书记跟班学习、结对帮带,成效明显。圣城街道软件园社区韩鹏围绕"一老一小",常态化举办饺子宴、文艺表演、义诊义剪等活动,创新开展的"叮咚上门、幸福守护"志愿服务项目,被确定为2022年度全省学雷锋志愿服务先进典型,带动周边村庄社区发展特色产业和服务项目。三是"比学赶超"提振干事创业精气神。定期举办村党支部书记"争红旗,当先锋"擂台赛,围绕近年来村庄的发展变化、强村富民经验和下一步思路打算等,轮流上台分享经验、比拼业绩、交流体会,为村干部搭建了学习切磋的平台,提振了干事创业的精气神。

第三,聚焦"有激情"干事,持续健全正向激励机制。寿光市持续健全村党组织书记正向激励机制,让他们有活力、有激情地干事创业。一是加大人才使用力度。推选5名优秀村书记挂职镇街领导班子成员,参照副科级干部发放补贴报酬,起到了很好的示范作用。同时,畅通优秀村书记的晋升通道,先后有8人考录镇街公务员、事业编制人员。二是落实待遇保障。围绕村干部"待遇上有甜头、工作上有干头、政治上有奔头",寿光市不断健全正向激励机制,市财政每年列支8500万元,严格按标准落实村书记报酬。三是培树先进典型,营造干事创业好风气。在《寿光日报》开设"点赞好支书"专栏,宣传50名优秀村书记事迹,涌现出以王乐义为代表的优秀"头雁"群体,王乐义、李新生被评为"全省担当作为好书记",屯西村、九巷村被评为"全省干事创业好班子",东斟灌村党支部被评为全省先进基层党组织。

（四）社会引领：以凝聚多元社会力量为方针推动乡村全面振兴

乡村振兴，人人有责。要采取各种措施，动员一切可以动员的力量，积极参与乡村振兴战略。

第一，注重全面发展，形成乡村振兴带动效应。乡村振兴是一项系统性工程，是一个动态的不断发展的过程。一是加强党的全面领导，不断强化农村基层党组织政治功能和组织功能。农村基层党组织是党在农村全部工作和战斗力的基础。寿光市委组织部以增强农村基层党组织政治功能和组织功能为重点，以"一项活动、三个工程"为牵引，推动党的政治优势、组织优势、密切联系群众优势，切实转化为全面推进乡村振兴优势。二是坚持整体推进。党建联盟工作开展要具有整体观念，促进全方位、多领域发展，推进落实先富带后富、最终实现全体人民共同富裕的目标。坚持整体与局部的统一，积极探索连村成片、跨村联营发展新格局，防止出现只抓点不抓面、点面分离、顾此失彼现象。落实党建联盟项目主体责任，充分发挥党建联盟集群效应，做精做强"一联盟一品牌"，推动各成员从"单科发展"走向"全科发展"。三是强化利益联结，找准当前与长远相结合的发力点，以"党建联盟+"形式，丰富党建联盟工作活动内容和参与途径，形成以大带小、以强扶弱、全链合作、多方共赢的发展局面。

第二，优治凝聚合力，放大服务暖心效应。持续深入打基础、办实事、聚人心，着力营造实现共同富裕的和谐环境。聚焦群众"需求端"、优化服务"供给侧"，坚持"一点多能"、注重"一室多用"、瞄准"一老一小"，不断完善基层党组织服务功能，打造一批最具有磁力的党群服务中心。深化党建引领乡村振兴和乡村治理，推动村（社区）党组织从"行政末梢"向"治理枢纽"转变。实施"红网微格"工程，建立网格党支部（党小组），推动党建网、治理网、服务网多网合一，打通基层治理

"微循环"。全面推广乡镇党委书记直接挂钩最薄弱村制度，健全县级领导班子成员走村进户、乡镇领导班子成员包村联户、村两委班子成员经常入户制度，对各种矛盾隐患见之于未萌、识之于未发。持续整顿软弱涣散的基层党组织，全面落实党务、村务、事务、财务公开制度，注重发挥党员中心户、网格员等传达政策、收集民意作用，畅通群众表达诉求、反映意见渠道，形成共建共治共享的局面。

第三，优化公共服务，补齐乡村振兴短板。建立健全社会建设机制，持续加大投入，为城乡基础设施建设、人居环境整治、数字乡村建设和公共服务提供保障，提升城乡互联互通和服务均衡供给水平。在农文旅融合发展、生产生活污水和垃圾处理等领域，探索通过市场化方式，吸引社会资本参与经营和管理，并提供产业发展、公共服务等社会化服务。完善基本公共服务均等化政策体系，加强公共服务资源的统筹协调，提高城乡优质资源的配置水平。特别要针对贫困地区群众的现实需求，优化教育、医疗、文化等服务资源供给，确保基本公共服务逐步实现城乡均衡。上口镇围绕"宜居宜业、商贸繁荣"的城镇发展定位，集中开展人居环境综合整治，持续打造干净整洁、和美宜居的生活环境；精准聚焦老年人需求，依托幸福食堂、养老服务中心等民生项目，打造家门口"嵌入式"养老服务新模式；加快推进上口中心卫生院项目建设，不断满足群众对更高水平、更高质量医疗服务的需求。

（五）作风引领：以优良作风为底色推动乡村全面振兴

第一，树立"争先、争位、争一流"的追求。寿光以"严真细实快"工作作风和"三看三比"的干劲，事争一流、唯旗是夺，各项事业实现全面突破。一是大力倡树"严真细实快"工作作风，要全面领会把握内涵要义，结合实际加快转变作风。二是把"三看三比"作为寿光作风建设总抓手。"三看"是看项目、看亮点、看变化；"三比"是比士气、比干劲、比作风。作为一个有机整体，"三看三比"虚实结合，提纲挈领，有效贯穿起全市各项工作。通过"三看三比",看到目标,看到差距,比出效率,比出干劲,实现"争一流""走在前"。

第二,锻造"善学、善为、善破难"的队伍。实现高质量发展关键靠高素质干部队伍。学习教育是根本性、基础性、先导性工作,既要绵绵用力又得集中发力。一是抓身份教育,明白共产党人是干什么的,结合学习贯彻习近平新时代中国特色社会主义思想主题教育,重温入党誓词、学习先烈英雄事迹、感悟先进人物为民服务情怀,筑牢宗旨意识,增强干事创业动力。二是抓纪法教育,明白党员干部能做什么不能做什么,让大家知晓纪法、敬畏纪法、执行纪法。三是抓家风教育,让党员干部明白自己该干些什么,多挤出时间与亲属、子女进行沟通交流,发现问题苗头及时教育引导,严管身边人,以实际行动在传承崇德尚廉、廉为政本、持廉守正等优秀传统文化上作出表率。

第三,锤炼"快推、快干、快执行"的作风。一是坚持"转作风、重实绩"的基本要求不动摇,树立以工作论英雄的鲜明导向。坚决杜绝"视而不见、麻木不仁"的心态、"拈轻怕重、上推下卸"的行径和"等靠拖挨、疲疲沓沓"的作风。二是加大模范人物的选树和宣传力度,把新风标杆立起来,将乡风文明建设纳入考核内容,树立更加良好的用人导向,督促引导党员干部在纠歪风、树新风上走在前列。如创业致富不忘本的赵光宝、身残志坚服务社会的李勇等。三是搭建平台让群众唱好"感情戏",政府要加强养老、殡葬等领域公益设施建设,引导红白理事会等社会公益性组织更好发挥作用,基层党组织要为群众简办、新办红白喜事提供便民服务。四是改进树新风方式方法,比如通过推广文明积分、道德超市、"红黑榜"等褒奖文明、鞭挞恶俗,用村晚民歌、喜剧小品、短视频等群众喜闻乐见的方式化风成俗,推动新风正气深入人心。

第四,增强"严管、严督、严防范"的定力。一是深化协同工作机制,开展"织网扎根、平急结合"行动,探索跨区域党建促乡村振兴模式;紧盯重点领域开展专项整治,严格执行中央八项规定及其实施细则精神，全力营造风清气正的干事氛围。二是建立"红黄绿"督导预警机制、营商环境通报机制和重点工作专班推进机制，确保作风效能持续提升。三是划清界限，严明纪律规矩。严禁党员干部涉及政商权钱交易、上下级利益输送、拉帮结派违规吃喝等不良作风；严格控制公务支出，倡导厉行节约、过紧日子，在衣食住行上倡导艰苦朴素，反对奢靡浪费；进一步规范相关事宜的申报、审批和公示程序，切实对领导干部平时的作风表现严起来、管起来。四是畅通线索渠道，探索建立"码上监督"举报平台，将举报"二维码"张贴到为民服务机构的办事窗口，便于群众反映违规操办有关问题。提升主动发现问题的能力，紧盯重要节点，通过明察暗访、专项检查、随机抽查等方式对党员领导干部操办婚丧喜庆事宜的申报、审批和公示情况跟进检查。"板子"真打，坚持发现一起、查处一起、通报一起，对披"隐身衣"、穿"马甲"等企图规避组织监督的行为从严处理。

（六）制度引领：以构建科学完善制度为保障推动乡村全面振兴

寿光市高度重视抓乡村振兴，把健全制度机制作为重点来抓，健全党建引领乡村振兴的制度机制，着力提高抓党建促乡村振兴工作实效，为推进乡村振兴提供有效制度保障。

第一，健全党组织领导制度，强化党组织对乡村振兴工作的领导推动。一是严格落实集中学习研讨制度。根据理论学习的要求，督促各级党组织制订学习计划，利用每月党委（党组）理论学习中心组、党委（党组）会议、"三会一课"制度、主题党日、集中学习日等载体开展集中学习研讨，并组织认真对照自查，对落实不到位、不严格的迅速加以整改提高。二是严格定期培训提高制度。紧紧抓住党务干部这一关键群体，通过开展每季度一次党建业务培训，全面提高落实党建基本制度的规范化水平。2022年以来，先后组织开展了党委（党组）书记严肃党的组织生活制度培训班、市直部门单位（国有企业）党务干部培训班、"两新"组织党组织书记培训班等10期，共培训党务干部1000余人。针对存在的操作变形问题，组织编印了《寿光市基层党建工作操作手册》，把党的组织生活制度具体化、程序化，让基层党务干部一看就懂、一学就会，对照该手册严格落实。三是严格落实联系指导制度。为进一步加强对各基层党组织落实党的组织生活制度的有效指导，市委组织部向60个薄弱村和44个"两新"组织分别选派1名"第一书记"，帮助加强基层组织建设，指导参与开展组织生活。镇（街）党（工）委向所属村每村选派1名党建指导员，每月15日开展主题党日活动时，镇街区领导班子成员和所有机关干部作为党建指导员必须到村指导，并针对落实情况进行总结，对存在的环节不严、程序缩水等问题及时指出，并督促指导对组织生活开展情况做好纪实，及时上传至网络平台"灯塔–党建在线"山东e支部。

第二，落实组织生活制度，筑牢全面推进乡村振兴的坚强战斗堡垒。基层党组织作为乡村振兴的"前沿指挥部"，要带头认真落实党组织要求的基本制度规定，自觉接受党员、群众的监督，在制度执行中深入思考乡村的走向，尽可能多地提供推动乡村振兴的好做法、好举措。一是履行党建责任，筑牢基层组织基石。严格落实党建工作责任制，扎实落实"三会一课"、民主评议党员、谈心谈话等制度；严格执行"三重一大"集体决策、"一把手"末位表态和回避等制度。强化党员干部学习教育管理，不断拓宽党员干部党性教育渠道，以会议传达、专题交流等多种形式深入宣传学习，切实推动学习往深里走，入脑入心，增强党员干部党性教育的针对性、实效性。二是完善镇村干部管理制度，修订印发《农村工作等级分类考核办法》，激励各村党支部围绕乡村振兴精准发力，主动作为，干事成事。强化农村党员干部队伍建设，进一步调整健全配强支部班子，做好青年人才工作，为农村党支部储备力量。三是创新支部联建，发展壮大集体经济。以党组织建设为统领，加强村、企、部门党支部联建联动，研究出台了《关于开展"村企结对"和"村村结对"

帮扶行动工作的实施意见》,组织20家企业对板桥、信桥、南王等村进行帮扶,全部投入人居环境提升工程。挑选相对薄弱村,每村由1个先进村进行结对联建,帮思想、帮方法、出点子、出路子,实施"结对联建",切实增强了村级集体经济"造血"功能,提升村级党组织的组织力,促进强村富民。

第三,创新激励约束制度,广泛汇聚党建引领乡村振兴的强大动力。乡村振兴需要各方面力量参与,激发参与各方面积极性的关键在于激励和约束。一是健全激励约束机制。在全面推进乡村振兴中健全激励约束机制,构建教化与引导、自律与他律相结合的长效机制,营造浓厚的推进乡村振兴工作氛围。通过激励和约束制度的导向性作用,引导村党组织和村干部、农村党员为群众服务,以群众"高兴不高兴"作为推进乡村振兴的工作指南,着力解决好乡村基础设施存在短板、土地资源整合力度不够、农业现代化水平不高等突出问题,切实增强乡村群众的获得感和幸福感。二是探索建立纯洁性建设长效机制。寿光市建立了发展党员全面质量管理体系,将发展党员细化为5个阶段、30个环节,对每个环节提出量化指标和时限要求。对发展党员工作实行网上登记、网上提报、网上审批、网上公示,将档案材料审核和网上信息管理结合,上一环节不符合规定的,无法进入下一环节,实现了对关键环节的自动控制。制定发展党员"十严"规定,以民主票决、全程公示、责任追究等为主要内容,并专门成立考察组,逐一对预备党员进行考察。三是建立健全严格督导检查制度。利用线上线下方式加强督导检查,市委组织部每月利用"灯塔－党建在线"山东e支部对100个左右党支部进行抽查,对发现的问题及时通报到相关党委(党组)作出处理,并截取页面发布到工作微信群,让其他党支部引以为戒。同时,市委组织部抽调36名熟悉党建业务、工作经验丰富的同志组成6个督导组,采用现场巡听、个别访谈、查阅记录、调阅档案等方式,准确掌握各级党组织开展组织生活情况,每月"点名道姓"通报存在问题的党组织,及时采取约谈、书面检查等方式，督促严格抓好整改。

三、寿光模式中党建引领乡村全面振兴的特点

近年来，寿光市立足新时代新的发展要求，积极探索党建引领乡村振兴新模式，坚持以精准理念为导向优化党建引领乡村全面振兴主体、以因地制宜为准则擘画党建引领乡村全面振兴蓝图、以数字技术为载体创新党建引领乡村全面振兴方式、以文化建设为支撑营造党建引领乡村全面振兴氛围、以产业特色为抓手打造党建引领乡村全面振兴品牌，激活了乡村振兴原动力，蹚出了乡村振兴的新路子。

（一）以精准理念为导向，优化党建引领乡村全面振兴主体

坚持和加强党的全面领导是新时代党的建设的重要特点之一。寿光市将"精准"理念贯穿于基层党建全过程，这不仅是建强农村战斗堡垒不可或缺的重要维度，更是实现第二个百年奋斗目标的重要抓手。

第一，以精准理念变革基层党员的分类管理方式。一是健全工作机制，推动管理规范化。建立流动党员教育管理"12345"工作机制，即制定《流动党员教育管理暂行办法》，抓好流出、流入党员2类群体，搭建管理系统、服务站、党组织3个平台，建立组织关系转接、积分制管理、协同管理、关心关爱4项机制，细化领导小组、成员单位和职能部门、基层党（工）委、流出地党组织、流动党员党组织5方面责任，形成条块结合、各司其职的责任落实协同效应，真正让流动党员管理有章可循、具体可操作。二是摸清党员底数，推动管理精准化。通过线上线下两种途径，线下组织全市2347个党支部开展"全覆盖"摸底排查，逐个对党员进行梳理，详细掌握流出、流入党员的基本情况，并建立工作台账。同时线上在新闻媒体、微信公众号发布《致全市广大流动党员的一封信》及报到二维码，线下在村（社区）、大型商超、蔬菜批发市场、医

院等张贴挂图 3.2 万幅，公布 19 处报到地址及服务热线，号召流动党员"线上+线下"向党组织报到。三是打造线上平台，推动管理信息化。精心设计研发"红鸢在线"流动党员管理系统，打造线上"红色阵地"。把每月 15 日作为各基层党组织的主题党日，组织流动党员利用"红鸢在线"进行线上打卡，促使党员形成自觉参加组织生活的政治生物钟。同时，把量化积分作为管理监督流动党员的有效手段，对利用"红鸢在线"开展学习教育、交纳党费、志愿服务等量化积分，引导流动党员每月打卡签到、每季定期报告、每年承诺践诺。针对交纳党费不及时、不方便等问题，专门设置交费板块，明确交纳标准、金额，党员动动手指就能一键提交。

第二，以精准理念创新基层党员的党群服务体系。在党群服务体系建设方面，寿光市坚持边规范、边完善、边提升，努力推动党群服务体系运行好、服务优、效果实，切实解决了服务群众"最后一公里"问题，取得良好成效。一是创新服务方式，坚持线上办理与线下代办相结合。按照"数据多走路，群众少跑腿"的工作理念，研发了市、镇街、社区上下贯通的网上审批系统，把与群众生产生活相关的 20 大类 163 项审批服务事项放到网上办理；编制了党群服务事项电子书，将 852 项服务事项的办理流程通过网络进行公布，方便群众查阅。2022 年以来，网上办理服务事项达 8.4 万件，"政务联动服务标准化试点项目"被确定为国家级改革试点。二是丰富服务内容，实现公共服务与社会服务相结合。立足群众需求，提供精准化服务。一方面，本着能放则放、应放尽放的原则，将户籍、社保、民政等与群众息息相关的公共服务事项逐级下放。目前，下放到镇街、社区、村的服务事项分别达到 129 项、28 项、34 项。另一方面，拓展社会化服务内容，主动引入农资超市、淘宝代购、金融快递、就业中介等生产生活类服务，满足了群众多元化需求。通过与菜农之家蔬菜合作社联合社协调，在 9 个镇街 36 个村党群服务站设立服务点，为菜农提供测土配方、防治用药等"全程解决方案"，服务了菜农生产。三是充实服务力量，推动干部下沉与社会参与相结合。一方面，推动干部力量下沉，落实镇街班子成员包社区、社区干部包村、站所集中办公等制度，下沉干部998人，占镇街干部总数的78%；村党群服务站推行干部集中、轮值、预约服务，让群众第一时间找到人、办成事。另一方面，动员社会各方面力量参与服务。深入开展"双联双评"活动，引导7000多名党员干部和2万多名党员巷长，走村入户、上门服务，解决群众诉求；总结推广"乡贤议事会"等做法，引导在外能人参与为民服务，积极捐款捐物、建言献策。2017年以来，累计收集解决群众诉求2.4万件，党群干群关系更加密切，寿光市在潍坊群众满意度测评中位次大幅提升。

第三，以精准理念优化基层党员的考核评估体系。一是建立健全基层党员干部考评标准。在党员分工明晰的前提下，把推进乡村振兴工作作为考评党员的重要标准，采取"团队初评+个人补评+支部定评"的透明化流程，设定"合格党员""好党员""特殊贡献"得分标准。二是推行网格履职"负面清单"。在农村实行网格化管理，明确村党组织书记为网格"第一责任人"，制定网格履职"负面清单"，对废弃物乱倾乱倒、农产品质量安全等12类具体情形进行了明确，督促村党组织书记守住门、看好人、不出事。三是建立定期研判、动态调整机制。以镇街为单位，每季度对村干部履职尽责情况进行一次分析研判，对工作不在状态、不服从管理的村干部转入镇街帮教党支部进行"停职教育"，暂停发放补贴报酬；对工作不称职、不胜任的村干部及时进行调整撤换。四是划定村干部规范履职"十条红线"。为适应村党组织书记"一肩挑"后的新形势，引导村干部知敬畏、存戒惧，制定《寿光市村干部规范履职"十条红线"》，将不准违反政治纪律和政治规矩、不准在村级事务中独断专行、不准干预插手村级工程项目、不准参与违法建设、不准吃拿卡要等划入红线，倒逼村干部时刻警钟长鸣，守住底线、不逾红线。

（二）以因地制宜为准则，擘画党建引领乡村全面振兴蓝图

寿光市积极推动基层党建品牌出彩出新，坚持立足实际、因地制宜，根据乡村发展的优势条件和发展特点，围绕产业的标准化、园区化、品牌化、职业化、市场化以及乡村宜居化、公共服务均等化等方面，打造乡村振兴寿光模式。

第一，突出镇域特色，抓好党建关键要因地制宜、精心谋划，坚持打造特色，在镇域范围内统筹资源，整体谋划，真正把党建引领发展的做法总结好，展示好。寿光市各镇街、各部门认真执行党中央决策部署，同步推进工业化、城镇化和农业现代化，使村镇两级在实施"一镇一品""一村一品"工作上形成了良好的发展格局。营里镇充分挖掘海域、滩涂、光照等资源优势，着力打造老河口多产融合生态示范区，发展特色海洋经济，改变了产业结构单一的现状，形成了支撑镇域经济高质量发展的重要战略支点；羊口镇立足镇域实际，积极打造生态型高效海洋经济特色小镇，依托丰富的渔盐资源，丰厚的能源条件，便利的交通设施，大力发展生态型高效海洋精细化工特色产业；稻田镇因地制宜大力发展"一村一品"专业村，培育特色主导产业，积极探索"产销一体化""统一管理"模式，让一个大棚变成了一座现代化蔬菜工厂，让高品质的农产品实现优质优价，从单打独斗到现在的合作联社，从单一种植到"种植＋科技＋加工＋品牌＋市场"全产业链，发展成为寿光市境内最大的蔬菜产区，具有强大的农业产业基础和实力，2020年被评为"省级农业产业强镇"。

第二，注重连片发展，跳出"就村抓村"的思维定式，以党组织联建为抓手，推动片区内整体联动、抱团发展，以点带面推进全域振兴。一是坚持党支部领办合作社，推进"一村一品"品牌拓展。寿光成立"3005家农民专业合作社、2213个家庭农场、135家农业龙头企业，把众多小农户'黏'在现代蔬菜产业链上，不断提升组织化、现代化水

平"①，这些合作社通过定期组织开展企业家公益定制活动，聚合企业家资源，进一步扩大"一村一品"品牌影响力。二是制定品牌发展扶持政策。制定详细的品牌发展扶持政策，提高企业创立、创建品牌的积极性。打造一批具有代表性的"寿光蔬菜"品牌。三是聘请专业机构针对寿光蔬菜产业品牌情况进行系统策划。制定详细的寿光品牌发展规划，在进一步打响"寿光蔬菜"区域公用品牌基础上，打造一系列企业单体品牌。古城街道前疃村是一个以西红柿产业为主的村庄，通过村两委领办合作社，流转本村及周边土地打造高标准蔬菜大棚园区，引导村民种植高端蔬菜，形成"新品种+新技术"的推广模式；田柳镇朱家崖村建成了以种植无花果、葡萄等为主的农庄，辐射带动周边村发展特色产业，成为"田柳农品"的主打品牌基地和寿光最大的无花果种植基地。

第三，延伸产业链条，改变产业结构单一特点，培育一批强村富民的好项目，持续丰富乡村产业业态，推动一、二、三产业全面发展。寿光市大力推进现代特色农业发展，在产业定位上布好局，在支部领航上聚好力，拓宽完善加工产业链，做精产品、做强品牌，不断提高产业特色化水平。一是坚持产业标准化。部省共建的全国蔬菜质量标准中心落户寿光，成立了4名院士领衔的67名专家团队，启动了118项国家标准、行业标准、地方标准研制工作。二是坚持农业园区化。自2018年以来，寿光市建设了占地3万多亩的18个现代农业园区，大力推进蔬菜产业的转型升级，一个大棚就是一个"绿色车间"，一个园区就是一个"绿色工厂"。三是坚持农产品品牌化。"寿光蔬菜"成功注册为地理标志集体商标，粤港澳大湾区"菜篮子"产品配送分中心落户寿光，以寿光蔬菜为核心的千亿级蔬菜产业集群成功入选全国首批50个特色农产品优势产业集群。打造了"七彩庄园""寿光农发"等一批企业品牌以及"乐义

---

① 《挑起蔬菜全产业链"金扁担"——开局之年看寿光》，《人民日报》2023年4月27日。

蔬菜""金彩益生"等一批蔬菜单体品牌，国家地理标志产品达到16个。四是坚持农民新型化、职业化。积极培育新型职业化农民，开展了30万农民科技大培训，吸引了一批"80后""90后"青年人才回乡创业。五是坚持经营市场化。拓展市场化经营体系，市场带动是寿光模式的突出特点，在用好农产品物流园等传统市场的同时，主动适应农产品销售由线下向线上转移的新趋势，与阿里、京东、拼多多、字节跳动等企业全面合作，通过线上渠道销售的蔬菜占比大幅度提升，让农业产业链和价值链带来的收益惠及更多农民。

第四，做好结合文章，搭建平台载体，在抓党建促发展、促振兴上下功夫，真正把党的政治优势、组织优势转化为发展优势。坚持把拓展创新寿光模式放到"三个模式"大框架下去谋划推进，探索以产业全链条融合、城乡全要素融合、治理全领域融合，推动乡村经济结构、人口结构和空间结构同步优化，生产方式、生活方式和治理方式同步改进，收入水平、文明水平和生态水平同步提升，实现了由以城带乡到一体均衡、再到无差别融合发展的新跨越。一是前端主抓价值提升，重点突破标准制定、种子研发、技术集成创新。建成投用全国蔬菜质量标准中心、国家现代蔬菜种业创新创业基地等12家国字号平台，五年有7项行业标准获农业农村部发布实施，自主研发并获得植物新品种权保护的蔬菜品种翻了两番、总数达到178个，成为中央《种业振兴行动方案》确定的国家级蔬菜种业创新基地。二是后端主抓品质供给，重点培育特色蔬菜品牌、打通高端销售渠道。坚持走"品牌兴农"之路，连续举办24届菜博会，成功注册"寿光蔬菜"地理标志集体商标，五年新增粤港澳大湾区"菜篮子"产品认证基地69家，"三品一标"农产品总数达到390个，品牌蔬菜进入300多个大中城市、出口25个国家和地区。三是中间主抓规模种植，加快构建以合作社、家庭农场为主体的新型经营体系。搭建以联合会为龙头、镇街分会为骨干、示范社为支撑的合作社架构，带动85%的农户进入产业化经营体系，过亿元合作社发展到13家，27家入围

"2022中国农民合作社500强"。寿光市的瑞航家庭农场建设了标准智能化温室大棚，亩产收益提高了25%以上，带动周边500户农民实现大幅增收。

第五，坚持节约实用，在党建综合阵地、党群服务中心迭代升级、示范点培育打造等工作中，做到节约实用、务实管用，真正发挥作用。一是坚持乡村宜居化。2019年，寿光市全面启动"美丽乡村"暨农村人居环境综合提升三年行动，设立专项奖补资金；坚持把基础设施建设的重点放在农村，全面实施农村厕所、道路、供暖、供气、污水处理等"十改"工程，不断推进乡村绿化工作。在全省率先实现城乡环卫一体化全覆盖。通过坚持绿色发展道路，寿光着力打造了一个山清水秀、村美人和的田园村庄。二是坚持公共服务均等化。寿光还加快推进城乡公共服务均等化，如推动公共文化服务均等化、标准化建设，打通公共文化服务"最后一公里"。完善以市级公共文化设施为龙头、镇街综合性文化服务中心为纽带、村（社区）综合性文化服务中心为依托的三级公共文化服务网络体系，形成以城区文化辐射带动农村，以农村文化丰富反哺城区的城乡公共文化服务，让城乡居民同享"文化阳光"。

（三）以数字技术为载体，创新党建引领乡村全面振兴方式

数字技术作为促进乡村治理现代化和精细化的重要手段，为实现乡村治理有效目标提供了技术动能和外部驱动力。寿光市抓住数字技术带来的新机遇，加快实施数字乡村建设，坚持党建引领原则，依托数字化平台加强基层党组织建设，运用新技术提高基层治理水平。

第一，以数字技术赋能基层党建工作。主动借力新媒体和信息技术，将"互联网+"的最新理念融入党建工作，不断提升党建工作的精细化、便捷化水平，推动基层党建工作不断向深度和广度拓展。一是推行党员队伍数字化管理，提升基层党建战斗力。运用"大数据"思维，通过对

党建基础信息数据的采集、管理、开发和运用,对党建工作进行更科学的分析,实现更精确的管理和个性化服务,重点打造了以党建工作动态管理系统为核心,干群直联信息系统、干部教育培训管理系统、人才工作信息系统、发展党员信息管理系统、党费收缴管理系统为支撑的"五合一"大数据信息平台。该系统既实现了党建工作的精准传达、科学分析、高效管理,也为基层搭建起交流展示的平台,增强了基层抓党建工作的积极性、主动性。二是巧用"指尖"走好群众路线,提升基层党建的亲和力。积极推进市、镇、社区、村党群服务体系建设,依托各级服务中心推进服务群众上网络。实现协调职能、管理职能、便民职能上网络。在镇街服务中心设立指挥中心,指导社区、村通过网络办公、村务公开、手机微信、民生热线等渠道,广泛受理群众诉求,扩大了服务对象的覆盖面。例如,田柳镇开发"互联网+"行政服务系统,连接镇级服务中心和社区服务中心,简化办事流程,节省运行成本,取得明显成效;圣城街道探索建立"e社区"构建智能生活圈,搭建起网上党建云平台为电商创业者提供全方位服务,实现网上虚拟对接、网下实体服务,方便了群众生活。三是夯实"数字党建"平台建设,贯通党建宣传线上线下互动,提升基层党建吸引力。寿光市委组织部着力打造了报纸、电视、微信、网站"四位一体"党建宣传平台。着眼于弥补传统党建工作单向推进、互动不够的不足,寿光党建网设置"互动交流"板块,分组工咨询、调查评选、意见答复3个栏目,征求群众意见,了解群众所思、所盼,问计于群众,先后有1670名网友参与互动交流,开展调查评选2次,征求到意见建议1030条。根据群众建议,在寿光市深入推行"阳光村务监督平台",将村级党务、村务和财务上网,村民轻点鼠标,足不出户即可查询,有效解决了村务公开不全面、不到位、不及时的难题,受到农村党员群众的欢迎和好评。

第二,以数字技术赋能乡村社会治理。一是以数字技术搭建治理窗口。寿光市与企业合作搭建数字化治理平台——"百姓通",把村民最关心的村级采购、财务管理、工程管理、劳务用工、困难救助等事项在平台公开发布。开设村务公开、征求意见、村民办事、村民交流、矛盾化解5个模块，村民拿出手机就能"一键反映"相关问题，"你点我办"功能实现群众"点单"、村委"接单"、党员办事，申请人还可以在事项办结后进行线上评论，对村庄日常工作进行监督、提出建议。二是以数字技术优化治理流程。通过把纷繁复杂的村级事务标准化、具象化，让乡村治理工作可量化、有抓手，将农村基层治理由"村里事"变成"家家事"，由"任务命令"转为"激励引导"，推动乡村治理的精细化、科学化、透明化、规范化水平。三是以数字技术提升治理效能。基层党组织通过民主程序把农民日常行为评价形成积分，给予相应精神鼓励或物质奖励，形成一套激励约束机制。通过积分制管理把乡村治理与产业发展、农村人居环境整治、基础设施建设、生态环境保护、文明乡风培育、扶贫济困等乡村振兴的重点工作有效融合，提升了乡村治理效能。

第三，以数字技术赋能农业现代化发展。一是以"数字+"撬动蔬菜设施升级。与中国农大、北京农林科学院等40多家科研院所开展深度合作，建成丹河设施蔬菜标准化生产示范园、现代农业高新技术试验示范基地等一批智慧化园区，让蔬菜大棚、蔬菜园区变身成为"绿色车间""绿色工厂"。二是以"数字+"抢占蔬菜科技前沿。引进国家蔬菜工程技术研究中心寿光试验站、农业农村部蔬菜种子检验寿光分中心等国字号平台，借助物联网手段推动分子育种筛选、智能精量播种、种子自动分拣，目前自主研发的蔬菜品种达到178个。依托寿光国际蔬菜种业博览会，开发完善"数字地展系统"，线上线下同步展示国内外参展企业品牌信息、地展种植品种信息。三是以"数字+"畅通农业新循环。投用全国规模最大的农村淘宝县级运营服务中心，探索实施"定制农业""基地直供"等特色电商营销模式，5000多种蔬菜、种苗实现了网上销售，线上买卖，线下配送，智慧物流助力寿光蔬菜跑出加速度，①寿光成为唯一入选商务部全国供应链创新与应用试点城市的县级市。2021年，寿光市荣登全国"农产品数字化百强县"榜单，以数字改造推动蔬菜产业向高质高效演进，为推进乡村全面振兴积蓄了科技力量。

（四）以文化建设为支撑，营造党建引领乡村全面振兴氛围

第一，强化认同建构，自觉坚持党建对乡村文化振兴的领导。必须在推动基层党建引领乡村文化振兴的理念上下功夫，以增强各行动主体参与振兴乡村文化的思想自觉和行动自觉。一是准确认识党建引领乡村文化振兴的科学内涵和重要意义。党建引领乡村文化振兴主要是以农村基层党组织建设为核心，充分发挥农村基层党组织对乡村文化振兴资源要素的整合功能，组织引导农村党员干部和农民形成合力，共同推进乡村文化发展，以此推动乡村全面振兴和营造干事创业社会氛围。必须通过全面推动农村基层党组织建设提质增效，纠正广大农民对乡村文化的错误认识，重塑农民的文化价值观，提升基层党组织服务引领乡村文化建设和推动乡村全面振兴的能力。二是充分认识党建引领乡村文化振兴的重要意义。认真贯彻好、落实好习近平总书记关于乡村文化振兴的重要论述精神，准确把握党中央关于乡村文化振兴的有关政策，执行好省市两级相关部署，结合本地区的文化禀赋和经济情况，因地制宜、科学制定乡村文化振兴的长期发展目标和短期发展规划。三是自觉增强"四个意识"，形成党建引领乡村文化振兴的实践自觉。坚持党建引领，围绕乡村振兴开展重点工作，常态化开展"好媳妇""好婆婆"先进评选、"孝老饺子宴"、"道德大学堂"等一系列文明实践活动，推进乡村文化供给侧结构性改革，不断满足农民日益增长的精神文化需要，以充分发挥乡村文化育人和服务社会的功能，将乡村文化振兴有机融入乡村全面振兴和

---

① 《山东寿光地利农产品物流园——买卖云交易 运输云通关 质量云溯源》，《人民日报》2022年12月2日。

乡村经济社会发展的各项实践活动中，自觉服务农民改善生产生活水平、满足精神文化需要，形成党建引领乡村文化振兴的实践自觉，充分发挥先进文化服务乡村经济发展和全面提升乡村文明程度的社会功能。

第二，加强顶层设计，完善乡村文化振兴的保障体系。乡村振兴离不开文化振兴。为了全方位扎实推进乡村全面振兴，必须统领全局、科学把握文化发展及农村工作的本质与规律，从顶层设计上逐步完善相关的体制机制。具体来看，基层党组织应当从保障优化和机制完善两个方面着力，为乡村文化振兴提供资金和政策保障，进而全面推进乡村文化建设迈上新台阶。一是完善相关政策，为乡村文化振兴提供政策支持。系统科学的发展规划是乡村文化振兴的关键。先后印发《寿光市乡村振兴战略规划（2018—2022年）》《寿光市传承发展中华优秀传统文化推进乡村文化文明振兴工作方案》《寿光市2018年中华优秀传统文化普及学习工作方案》《寿光市乡村普及学习中华优秀传统文化工作方案》《寿光市乡村普及中华优秀传统文化辅导员职责》等系列文件，组织专家学者、领导干部对相关政策进行解读，在此基础上结合其他文化主体的力量出谋划策，确定主导文化产业和经营模式，支持农民合作社、农村集体经济组织等资源抱团发展，全方位提升乡村文化振兴政策的科学性、可行性和有效性，提高综合效益。二是优化服务机制，为乡村文化振兴提供良好环境。寿光市秉承统筹兼顾、利益均衡的发展原则，健全组织领导与管理机制，构建党组织领导、政府主导、部门主管，三级联动的乡村文化振兴统筹协调工作模式，对乡村文化振兴各领域各方面各环节进行全周期管理、全过程指导、全方位考核。重点优化乡村公共文化服务管理机制，建立乡村文化振兴责任清单，完善乡村公共文化服务体系，尽可能消除不规范现象、减少不利因素，提升乡村文化建设的规范性和公共性，为乡村全面振兴提供文化支撑。

第三，强化理论指导，充分发挥文化建设对乡村全面振兴的重要作用。充分发挥基层党组织在先进思想文化领域的引领作用，把社会主义先进文化融入乡村文化振兴的全方位、全过程、全环节，强化主流意识形态对乡村文化的引导，使其成为人民的内在价值导向和主动行为自觉。一是运用党的创新理论为乡村文化振兴提供强大动力。坚持用党的创新理论教育引导广大乡村干部和人民群众，大力宣传习近平总书记关于乡村文化振兴的重要论述精神，把理论学习成果转化为实打实的工作成效，引领乡村文化振兴科学发展。二是通过党对意识形态工作的领导为乡村文化振兴提供坚实的基础。意识形态工作对于巩固党的执政地位极端重要，寿光充分运用动员人、凝聚人的优势，拓展新时代文明实践中心（所、站、点）的覆盖面，弘扬红色文化和伟大脱贫攻坚精神，讲好红色故事和脱贫致富故事，开展文化教育、知识科普工作，抢抓乡村意识形态主阵地，激活乡村文化的铸魂功能，满足农民精神文化多样化、个性化需求。三是宣传党的先进思想文化为乡村文化振兴提供精神养分。乡村文化价值重构是实现乡村文化振兴的必然选择。坚持以社会主义核心价值观为引领，大力开展文明村镇、文明家庭评比等精神文明实践活动；积极弘扬优秀传统文化，定期组织先进文化知识培训等活动，让大家在潜移默化中遵守社会公德、破除陈规陋习，提振农民的精气神，营造干事创业的乡村振兴浓厚氛围。

（五）以产业特色为抓手，打造党建引领乡村全面振兴品牌

实现农村产业兴旺是乡村振兴的基础，也是我国经济社会发展的必然要求。但是产业结构单一、生产规模小、生产附加值低等问题始终是限制农村发展的桎梏，需积极探索"党建+产业""党建+金融"等农村产业发展模式，夯实党建引领乡村振兴的经济基础。

第一，着力创新发展，推进农业农村的供给侧结构性改革。打破传统的单一产业供给模式，积极探索符合当地情况的致富之路。完善农业经营、宅基地管理、集体产权等各项制度的设计，提高土地的利用率，通过土地流转等方式，集中使用土地，鼓励村民以合理有效的方式运用

土地资源，如发展农业大棚、种植经济作物等，充分调动农民创造财富的积极性和主动性，激发群众奋发向上、奔赴美好生活的坚定信心。营里镇坚持党建引领，突出链式思维，充分挖掘海域、滩涂、光照等资源优势，以"海洋+光伏"打造蓝碳经济产业集群，以"海洋+牧场"建设智慧渔业示范基地，以"海洋+生态"创建绿色发展海洋城镇，积极探索乡村振兴新模式。

第二，坚持党领创办，创新和壮大农村集体经济。农村集体经济兼具社会功能和经济功能，对增加农民财产收益、提升乡村公共福祉至关重要，是推进乡村振兴的重要一环。农村基层党组织要发挥好产业振兴、提高农民群众生活水平的作用，统筹兼顾，在产业发展上做好长期规划。从实际出发，认真排查可利用资源、资产，通过发包、租赁等方式为集体经济创造利益，积极盘活现有资源，改变农民分散经营、单打独斗的现状；加大招商力度，引进企业入驻，为村集体经济增加收入；推动一、二、三产业融合发展，延伸增值产业链；深化集体产权制度改革，积极探索符合市场经济要求的集体经济发展新机制，确保集体资产保值增值；巩固提升脱贫成效，发展特色优势产业，打造"乡党委政府+村党支部+企业"的创新合作模式，给农村经济发展注入新动能。

第三，协调各方利益关系，推进乡村稳步发展。全面推进"三变"改革，使资源变资产、资金变股金、农民变股东。通过土地流转、招商引资等方式促进农村经济发展，以就业带动、保底分红、股份合作等多种形式促进农民收入增长；在注册、经营、分红等环节务必保持科学规范、有章可循，党组织要严格把关，尽力规避因权责不明确而出现推诿卸责的问题，确保集体和农民受益；加大对村中贫、残、老、幼群体的扶持帮助，贯彻落实发展成果全体人民共享的理念、原则。

综上所述，党的建设是党领导的社会主义伟大事业不断取得胜利的重要法宝。党建引领乡村全面振兴建设是一项长期工程，必须坚持不懈、久久为功。新时代，必须坚持以马克思主义为指导，深刻把握习近平新时代中国特色社会主义思想的世界观和方法论，坚持以党的政治建设为统领、以人民为中心、以乡村全面振兴为目标，不断创新工作方法和机制，科学解决社会发展中的矛盾风险问题，以坚强的领导、科学的部署、先进的思想、有力的举措、优良的作风、完善的制度、统一的行动扎实推进乡村全面振兴。

//
第三章
产业融合推动经济高质量发展

寿光模式是蔬菜产业化发展过程中所形成的生产、销售、技术、会展和标准输出等创新经验，突出解决的是个体小农经济与现代农业整体化、规模化、产业化发展之间的矛盾，是农业供给侧结构性改革的生动实践，其本质是推动了生产要素更大范围、更高质量的优化配置。①寿光"因菜而兴""因农而旺"，但寿光并不仅仅是农业强。2022年，寿光市第一产业实现增加值131.6亿元，占地区GDP（1002.1亿元）的13.13%，三次产业结构比为13.13∶43.49∶43.38。②寿光取得这些成绩，是全面推进城乡产业融合发展的结果，走出了一条以产业融合推动经济高质量发展的成功道路。

一、寿光产业融合推动经济高质量发展的成就

20世纪八九十年代，寿光就已经是闻名全国的蔬菜之乡。在历届市委、市政府的坚强领导下，寿光经历了设施蔬菜的产业化起步阶段、转型升级的工业化强市阶段、统筹城乡发展阶段、城乡融合与高质量发展阶段，目前已形成三次产业齐头并进、融合发展，物质文明、政治文明、精神文明、社会文明、生态文明协调发展，人民生活水平大幅提升、城乡发展差距显著缩小的良好发展态势。党的十八大以来，寿光迈入以产业融合推动经济高质量发展阶段，并取得了重大的发展成就。

（一）经济实力实现历史性跃升

寿光是"中国蔬菜之乡""中国海盐之都"，是全国三大重点盐业产区之一和重要海洋化工基地、国家生物基新材料集群、国家重要生态

---

① 《"三个模式"与乡村振兴理论研讨会发言摘登》，《大众日报》2019年3月14日；王立胜、刘岳：《整县推进：农业农村现代化的"潍坊模式"》，《文化纵横》2021年第2期。
② 数据来源：《2022年寿光市国民经济和社会发展统计公报》。

造纸基地、山东省重要石油化工基地。2012—2022年，寿光市生产总值（GDP）由481.19亿元增至1002.1亿元，[①]年均增长7.6%，如图3-1所示。2012—2022年，寿光市社会消费品零售总额由163.9亿元增至359.1亿元，年均增长8.2%，如图3-2所示。2020—2022年，寿光市连续三年

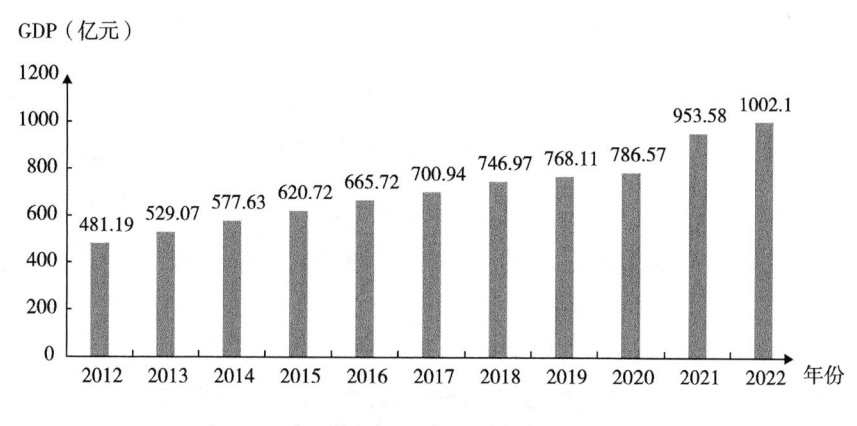

图3-1 寿光市生产总值（2012—2022年）

数据来源：《2022年寿光市国民经济和社会发展统计公报》《寿光市统计年鉴—2021》。

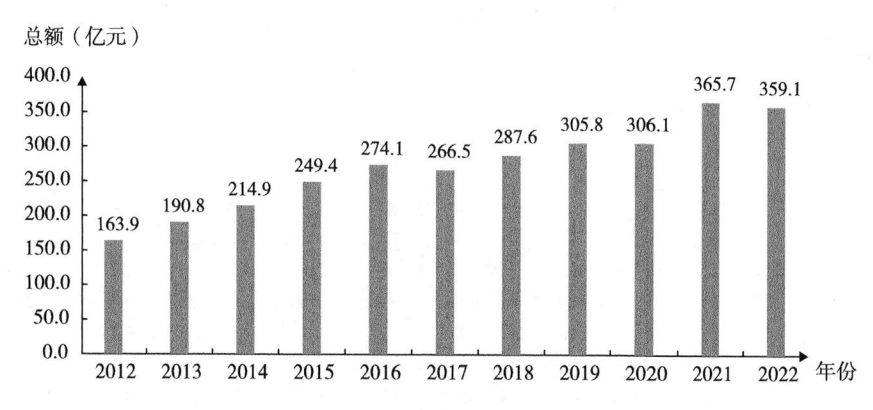

图3-2 寿光市社会消费品零售总额（2012—2022年）

数据来源：《2022年寿光市国民经济和社会发展统计公报》《寿光市统计年鉴—2021》。

---

① 2022年，地区生产总值突破1000亿元，首次跻身"千亿俱乐部"，外贸进出口总额突破500亿元，营业收入过亿元企业170家，25家企业纳税过亿元，上市过会企业8家，金融机构各项存款余额达1578亿元，是全省存款最多的县（市）。

以全省前三名的成绩被省政府授予"县域经济高质量发展先进县",列2022年"中国工业百强县"第76位(山东省第6位)和"中国创新百强县"第45位(山东省第2名);被评为全省民营经济高质量发展先进县、省促进工业稳增长和转型升级成效明显县。

(二)产业结构持续优化升级

党的十八大以来,寿光市注重做好"优存量"和"扩增量"两篇文章,在继续强化农业特别是蔬菜产业化优势的同时,大幅提升高新技术产业的占比、服务业数量和质量。2012—2022年,三次产业结构比由16.3∶52.1∶32.6演变为13.13∶43.49∶43.38,产业结构持续优化升级(见表3-1)。

表3-1 寿光市三次产业产值及比重(2012—2022年)

指标	2012年	2013年	2014年	2015年	2016年	2017年	2018年	2019年	2020年	2021年	2022年
GDP(亿元)	481.19	529.07	577.63	620.72	665.72	700.94	746.97	768.11	786.57	953.58	1002.10
第一产业增加值(亿元)	78.50	86.44	91.70	93.16	97.18	97.35	99.44	101.23	106.33	126.92	131.60
第一产业占比(%)	16.31	16.34	15.88	15.01	14.60	13.89	13.31	13.18	13.52	13.31	13.13
第二产业增加值(亿元)	245.74	260.35	276.36	289.65	304.21	316.66	332.60	328.48	326.94	399.36	435.90
第二产业占比(%)	51.07	49.21	47.84	46.66	45.70	45.18	44.53	42.76	41.57	41.88	43.50
第三产业增加值(亿元)	156.96	182.28	209.57	237.91	264.33	286.93	314.93	338.40	353.30	427.30	434.70
第三产业占比(%)	32.62	34.45	36.28	38.33	39.71	40.94	42.16	44.06	44.92	44.81	43.38

数据来源:《2022年寿光市国民经济和社会发展统计公报》《寿光市统计年鉴—2021》。

1.农业经济不断提质升级

2012—2022年,寿光市农林牧渔业总产值和增加值分别由150.4亿元、78.5亿元增至242.0亿元、131.6亿元,年均分别增长4.9%、5.3%,如图3-3所示。2022年,寿光市粮食播种面积129.9万亩,粮食总产59.6万吨,粮食单产458.7千克/亩;棉花播种面积2.8万亩,总产1860.3吨;园林水果总产量3.5万吨;瓜菜播种面积73.9万亩,瓜菜总产453.0万吨。蔬菜产业链条不断延伸、产业优势持续增强,2021年寿光市蔬菜单产91490千克/公顷,居潍坊市第一位。目前,"区域+企业+产品"三位一体品牌战略全面实施,已建成崔西一品、斟灌彩椒等单体品牌生产基地,累计创建山东省知名农产品企业产品品牌6个,"三品一标"农产品认证达390个,粤港澳大湾区"菜篮子"产品认证基地达69家,被农业农村部认定为国家级区域性良种繁育基地。2022年末,寿光市育种研发企业达到15家,其中省级平台7家,自主研发的蔬菜品种达178个。2022年抽检蔬菜样品14.9万个,合格率稳定在99.6%以上。畜牧业生产保持稳定(位居潍坊市第2位),2022年末生猪存栏35.8万头,出栏62.8万头;牛存栏2.3万头,出栏1.2万头;羊存栏11.1万只,出栏17.4万只;家禽存栏1364.1万只,出栏9915.6万只。禽蛋产量3.3万吨,牛奶产量3.6万

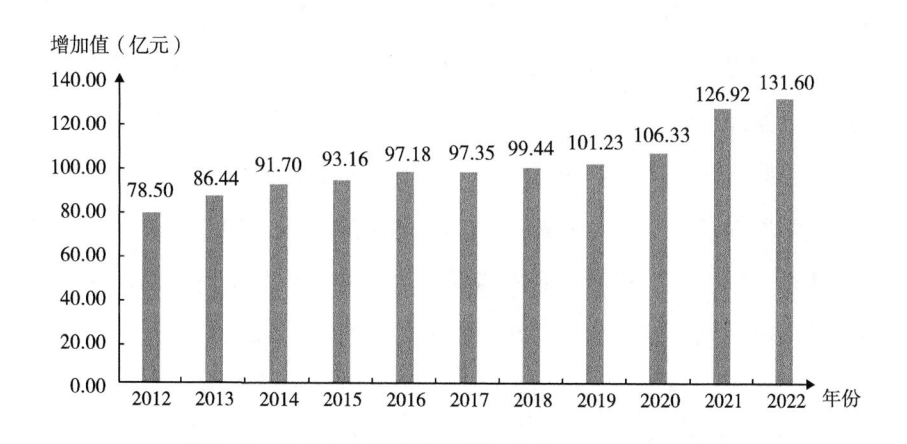

图3-3 寿光市农林牧渔业增加值(2012—2022年)

数据来源:《2022年寿光市国民经济和社会发展统计公报》《寿光市统计年鉴—2021》。

吨。渔业稳步增长（海水产品位居潍坊市第2位，淡水产品位居潍坊市第1位），2022年水产品产量16.4万吨。其中，海洋捕捞7.6万吨，海水养殖7.9万吨；淡水养殖0.9万吨。①

2.工业经济持续扩量、提质、增效

党的十八大以来，寿光市坚持"工业强市"战略，把做实做优做强实体经济作为主攻方向，一手抓传统产业转型升级，一手抓战略性新兴产业发展壮大，加速向数字化、智能化、绿色化发展，产业链供应链稳定性和现代化水平不断提高。一是工业体量加速壮大。2012—2022年，寿光市规模以上工业企业完成总产值和工业增加值分别由1519亿元、245.74亿元增至2257亿元、435.90亿元，年均分别增长4.1%、5.9%，如图3-4所示。2022年，寿光市规模以上工业企业达到463家，实现工业总产值2257亿元、营业收入2452亿元，全部工业增加值345.32亿元，占GDP比重为34.4%，同比增长6.0%；规模以上工业企业增加值增速11.3%，规模以上工业企业亩均税收13.8万元；制造业增加值占GDP比重为31.99%，制造业增值税、企业所得税等重点税收贡献值27.1亿元。二是工业体系较为完备。寿光市目前拥有41个工业行业大类中的28个，形成了高端化工、新材料、装备制造、食品加工、生态造纸等主导产业，主要产品达3000多个品种。2022年，寿光市有8个行业营业收入过百亿元，10个行业过50亿元，16个行业过10亿元，工业整体实力持续增强，工业经济结构更为合理。三是优势产业支撑明显。2022年，寿光市年营业收入超过70亿元的有9个重点行业：石油、煤炭及其他燃料加工，化学原料和化学制品制造，黑色金属冶炼和压延加工，农副食品加工，造纸和纸制品，橡胶和塑料制品，金属制品，非金属矿物制品，电力、热力生产和供应。9个重点行业实现工业总产值2012.9亿元，同比增长11.9%，占全部规上产值的86.2%；实现营业收入2192.5亿元，占全

---

① 数据来源：2021年和2022年潍坊市统计年鉴，2012年和2022年寿光市国民经济和社会发展统计公报。

部规上营收的86.3%；实现利润45.7亿元，占全部规上利润的91.3%。四是新兴产业加快发展。寿光市瞄准生物基新材料、第三代半导体、新能源汽车、氢能与储能等新赛道方向，推动新兴产业聚链成势、裂变膨胀。2022年，新材料产业实现营业收入841亿元，同比增长18.9%，以寿光为核心的潍坊生物基材料产业集群被国家发展改革委、财政部确定为全国三大集群之一。不断扩大高标准液晶显示器、超声波传感器等产业规模，推动新的信息技术产业加速发展。2022年，寿光数字经济核心产业实现营业收入19.8亿元，同比增长17.6%。[①]

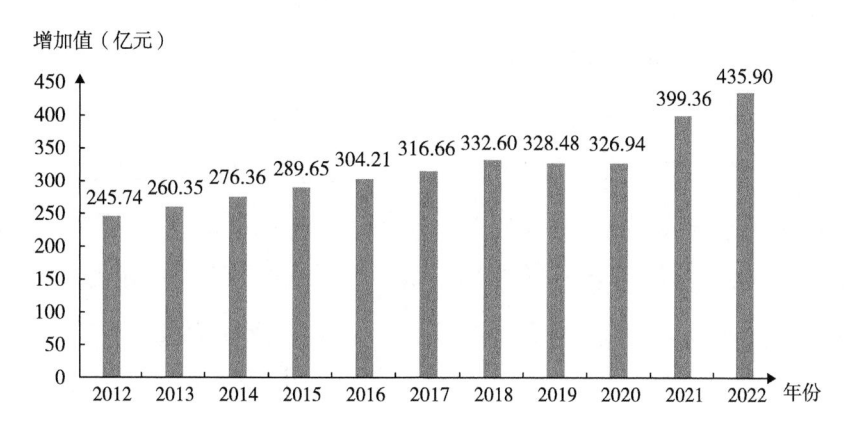

图3-4　寿光市工业增加值（2012—2022年）

数据来源：《2022年寿光市国民经济和社会发展统计公报》《寿光市统计年鉴—2021》。

3. 服务业加快转型升级

在以产业融合推动经济高质量发展阶段，发展现代服务业是改善寿光市传统产业结构、提升经济发展质效、构建现代化产业新体系的重要抓手。2012—2022年，寿光市服务业增加值分别由156.96亿元增至434.70亿元，年均增长10.7%，如图3-5所示。2022年，寿光规模以上服务业企业发展到99家，完成营业收入65.2亿元。其中，43家规上交通

---

① 数据来源：2012年和2022年寿光市国民经济和社会发展统计公报，寿光市2021年和2023年政府工作报告。

运输企业完成营业收入34.4亿元，27家规上营利性服务业企业实现营业收入12.2亿元。目前，寿光市正大力发展软件信息、研发设计、智慧物流、金融服务等生产性服务业以及直播电商、在线医疗、智慧养老、夜间经济等生活性服务业，现代服务业和现代农业、先进制造业深度融合发展的态势已基本形成。2022年，全福元商业集团获批全国商贸物流重点联系企业，软件园入选省现代服务业集聚示范区，寿光市成为唯一入选全国供应链创新与应用示范城市的县级市。金融信贷规模不断扩大，2022年末，28家驻寿银行机构本外币各项存款余额1578.7亿元，比年初增加147.6亿元；本外币各项贷款余额1214.5亿元，比年初增加111.4亿元。其中，住户贷款余额335.2亿元，民营企业贷款余额429.4亿元，国有企业贷款余额449.9亿元。普惠金融重点领域贷款余额234.4亿元，占贷款总额的19.3%，比重较年初提高1.8个百分点。保险业保持良性发展，2022年67家驻寿保险机构全年实现保费收入31.4亿元，同比增长8.3%，赔付支出8.0亿元，同比下降2.4%。其中，财产险保费收入9.3亿元，赔款支出6.0亿元；人身险保费收入22.1亿元，赔款支出2.0亿元。[①]

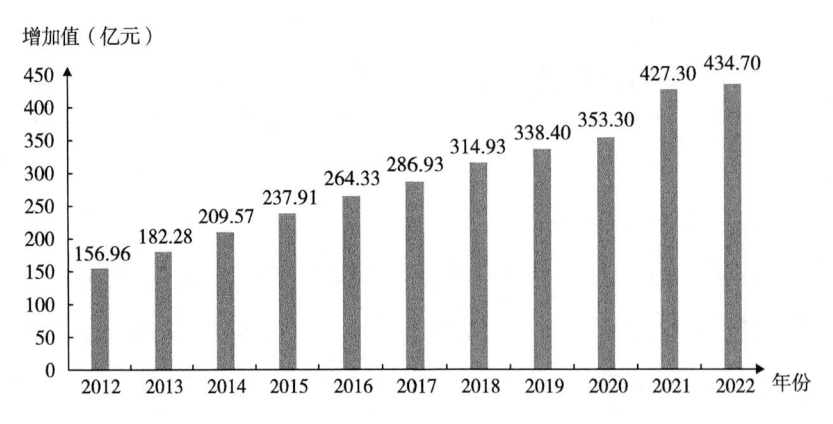

图3-5 寿光市服务业增加值（2012—2022年）

数据来源：《2022年寿光市国民经济和社会发展统计公报》《寿光市统计年鉴—2021》。

---

① 数据来源：2012年和2022年寿光市国民经济和社会发展统计公报，寿光市2023年政府工作报告。

（三）产业融合发展水平不断提升

1.产业链持续健全

作为一个县级市，寿光抓住农业产业化、新型工业化和服务业现代化的历史机遇，精准建链、延链、补链、强链，产业链持续健全。党的十八大以来，寿光市把推进产业链"链长制"作为疏通堵点、促进发展的重要手段，借助"链长制"的强力推进，实现新旧动能的有序转换，筑牢了产业发展之基。比如，巨能金玉米公司现每年加工玉米370万吨，年生产玉米淀粉260万吨、变性淀粉10万吨、赖氨酸30万吨、淀粉糖15万吨、D-乳酸2万吨、生物基热塑复合材料3万吨，形成"淀粉-赖氨酸-变性淀粉-淀粉基热塑复合材料"4条产品产业链条，实现了玉米深加工产业链条的转型升级。[①]又如，上药信谊富康药物研究院项目通过向上游延伸产业链，实现了"从一块石头到一粒药片"的全产业链发展。类似地，鲁清高端橡塑一体化项目实现了"从一滴黑色原油到一粒白色高端塑料颗粒"；鲁丽绿色高端家居一体化项目实现了"从一棵树到一个家"；丹河设施蔬菜标准化生产示范园项目实现了"从一颗种子到一餐美食"。

蔬菜产业链的健全和完善是寿光产业融合发展的一个成功典范。寿光蔬菜产业的发展并不仅局限于大棚生产技术的改变，更在于全产业链条的革故鼎新和融合发展。从种业破土翻身，到标准全程规范，再到加工预制"味"来，寿光蔬菜产业始终站在产业潮头领舞。比如，在上游的蔬菜种业方面，寿光市通过"内培、外引+扶持"方式，全力打造蔬菜种业研发基地，着力解决蔬菜种源"卡脖子"难题。截至2023年初，寿光市国家级蔬菜种业研究机构达8家，从事蔬菜育种的企业达到15家，其中7家获批省级技术研发中心，自主研发蔬菜品种178个，种苗年繁育能力达18亿株，占全省的近1/4，产值突破10亿元，被农业农村部认定

---

① 高世军：《努力建成全国一流玉米深加工企业》，《寿光日报》2022年6月15日。

为国家级区域性良种繁育基地。目前，国产蔬菜品种在寿光市场占有率由10年前的54%提高到70%以上，①寿光已成为全国蔬菜种苗研究机构最为集中的区域。在中游的生产体系方面，2020年寿光市组建了蔬菜合作社联合会，15家镇街区成立分会，大力推广"联合会+合作社+农户"的组织形式，农民参加合作社比例已超过85%。在品牌打造方面，成功发布"寿光蔬菜"品牌，粤港澳大湾区"菜篮子"产品配送分中心落户寿光，80%以上的园区蔬菜以品牌形式进入北京、上海等20多个大中城市。在下游的蔬菜深加工方面，寿光着力推进蔬菜产品深加工，拥有寿光蔬菜产业控股集团、山东赛维绿色科技有限公司等龙头企业，年深加工鲜果蔬20万吨以上，年产果蔬脆、冻干果蔬1000吨以上，年加工冷冻果蔬约10万吨以上。在蔬菜流通方面，寿光是全国最大的蔬菜交易物流中心，形成了以中国寿光农产品物流园和山东寿光果菜批发市场两个大型批发市场为核心、40多个专业市场和1020多处村级田间地头市场构成的农产品交易流通网络，成为全国最大的蔬菜集散中心、价格形成中心和信息交流中心，辐射东北、华北、华东、华南、中南、西北等20多个省（自治区、直辖市），还远销东南亚及俄罗斯等国家和地区，年蔬菜交易量900万吨。在蔬菜产业技术和标准输出方面，寿光各类"寿光造"的新品种、新技术、新装备、新模式等，伴随500多家大棚建造及管理运营企业、8000多名技术员等，被推广到全国各地。如今，全国新建的蔬菜大棚中，一半以上有寿光元素。②

2.产业科技含量持续提升

习近平总书记指出："要给农业插上科技的翅膀，按照增产增效并重、良种良法配套、农机农艺结合、生产生态协调的原则，促进农业技术集成化、劳动过程机械化、生产经营信息化、安全环保法治化，加快

---

① 《寿光市自主研发蔬菜品种达178个》，《寿光日报》2023年2月20日。
② 吕兵兵、蒋欣然：《农业强县看菜乡——解读迈入高质量发展新阶段的"寿光模式"》，《农民日报》2023年4月19日。

构建适应高产、优质、高效、生态、安全农业发展要求的技术体系"①。农业的出路在现代化,"农业现代化关键在科技进步和创新。要立足我国国情,遵循农业科技规律,加快创新步伐,努力抢占世界农业科技竞争制高点,牢牢掌握我国农业科技发展主动权,为我国由农业大国走向农业强国提供坚实科技支撑。"②党的十八大以来,寿光市按照习近平总书记关于科技兴农重要论述的实践要求,全力做好种业研发、现代农业高新技术集成应用等工作,主动扛起振兴民族种业责任,积极探索农业适度规模新型经营方式、组织方式,向全国输出寿光标准和集成解决方案,加快向农业现代化迈进。2016年4月,全国农业科技工作会议在寿光召开,寿光农业供给侧结构性改革做法在《人民日报》《经济日报》等权威媒体刊发推介。③2012年前,寿光市所用的蔬菜种子超过80%是"洋种子",一年6亿多种子销售额绝大部分进入国外公司。④为了扭转"洋种子"市场垄断局面,寿光通过自主创新和招才引智,吸引国内外涉农高校、院所加盟进行蔬菜种业研发,成立蔬菜工程研究院和国家蔬菜种业创新创业研发中心。目前,山东有80%以上的蔬菜种苗源于寿光,寿光正成为真正的"中国蔬菜种业硅谷"。在创新思维的影响和引领下,寿光于2011年发布"中国·寿光蔬菜指数",成为中国第一个反映农产品价格和物流动态的指数,发挥了蔬菜行业"晴雨表"和"风向标"作用。⑤在大棚技术改良、种植模式创新、智能物联,甚至蔬菜文化的创意创新等方面,由于蔬菜产业化的内生动力支持,蔬菜产业链不断延长,又不断形成新的产业链,使生产全要素得到积极和充分的调动,不断产生新

---

① 《汇聚起全面深化改革的强大正能量》,《人民日报》2013年11月29日。
② 《习近平致信祝贺中国农业科学院建院六十周年》,《人民日报》2017年5月27日。
③ 刘成友:《山东寿光市农业供给侧改革,推蔬菜大棚"两改"——一把手,出题更要答题》,《人民日报》2017年7月3日。
④ 中国社会科学院农村发展研究所课题组:《均衡之路——中国县域发展的寿光经验》人民出版社2012年版,第26—27页。
⑤ 王金虎:《科技托稳"菜篮子"——山东寿光市蔬菜产业调查》,《经济日报》2023年5月30日。

的经济效益。不仅如此,在技术创新思维的深刻影响下,寿光菜农也在蔬菜生产中积累了丰富的实践经验,创造了自动卷帘机、采摘机、无土栽培、常见蔬菜病虫害土法防治、大棚薄膜灰尘清扫机、快速授花传粉、棚温自动调控、臭氧抗菌增肥等先进技术,有力地推动了寿光蔬菜产业的持续健康发展。

3. 文化特色不断彰显

全国把蔬菜作为主导产业、真正想发展蔬菜产业的县市,绝不止寿光一地,很多农业大县(市)都进行了积极尝试,但真正能够成功的并不多。蔬菜生产是农业生产中用养结合、精耕细作的典型代表,寿光蔬菜产业化是对当地传统农耕文化的创造性转化、创新性发展。以蔬菜为主业,以资源为优势,再赋之以文化底蕴,创造了寿光特色和寿光优势。寿光模式在农业产业化上取得的成功绝非偶然,而是有着深厚的农耕文化历史积淀和发展基础。寿光农业产业化发展选择蔬菜作为主导产业和方向,其根本是在传承创新传统农耕文化的同时,尊重了寿光蔬菜生产的历史传统与区域优势,是一种传统与现实发展需求相融合的结果,体现了优秀传统农耕文化的旺盛生命力和对现代农业发展潜在的原动力。[①]事实上,寿光在产业发展中融合了众多历史文化,包括盐文化、海洋文化、红色文化等,正是这些文化特色的不断彰显,才使寿光经济高质量发展拥有十足的底气。

(四)城乡融合发展水平显著提高

党的十八大以来,寿光市立足现代化农业发展优势,优化特色产业城乡布局,推动城乡要素双向流动,统筹推进基础设施城乡一体化,不断完善城乡公共服务体系,协同推进新型城镇化和乡村振兴,城乡融合发展水平显著提高。寿光作为一个县级市,地处鲁中北部平原区,距

---

① 李兴军:《"寿光模式"对传统农耕文化的传承与创新》,《古今农业》2021年第1期。

离潍坊市区仅40千米，距离区域中心城市济南和青岛分别约170千米和190千米。在我国快速城镇化的浪潮中，寿光市户籍人口和常住人口始终在稳步增长，且常住人口多于户籍人口，如图3-6所示。在全国很多县城（县级市）人口净流出的情况下，2022年寿光市常住人口121.4万人，比户籍人口（111.2万人）多10.2万人。一个地方的发展有没有活力，人口的流动就能说明，寿光的发展充满着吸引力、魅力和活力，这里的人也对未来充满着信心。调研中看到农村的支书、企业家和职工，感觉每一个人都充满着创业的激情，对自己的事业洋溢着一种幸福。2016—2021年，寿光市常住人口城镇化率由55.8%提高到2021年的63.1%。[①]2018年，寿光市顺利完成全省新型城镇化综合试点工作并全省推广。目前，寿光已形成"一主两副三级"市域城镇化空间格局和"1+4+N"城乡发展格局，中心城区加快重点商圈、传统街区改造提升，培育了更多体验经济、夜间经济等新业态、新模式，缩小了城乡间的差距，带动了周边农村经济社会的发展，促进了社会的和谐与稳定，让越

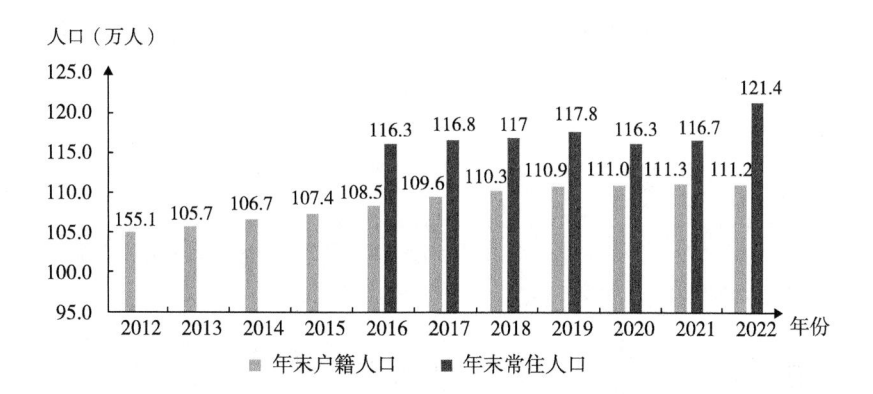

图3-6 寿光市户籍人口和常住人口（2012—2022年）

数据来源：《寿光市统计年鉴—2021》《2022年寿光市国民经济和社会发展统计公报》。（注：部分常住人口数据在山东省、寿光市政府网站查询，2012—2015年常住人口没查到官方数据。）

---

① 数据来源：《2022年寿光市国民经济和社会发展统计公报》。

来越多的人愿意留在镇村生产生活。

从城乡关系来看，寿光模式是发展理念、发展模式的创新，不仅带来蔬菜产业的长足发展、城乡产业的融合发展，更带来城乡发展方式和生活方式的革命。它大大激活了乡村的"造血"功能，政府有资金、有能力将更多资源引入乡村，农民有动力、有条件用更多精力发展乡村，带动乡村建设、乡村文化、乡村治理全面提升，城乡差距全面缩小（见表3-2）。2022年，寿光市城乡居民可支配收入之比降至1.80，明显低于潍坊市1.91、山东省2.22和全国2.45的水平。[①]

表3-2 寿光市城乡居民可支配收入（2012—2022年）

指标	2012年	2013年	2014年	2015年	2016年	2017年	2018年	2019年	2020年	2021年	2022年
城镇居民人均可支配收入（元）	29260	29130	31810	32032	34735	37606	40464	43250	44750	48487	51049
农村居民人均可支配收入（元）	12805	14408	16065	16218	17652	19249	20627	22484	23900	26527	28293
城乡居民可支配收入之比	2.29	2.02	1.98	1.98	1.97	1.95	1.96	1.92	1.87	1.83	1.80

数据来源：《寿光市统计年鉴—2021》，2012—2022年寿光市国民经济和社会发展统计公报，2012—2022年政府工作报告。

衡量城乡融合发展水平的一个重要指标是年轻人留村务农的比例，目前寿光"70后""80后""90后"菜农，占到了总数的54.8%。[②]我们调研发现，寿光的新农人愿意在"玩棚"主要有两个原因：一是寿光设

[①] 数据来源：潍坊市、山东省、全国的2022年国民经济和社会发展统计公报。
[②] 《农业强县看菜乡——解读迈入高质量发展新阶段的"寿光模式"》，《农民日报》2023年4月18日。

施蔬菜产业成熟,需要的土地、资金、技术、人才、市场等要素,都有成熟的解决路径,降低了经营风险,收入有保障。二是棚内自动化水平高,物联网等新技术普遍应用,劳动强度降低。三是生活品质有保障,乡村基础条件越来越好,服务体系越来越完善,在乡村像过日子一样"很充实、很舒适"。这正是寿光推进城乡全要素融合的具体体现。党的十八大以来,寿光市坚持"大投入、高标准",全力提高乡村基础设施完备度、公共服务便利度和人居环境舒适度,推动和美乡村由"一村富美"向"全域富美"的转变。从最开始的村庄硬化、绿化、亮化、净化、美化,到后来的环卫、污水处理一体化和改水改厕等工程,再到近几年的古树资源保护与开发、标准化卫生室建设等,这里的美丽村庄建设不断"升级",一路升级的背后,得益于寿光持续推进城乡融合发展。党的十八大以来,寿光市把乡村建设、农业增效、农民增收统一起来,不断推动农民向高素质农民转变、基础设施向农村倾斜、公共服务向乡村延伸,全力打造乡村振兴齐鲁样板先行区。在基础设施建设上,寿光市集中开展了农厕、道路、供气、污水处理等"十改"工程,城乡公交、供水、亮化、户户通、垃圾清运等"八个一体化",农厕改造和公厕建设任务全部完成,农村道路"户户通"、村庄照明实现全覆盖,被中央农办、农业农村部联合表彰为"全国村庄清洁行动先进县"。在公共服务延伸上,寿光坚持把地方财政收入的80%以上优先用于保障民生,构建起了从学前教育到高等教育的全链条教育体系,省级标准化卫生室、农村居民健康档案实现全覆盖,农民的养老保险、医疗保险、低保等也已基本实现城乡并轨。在乡村发展提升上,寿光创新推行村支部领办合作社、建设"飞地园区"等做法,带动实现农村资源变资产、资金变股金、农民变股东,2020年村集体经济收入10万元以上村占比达93.3%。[①]在乡村治理方面,寿光坚持以党建引领乡村治理,充分发挥社

---

① 吕兵兵:《乡村家园美 菜农日子甜》,《农民日报》2021年11月20日。

会治理服务中心和新时代文明实践中心的作用，以自治增活力、以法治强保障、以德治扬正气，探索出党组织领导下的"三治融合"基层治理体系。①

（五）绿色发展和开放发展水平大幅提升

大棚蔬菜种植是集多种技术要素于一体、精耕细作、集约经营的高劳动、高技术密集型产业，其产出率是同面积露地蔬菜的5倍以上。寿光蔬菜产业化发展注重蔬菜生产环境保护，提高土壤质量、蔬菜产量和质量。2011年开始，寿光先后实施2轮设施蔬菜沃土工程、根结线虫防治工程，推广微生物有机肥土壤改良技术和绿色植保控害技术，蔬菜主产区的土壤全部轮动改良一遍，土壤有机质提高到2%以上。深入实施蔬菜秸秆综合利用工程，探索推广了蔬菜秸秆快速腐熟直接还田、秸秆有机肥、沼气利用、秸秆固化等综合利用大棚蔬菜秸秆的技术模式，2020年，17家蔬菜废弃物资源化利用企业年处理蔬菜秸秆20万吨。实施化学农药减量控害工程，建设了病虫害监测预警实验室，完善市镇村三级病虫害预警系统，大力推广了蜡质芽孢杆菌、微生物菌剂等一批病虫害物理、生物防治技术及热力烟雾剂和静电喷雾器等新型植保药械，化学农药使用量减少10%以上。2016年，寿光市政府又推出了大田改大棚、旧棚改新棚的"两改"工程。在不断推进蔬菜生产技术、产品、加工、流通、质量追溯、管理服务等科学化、规范化、标准化基础上，2018年又建成了全国蔬菜质量标准中心，率先在寿光实现了蔬菜全产业链标准的展示和示范，引领蔬菜产业高质量、绿色

---

① "三治融合"基层治理体系包括：一是坚持自治筑基。寿光全面推动村级党组织书记专业化管理，建立任务细化、目标考核和奖惩奖励等机制。二是坚持法治为本。全面开展以清理村级合同、清理村级尾欠、清理闲置资源资产为重点的农村综合治理，彻底解决历史遗留问题。三是坚持德治塑魂。2022年，寿光市实现所有镇村新时代文明实践站所全覆盖，建成"幸福食堂"61处，975个村定期开展敬老宴、饺子宴等活动，志愿服务嘉许激励机制入选中央文明办典型案例，连续3年以山东第1名的成绩通过全国文明城市复审。

发展，为在全国推广使用提供了示范和样板。截至2023年，"寿光蔬菜"成功注册为地理标志集体商标，拥有地理标志农产品16个，认证"三品"农产品390个（其中绿色食品约占60%，无公害产品约占40%），桂河芹菜、古城番茄等22个产品入选全国名特优新农产品名录，寿光蔬菜产业集群被农业农村部、财政部确定为全国首批50个优势特色产业集群之一。[①]

党的十八大以来，寿光市对外开放取得历史性成就，外贸固稳提质、外资量稳质升、对外投资稳步提升，多层次、多维度对外开放新局面基本形成。2012—2022年，寿光市进出口总额由138.3亿元增至500.8亿元，年均增长13.7%，如图3-7所示。2022年，寿光市实现进出口总额500.8亿元，同比增长31.4%。其中出口298亿元，进口202.8亿元，分别同比增长33.6%和31.5%。实际使用外资12935万美元，境外实际投资额21850万美元。[②]

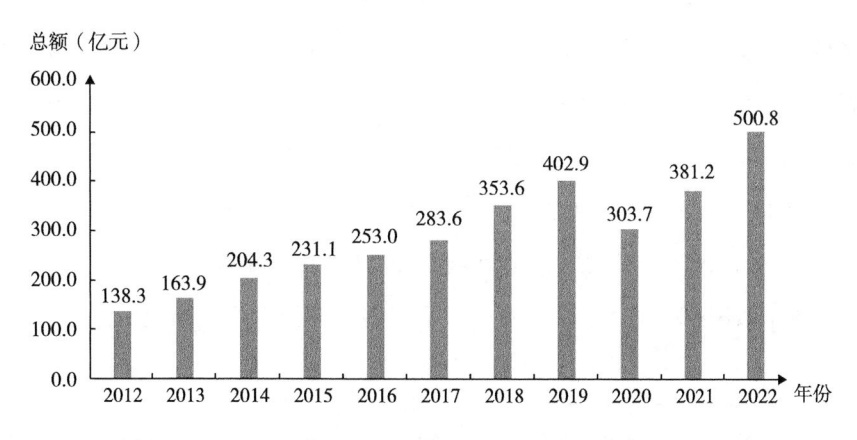

图3-7 寿光市进出口总额（2012—2022年）

数据来源：《寿光市统计年鉴—2021》《2022年寿光市国民经济和社会发展统计公报》。（注：2012—2015年统计数据为美元，按照当年人民币对美元的平均汇率计算。）

[①] 杨守勇、陈国峰：《寿光不怕"卖菜难"》，《半月谈》2023年第9期。
[②] 数据来源：2012年和2022年寿光市国民经济和社会发展统计公报。

从设施蔬菜产业的发展来看，对外开放使得寿光蔬菜产业对接世界市场实现跨越式发展，并已拥有一定的竞争优势。经过30多年的发展，寿光蔬菜产业种植技术达到了世界先进水平。比如，中国（寿光）蔬菜小镇项目[①]应用新型温室建造技术，集成应用荷兰、以色列、日本、韩国和寿光最先进的设施农业装备、生产管理工艺和优良品种，与传统的日光温室相比，土地利用率提高30%以上，生产效率提高50%以上。目前，在"一带一路"倡议引领下，寿光国际化视野加速拓宽，不仅是简单的产品出口、技术引进，而是在新发展格局中提升国际化质量。

（六）人民生活全方位改善

党的十八大以来，生产标准化、农业园区化、蔬菜品牌化、农民职业化、乡村宜居化、公共服务均等化，寿光正在以产业融合推动乡村全面振兴、人民生活全方位改善，人民群众获得感、幸福感、安全感更加充实、更有保障、更可持续。2012—2022年，寿光市城乡居民人均可支配收入由21690元提升到42173元，年均增长6.9%（见图3-8），城镇居民人均可支配收入由29260元提升到51049元，年均增长5.7%；农村居民人均可支配收入由12895元提升至28293元，年均增长8.3%。[②]

从微观上来看，在寿光1个大棚（2.5亩左右）一年两季净收入能达到10万元，亩产效益是一般农作物的20倍左右。如果一个家庭一般种3个大棚，则净收入30万元左右。这不仅促成寿光成为全国的百强县，老

---

① 中国（寿光）蔬菜小镇项目位于寿光市羊田路以西、尧河路以东、308国道以北、弥尧街以南，总规划面积9348亩，总投资15亿元，列入2020年山东省重大项目，被认定为全国蔬菜质量标准中心试验示范基地。由山东省财金发展有限公司与山东省寿光蔬菜产业集团共同投资建设和管理运营，是按照"国内领先、世界一流"的总体目标规划建设的蔬菜高端产业基地。项目于2019年6月开工，规划建设国际种业博览会展示区、国际先进种植模式种植区、蔬菜全链条标准化生产区、农业科技创新中心（种质资源保护中心、天敌熊蜂创新中心）以及配套生产加工区（包括蔬菜加工、仓储、冷链物流和生物肥等功能区）。

② 数据来源：2012年和2022年寿光市国民经济和社会发展统计公报。

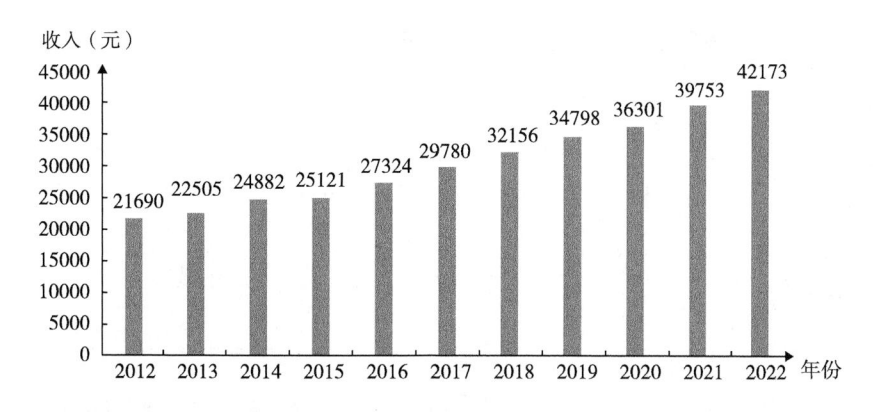

图3-8 寿光市城乡居民人均可支配收入（2012—2022年）

数据来源：《寿光市统计年鉴—2021》《2022年寿光市国民经济和社会发展统计公报》。

[注：2105年起寿光市开始公布城乡居民人均可支配收入，2012—2014年的数据是根据城镇居民人均可支配收入和农村居民（农民）人均纯收入数据估算所得。]

百姓的富裕程度也尽人皆知。[①]2012—2022年，寿光市财政总收入由82.8亿元增至177.2亿元，年均增长7.9%；一般公共预算收入由55.0亿元增至98.3亿元，年均增长6%；住户存款余额由326.0亿元增至1034.6亿元，年均增长12.2%，是山东省家庭存款最多的县市（见表3-3）。特别地，寿光绝大多数村集体收入达到10万元以上，11个村集体收入突破1000万元。政府、集体和居民的收入提升了，城乡居民的居住环境不断改善，2017年寿光成为全国文明城市，城区越来越美，品质越来越高。整县推进农村生活污水治理，深入推进清洁取暖改造是一项重要民生工程，农村改厕和农房安全工作典型经验被农业农村部刊发推广。农村一排排两层小楼鳞次栉比，宽敞的水泥路四通八达，家家户户门前绿树红花。

寿光以蔬菜产业化拉动和提升了农村一、二、三产业的融合发展，成为我国农业产业化发展和乡村振兴的成功典型，这也为解决人民日益增长的美好生活需要和不平衡不充分的发展之间的矛盾，提供了先进经

---

① 杨福亮：《给农业插上科技的翅膀——解读"三个模式"之"寿光模式"》，《走向世界》2021年第31期。

表3-3　寿光市政府收入和住户存款（2012—2022年）

指标	2012年	2013年	2014年	2015年	2016年	2017年	2018年	2019年	2020年	2021年	2022年
财政总收入（亿元）	82.8	97.0	107.2	115.8	127.5	133.8	166.5	161.0	151.5	183.8	177.2
一般公共预算收入（亿元）	55.0	70.7	79.2	90.1	94.7	90.3	93.5	94.4	93.8	103.3	98.3
住户存款余额（亿元）	326.0	352.7	406.3	468.0	519.8	556.7	607.9	684.3	785.8	871.0	1034.6

数据来源：《寿光市统计年鉴—2021》《2022年寿光市国民经济和社会发展统计公报》。

验。党的十八大以来，寿光市的教育、医疗、社会保障等都取得了重大成就。比如，2012—2022年，寿光市职工养老保险参保人数由108138人增至244104人，年均增长8.5%；职工基本医疗保险参保人数由151678人增至232343人，年均增长4.4%，如图3-9所示。寿光市紧抓教育、医疗、养老"三提升"，坚持每年80%以上的财政收入优先投向民生领域，推动基本公共服务向基层延伸、向农村覆盖，学前教育到高等教育的全链条教育体系构建形成，省级标准化卫生室、农村居民健康档案实现全覆盖，"日间照料中心＋镇街养老服务中心＋养老院"等养老模式广泛推广，寿光农民享受到和城市一样的公共服务。

二、寿光产业融合推动经济高质量发展的机理

寿光模式不同于率先以工业推动发展、以开发资源促进发展，或者以大城市为依托带动发展的现代化之路，而是通过做大做强农业，培育工业基础，工农并驱又奠定了服务业腾飞的底蕴。[1]概言之，寿光模式成

---

[1] 张少义：《"现代农业的阳光"照亮寿光乡村振兴之路》，《红旗文稿》2019年第17期。

功地走出了一条产业融合推动经济高质量发展之路。从产业融合推动经济高质量发展动力来看，寿光经历了从规模驱动和效益驱动，向质量驱动和品质驱动的转变，产业融合、经济发展越来越考虑文化因素、社会因素和生态环境因素，如图3-10所示。

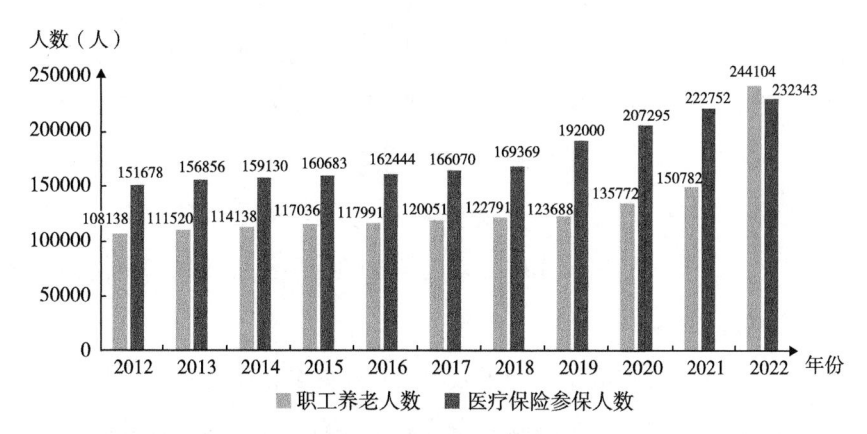

图3-9 寿光市职工养老和医疗保险参保人数（2012—2022年）

数据来源：《寿光市统计年鉴—2021》《2022年寿光市国民经济和社会发展统计公报》。
（注：2012—2021年的职工养老保险参保人数为企业职工养老保险在职参保人数。）

图3-10 寿光产业融合推动经济高质量发展的机理

（一）根本保证：党对经济工作的全面领导

办好中国的事情，关键在党。中国共产党领导是中国特色社会主义最本质的特征，是中国特色社会主义制度的最大优势，是坚持和发展中国特色社会主义的必由之路。寿光产业融合推动经济高质量发展的关键在党,党对经济工作的全面领导是其根本保证。"党是总揽全局、协调各方的,经济工作是中心工作,党的领导当然要在中心工作中得到充分体现,抓住了中心工作这个牛鼻子,其他工作就可以更好展开。"①党的十八大以来,寿光市坚持"抓党建、强统领"的根本导向,把坚定拥护"两个确立"、坚决做到"两个维护"作为最高政治原则和根本政治规矩,紧扣高质量发展这条主线,加快推进干部素质能力、城市能级活力、新经济新产业、人民生活品质"四个提升",把习近平总书记的重要指示批示作为第一政治要件,深入实施"党建+基层治理"工程,大力弘扬"严真细实快"工作作风,真正把党领导经济工作的制度优势转化为治理效能。

第一,围绕高质量发展,建立健全产业融合治理体系。市场在资源配置中起决定性作用,党的领导能从多个方面引导市场主体的行为,促进资源优化配置。②治理体系是关系党领导经济工作的根本性、全局性、稳定性、长期性问题。完善党领导经济工作的治理体系,是推动各方面共同做好经济工作的重要保证。党的十八大以来,潍坊市委经过不断探索实践,逐步形成了独具特色的经济治理体系。寿光市加强党对高质量发展、新旧动能转换、基层治理、公共卫生、安全生产等重点领域、重点工作的领导,不断完善产业融合发展领域的体制机制和政策体系,将优化营商环境列为"一号改革工程",把加强党的全面领导落实到高质量发展的各领域、各方面、各环节,有力地保证了经济社会沿着正确的方向发展。

第二,围绕产业融合推进治理现代化,着力提升治理效能。产业融合是推动高质量发展的关键支撑。寿光市以拓展创新寿光模式为引领,

---

① 习近平:《中国共产党领导是中国特色社会主义最本质的特征》,《求是》2020年第14期。

② 王天义:《论坚持党对民营企业的领导》,《山东社会科学》2020年第10期。

大力实施"做强两端、提升中间、数字赋能"全产业链提升工程，全面推进种业强农、数字强农、品牌强农、组织化强农，积极融入潍坊国家农业开放发展综合试验区建设，持续提升国家现代蔬菜种业创新创业基地功能，加快建设全国蔬菜产业综合服务基地，不断在新增植物新品种权、国家标准和地方标准、"三品一标"等方面取得突破。坚持"关键资源紧跟核心产业"，专项开展推动蔬菜产业发展相关事业单位"聚力提升"工程，推进事业单位机构功能重塑和整体效能提升，打造设施蔬菜产业全链条服务保障机制。聚焦蔬菜全产业链标准集成和研发、蔬菜品牌培育和品质认证、做大做强蔬菜种业育繁推体系、蔬菜产业技术、会展和标准输出等关键环节，优化布局结构，推动党委农办、农业农村、乡村振兴等部门深度融合，整合全国蔬菜质量标准中心、潍坊农村干部教育实践中心、寿光市蔬菜高科技示范园管理服务中心等单位工作力量，通过优化体制机制、理顺职能职责、加强编制保障、开展跟踪问效、"双随机、一公开"监管等多种方式，突出问题导向，全面推进治理现代化、提升治理效能，有力放大寿光模式辐射作用，促进全国蔬菜产业向标准化、智慧化、品牌化发展。

第三，围绕和美乡村建设，提高党领导经济工作能力和水平。善于做好经济工作，是领导干部能力中十分重要的方面。习近平总书记强调，要深化对我国经济发展规律的认识，提高领导我国经济发展能力和水平。寿光市委重视培养各级领导干部从讲政治的高度做经济工作，历练他们用政治眼光观察和分析经济社会问题的能力。提高党领导经济工作科学化水平，要提高把握和运用市场经济规律、自然规律、社会发展规律能力。寿光市委针对经济治理建立起完善的决策机制，重视智库和科研机构的作用，提高科学决策的能力，确保制定的寿光市经济社会发展重大战略符合实际、符合规律。社会主义市场经济本质上是法治经济，必须坚持法治思维、增强法治观念，依法调控和治理经济。目前，寿光市委、市政府已经改变单纯依靠行政手段来管理经济、单纯依靠上项目来推动发展的办法，更加自觉地运用法治思维和法治方式来推动产业融合和高质量发展。寿光产业发展到今天这样的水平，做好以产业融合推动经济高质量发展的领导工作，必须有专业化能力支撑。寿光市委坚持理论培训和实践历练并举，培养选拔了一批政治强、懂经济、会管理的领导干部，确保了党领导经济工作的能力和水平持续提升。我们调研发现，寿光市的和美乡村建设可以佐证以上阐述。

在寿光的农村，村民经营蔬菜大棚收入高、村集体收入来源广，物质文明建设成就显著。党的十八大以来，寿光市更加注重精神文明和生态文明建设，坚持以党建引领乡村治理，充分发挥社会治理服务中心和新时代文明实践中心的作用，以自治增活力、以法治强保障、以德治扬正气，探索出党组织领导下的"三治融合"基层治理体系。一是坚持以"自治"强基础、激活力。寿光市连续五年推行"六位一体"主题党日制度，举办村党组织书记"争红旗、当先锋"擂台赛，创新开展"组织联建、干部联系"双联行动。二是坚持以"法治"解纠纷、破难题。推行"一村一法律顾问""一村一警务助理"工程，建立公安干警"包靠"村居制度。开展"三清"综合治理、"五清强基"百日攻坚，系统化解决遗留问题、筑牢发展根基。三是坚持以"德治"树新风、扬正气。推行村规民约以及村民议事会、道德评议会、禁赌禁毒会、红白理事会"一约四会"制度，所有镇村实现新时代文明实践所（站）全覆盖，积极推动"幸福食堂""美德健康家长学校"建设，成为全省美德山东和信用山东建设试点市。

（二）根本立场：坚持以人民为中心的发展思想

始终为人民的利益而奋斗，是马克思主义政党同其他政党的根本区别。中国共产党的根本宗旨是全心全意为人民服务，把人民放在心中最高的位置，坚持在发展中保障和改善民生，坚定不移走共同富裕道路。坚持以人民为中心的发展思想，是寿光市产业融合推动经济高质量发展的根本立场。

第一,把人民放在心中最高的位置。人民是历史的创造者,是真正的英雄。寿光模式本质上是党领导人民为美好生活而奋斗的结果,是寿光人民推进产业融合发展的实践经验。进入新时代,我国社会主要矛盾已经转化为人民日益增长的美好生活需要和不平衡不充分的发展之间的矛盾,人民对美好生活的向往更加强烈,人民群众的需要呈现多样化、多层次、多方面的特点。寿光市围绕为城乡居民提供更稳定的工作、更满意的收入、更好的教育、更高水平的医疗卫生服务、更可靠的社会保障、更舒适的居住条件、更优美的环境、更丰富的精神文化生活而全面深化改革,并取得了一系列重大成就。党的十八大以来,寿光市深入践行以人民为中心的发展思想,不断推动城市更新,紧盯短板弱项,持续提高人民群众的满意率。通过开展老旧小区改造、加快推进棚户区改造、加强城市基础设施建设、加强宜居乡村建设等工程,让城市和乡村的功能日益完善、居住环境不断改善,城乡居民真切感受到了城市面貌的改变。

第二,在发展中保障和改善民生。增进民生福祉是发展的根本目的,也是推进产业融合发展的根本目的。习近平总书记反复强调:"群众利益无小事。群众的一桩桩'小事',是构成国家、集体大事的'细胞'。小的'细胞'健康,大的'肌体'才会充满生机与活力。"[1]"要坚持以人民为中心的发展思想,切实解决好群众的操心事、烦心事、揪心事。"[2]党的十八大以来,寿光市用心办好民生实事,百姓福祉持续增强。仅"十三五"期间,寿光市累计投入民生资金424.4亿元,占公共财政支出的84.8%;先后5次提高企业退休人员待遇、7次提高城乡低保和特困人员供养标准;从幼儿园到大学的全链条人才培养体系全面形成。人民群

---

[1] 《心无百姓莫为官——习近平同志帮扶下姜村纪实》,《人民日报》2017年12月28日。
[2] 《习近平在宁夏考察时强调 决胜全面建成小康社会决战脱贫攻坚 继续建设经济繁荣民族团结环境优美人民富裕的美丽新宁夏》,《人民日报》2020年6月11日。

众看病就医满意率跃居全省县市区第一位。① 随着高质量发展的深入推进，寿光市的公共服务和社会治理也不断提档升级。2022年，幼儿园公办率提升至71.3%，乡村教育振兴经验被《中国教育报》头版头条推介，成为全省首批职业教育改革发展成效明显的县；卫生院改造提升工程成效显著，16处卫生院全部达到国家"优质服务基层行"标准，国家基层卫生健康综合试验区评估列全国第2位；社会保障精准发力，为企业减负的同时，依法保障打工人的合法权益；全面构建县镇村三级联动医保经办服务体系，连续两年将城乡低保、重度残疾人等九类困难群众的救助标准提高10%以上；城乡均衡养老服务体系基本形成，养老服务集团创建为全省连锁化、规模化、品牌化养老服务机构；村庄、社区和公园广场健身设施全面覆盖，"乡村阅读季"三项指标均位居全国第一，学习书屋、志愿嘉许激励机制被中宣部、中央文明办肯定推广。社会治理创新突破，寿光市持续开展安全生产警示教育、打非治违和风险隐患排查整治"三个专项行动"，创新推行瓶装液化气"四化合一"全链条安全管理，成为全省县级唯一的安全生产"互联网+监管"建设试点；实施"法治护航百千万"工程，2022年提供法律咨询3.2万人次，"无讼超市"被评为全省首批政法改革典型案例；全面落实食品安全"两个责任"，校园食堂和用餐配送单位全部实现"互联网+明厨亮灶"，市场销售食用农产品安全监管经验在全国推广；常态化推进扫黑除恶斗争，有效预防打击电信网络诈骗、养老诈骗等违法犯罪活动；创新"12345+网格"联动处置机制，在全市率先开展城乡居民诉求征集，高标准建设县镇两级"一站式"矛盾纠纷调解中心，常态化落实领导公开接访和县镇村三级书记抓信访制度，2022年办结群众诉求14.3万件。②

第三，扎实推进城乡共同富裕。共同富裕是马克思主义的一个基本目标，也是自古以来中国人民的一个基本理想。习近平总书记指出：

---

① 数据来源：寿光市2021年政府工作报告。
② 数据来源：寿光市2023年政府工作报告。

"我们说的共同富裕是全体人民共同富裕，是人民群众物质生活和精神生活都富裕，不是少数人的富裕，也不是整齐划一的平均主义。"①实现共同富裕不仅是一个经济问题，而且是关系到中国共产党的执政基础的重大政治问题。党的十八大以来，寿光市把实现全体人民共同富裕摆在更加重要的位置，扎实推进城乡共同富裕。2022年，寿光市存款余额达到1578.7亿元，持续多年保持全省县域第一；城乡居民可支配收入达到42173元，城乡收入比为1.8∶1，远优于全省和全国平均水平。②一是以空间布局规划为引领，推进城乡空间融合。寿光统筹城乡空间布局，将全域划分为南部中心城镇区、西部生态文旅区、北部滨海工业区，一体化进行规划建设、完善设施配套、推进环卫生态、实现服务保障，既建设繁华的城市，也建设繁荣的农村。深化新时代文明实践中心建设，形成以市级公共文化设施为龙头、镇街综合性文化服务中心为纽带、村（社区）综合性文化服务中心为基础的三级公共文化服务网络。二是以产业融合发展为抓手，缩小城乡发展差距。寿光以市场需求为导向，不断拓宽共同富裕增收渠道，打造产业融合发展中心，"一筐菜"带来大农业、大产业、大市场、大流通，并形成良性互动，农业、工业与服务消费业彼此促进、共兴共荣。作为蔬菜之乡，寿光从种子培育到全季蔬菜，从田园采摘到菜品上桌，全链条的蔬菜产业已经真正成为寿光农民的"钱袋子"。2022年，寿光农村居民人均可支配收入达28293元，位居潍坊各县市第一。与此同时，工业强市全力提升，2022年寿光财政收入超过70%来自工业，这为反哺农业、带动农村农民共同富裕打下坚实基础。三是以提升社会治理水平为动力，健全农民致富增收机制。健全劳动保障违法行为公布、拖欠农民工工资"黑名单"制度，打造和谐劳动关系。创办山东乡村振兴学院，面向基层干部、实用人才开展专业化培训，大力培育高素质农民。推广农村集体资金"银农直联"管理，探索设立乡

---

① 习近平：《扎实推动共同富裕》，《求是》2021年第20期。
② 数据来源：2022年寿光市国民经济和社会发展统计公报。

村"共富公司""共富产业联合体",把更多农民嵌入产业链,扎实推进集体增收、群众致富。四是以蔬菜产业优势外溢为途径,主动带动其他地区增收致富。目前,寿光已向全国26个省区市提供了蔬菜问题集成解决方案,支持援助新疆、西藏和革命老区、东西部协作地区等,用现代化农业技术搭建起各族人民共建共享共富的"连心桥"。寿光市委书记指出,我们以党建输出为引领,按照寿光的标准,在全国各地建设现代化的蔬菜产业园区,让全国各地的群众都能够吃上本地生产的、跟寿光蔬菜一个标准的新鲜蔬菜,带动全国共同富裕。

(三)指导原则:坚持新发展理念

发展是解决经济社会问题的基础和关键,寿光推进产业融合的目的是实现经济高质量发展。习近平总书记强调:"理念是行动的先导。新时代抓发展,必须更加突出发展理念,坚定不移贯彻创新、协调、绿色、开放、共享的新发展理念,推动高质量发展。"[1]

第一,坚持创新驱动产业融合发展。抓住创新,就抓住了牵动经济社会发展全局的"牛鼻子"。[2]寿光是我国设施蔬菜产业的先行者和引领者,坚持创新驱动产业融合发展是其实现高质量发展的重要法宝。近年来,寿光积极推进农业物联网、大数据、空间信息等新兴前沿技术与蔬菜大棚的融合与应用,蔬菜大棚技术已从第1代发展到了第7代,太阳能光伏大棚、水肥一体机、智能温控等高科技设施都已投入使用,智能技术模拟的生态环境和对大棚综合功系统的控制,其效果甚至已优越于蔬菜生长的自然环境。毋庸置疑,蔬菜大棚技术是对农业内部能源和其他各种自然能源的充分利用,在不投入或少投入人为因素的条件下,取得了较高的经济效益,其核心是对传统农耕文化充分利用自然能源传统的

---

[1] 《中央经济工作会议在北京举行 习近平李克强作重要讲话》,《人民日报》2019年12月13日。

[2] 习近平:《深入理解新发展理念》,《求是》2019年第10期。

传承创新。寿光市委书记曾讲:"近年来,寿光以实施创新驱动发展战略为总抓手,组织开展平台创建、主体壮大、开放合作'三大科技创新行动',为推动经济高质量发展提供强有力科技支撑。"[①]事实上,寿光蔬菜的名气和竞争力都是靠科技不断创新出来的,走科技创新之路是寿光模式取得成功的秘诀。

第二,坚持协调推进产业融合发展。下好产业融合发展的一盘棋,协调是制胜的要诀。协调既是发展手段又是发展目标,同时还是评价发展的标准和尺度。[②]从经济哲学的视角来看,坚持协调推进产业融合发展,反映了产业融合发展的两点论和重点论的统一。在寿光市农业(设施蔬菜产业)、工业、服务业发展的初期,主要任务是发展得快,当达到一定量的积累之后,就要注意调整关系,提升三次产业的整体效能。党的十八大以来,寿光模式提质升级的核心就是提升产业发展的协调性,让农业和工业、服务业协同发展,在县域内实现融合发展。协调发展的概念不是简单地体现在产业发展上,至少还包括线上线下的协调、各种模式的协调、产业链之间的协调、供给和需求之间的协调等。

第三,坚持绿色引领产业融合发展。寿光市深入贯彻绿色发展理念,聚焦工业异味、燃煤锅炉、机动车、建筑扬尘等治理重点,持续推动大气环境质量改善;大力推进绿色低碳循环经济体系建设,积极组织重点规模以上工业企业参评绿色工厂、再生资源综合利用行业规范企业,加快推动企业资源高效利用和工业绿色发展;蔬菜产业集群大力发展绿色生产技术,从减肥、减药和节水三个方面着重发力,通过生物防治、水肥一体化、测土配方施肥等绿色生产技术,推动寿光蔬菜产业实现绿色种植。同时,进行大范围的标准化生产培训,推广绿色生产技术,将绿色生产的概念深植于百姓心中,从而带动整个区域内的农业种植绿色化

---

① 石如宽:《寿光实施三大科技创新行动 高质量发展有了"硬支撑"》,《大众日报》2019年8月9日。

② 习近平:《深入理解新发展理念》,《求是》2019年第10期。

转型。另一个绿色发展方向，是关乎国计民生的食品安全问题。统筹发展和安全是我国经济发展的重要保障，党和国家已将其提升至国家重大战略的高度。绿色是产业融合发展的底色，绿色发展是寿光蔬菜品牌化的核心。大棚蔬菜发展初期，菜农和消费者的安全意识和质量意识都不高，但随着人民生活水平的提高，公众对蔬菜的质量要求也随之提高。寿光市政府因势利导，大力发展无公害蔬菜，提高蔬菜生产的标准化水平，掀起了寿光蔬菜的"二次革命"。近年来，寿光市大胆创新，积极探索，不断引进新技术、新品种，坚持走可持续发展之路，打牢农业现代化产业基础。在全力推动设施蔬菜产业向更高层次迈进过程中，把发展绿色蔬菜作为主攻内容，从生产的各个环节植入无公害培育技术，积极推进国家绿色食品发展中心的认证工作。

第四，坚持开放带动产业融合发展。寿光模式是在开放环境中发展起来的，新时代开放带动产业融合发展不断赋予寿光模式新的内涵，充分利用两个市场、两种资源，使寿光市成为设施蔬菜产业全链条输出的典范。近年来，寿光主动融入潍坊国家开放发展综合试验区建设，加快实现由传统生产基地向综合服务基地转型，推动寿光模式从输出产品、输出人才、输出技术，向输出标准、输出机制、输出体系方向转变。

第五，坚持共享产业融合发展成果。共享发展始于寿光模式的开端。1989年冬，三元朱村党支部书记王乐义带领17名党员试验冬暖式蔬菜大棚获得成功之后，就开始无偿地向相邻传授技术和经验。王乐义豪情地说："一个村富了不算富，全国的乡亲们过上好日子才是咱们的追求。"[①]紧接着，寿光成立冬暖式蔬菜大棚技术推广领导小组来推广这项技术，县委书记王伯祥任组长，王乐义负责技术推广。在产业融合中坚持共享

[①]《在冬暖式蔬菜大棚的发源地，看菜王王乐义的蔬菜人生》，《寿光日报》2018年11月29日。2023年6月9日，课题组到三元朱村调研，与王乐义进行了座谈交流。他谈到了三元朱村党支部被评为"过硬党支部"，其中一个很重要的方面就是带领村民共同致富的信念过硬、本领过硬、成就过硬。王乐义还强调，带领大家伙儿共同致富是作为一名共产党员的重要责任，也是他一生的追求。

发展,并非要杀富济贫、大搞平均主义,而是寿光模式所展现出来的,让小农户也能共享产业发展的成果。共享发展本质上就是共同致富,城乡居民拥有良好的创业环境和就业环境。马克思主义政治经济学认为生产、分配、交换和消费是社会再生产的基本环节,这四个环节作为一个有机整体,构成了社会经济运动的基础,并产生出各种具体的经济现象。因此,共享产业融合发展成果不仅是分配问题,还要从生产环节开始贯彻共享发展理念,让每一个农户(创业者或普通劳动者)都能平等地获取相应的生产要素,高效地组织生产(劳动)。这方面,寿光已经做得很好,成为全国的标杆,未来寿光要继续提高成色,成为全国共同富裕的样板。

(四)制度基础:坚持和探索社会主义基本经济制度具体实现形式

基本经济制度是一定社会占统治地位的生产关系总和,在社会制度体系中具有基础性和决定性地位。[1]习近平总书记指出:"我国基本经济制度是中国特色社会主义制度的重要支柱"[2],是产业融合与高质量发展的制度基础。党的十九届四中全会上习近平总书记将社会主义基本经济制度拓展为"所有制+分配制度+经济运行体制"的基本经济制度体系,[3]为发展马克思主义政治经济学作出了重要的原创性贡献。"私有制+按要素分配+市场经济体制"的资本主义基本经济制度崇尚产业融合市场化的发展理念,经济发展从属于资本积累、忽视社会问题、偏离人本价值。事实证明,资本主义国家的经济发展始终伴随剥夺劳动者、社会矛盾突出、贫富两极分化、生态环境恶化等问题。在改革开放的进程中,寿光

---

[1] 朱鹏华、王天义:《社会主义基本经济制度的理论创新与认识升华》,《马克思主义研究》2020年第8期。

[2] 习近平:《不断开拓当代中国马克思主义政治经济学新境界》,《求是》2020年第16期。

[3] 《十九大以来重要文献选编》(中),中央文献出版社2021年版,第280—281页。

市坚持和探索社会主义基本经济制度具体实现形式，使产业融合推动经济高质量发展具有坚实的制度基础。

第一，坚持和探索公有制为主体、多种所有制经济共同发展的具体实现形式。习近平总书记强调，在社会主义现代化建设中"土地公有制性质不能变"，坚定不移做强做优做大国有资本和国有企业。同时，"要放宽市场准入，制定非公有制企业进入特许经营领域的办法，鼓励社会资本参与城市公用设施投资运营"[1]。寿光市在农业转移人口就业、产城融合、城市建设、城市治理以及城乡融合发展中既发挥公有制经济的作用，也发挥非公有制经济的作用。比如，寿光蔬菜全产业链发展中，前端（重点做标准研发、种子研发和技术集成创新）和后端（重点培育特色蔬菜品牌、打通高端销售渠道）由公有制企业或公有制控股企业（混合所有制企业）引领[2]、非公有制企业积极参与，中间以农户、民营企业、合作社、家庭农场为主体，形成公有经济和私有经济融合发展、健康发展、高质量发展的态势。又如，寿光市组建寿光养老服务集团有限公司，[3]将公办养老机构转制为企业，通过集团化、企业化运作，吸引更多社会力量参与，激发了公办养老机构活力，拓展了发展空间，推动了养老服务高质量发展。事实证明，寿光市委、市政府始终坚持"两个毫不动摇"，激发各类经济主体的活力，将各种所有制经济统一到繁荣城乡经济、解决城乡居民就业、推进产业融合与经济高质量发展上来。

第二，坚持和探索按劳分配为主体、多种分配方式并存分配制度的

---

[1] 《十八大以来重要文献选编》（上），中央文献出版社2014年版，第598—599页。

[2] 2023年5月，寿光市政府将寿光农业发展集团有限公司、山东寿光检测集团有限公司、寿光清水泊农场有限公司三家企业整建制合并组建寿光农业控股集团有限公司，定位于打造"现代农业产业综合运营商"，通过整合和塑造寿光农业优势资源，打造现代农业、蔬菜产业的"寿光标准"和"寿光模式"。

[3] 寿光市属国有企业寿光养老服务集团，涵盖机构养老、社区养老、居家养老、日间照料、农村助餐点、家政服务等养老服务板块。

具体实现形式。"马克思主义政治经济学认为，分配决定于生产，又反作用于生产，'而最能促进生产的是能使一切社会成员尽可能全面地发展、保持和施展自己能力的那种分配方式'。"[1]产业融合具有显著的收入分配效应，是实现共同富裕的必由之路。习近平总书记强调，坚持按劳分配原则，提高劳动报酬在初次分配中的比重，着力扩大中等收入群体规模。[2]完善按要素分配的体制机制，多种渠道增加中低收入群众要素收入、增加城乡居民财产性收入。[3]寿光市探索建立了"龙头企业＋蔬菜合作社联合会＋蔬菜合作社＋农户"的蔬菜产业联合体，引导龙头企业、合作社、农户建立紧密的利益联结关系，一方面推动了寿光蔬菜产业高质量发展；另一方面使多种分配方式相互融合发展，特别是保障了农户的劳动收入的稳定性。与此同时，寿光市加大政府再分配调节力度，加强社会保障体系建设，成立寿光城乡公共服务集团有限公司，加快推进基本公共服务均等化。

第三，坚持和探索社会主义市场经济体制的高效运行模式。社会主义市场经济既有市场经济的长处，又有社会主义制度的优越性，能"有效防范资本主义市场经济的弊端"[4]，也能避免资本主义产业发展的弊端。习近平总书记强调："要加快完善社会主义市场经济体制，推动发展更平衡、更协调、更包容。"[5]根据现代产业发展规律和全面深化市场化改革要求，寿光市政府主动引导农业由家庭分散经营转向适度规模经营。大力培育新型农业经营主体，鼓励农户注册蔬菜合作社，成立家庭农场，在一定范围内流转土地承包经营权，集中管理设施蔬菜种植用地，使蔬

---

[1] 《习近平经济思想学习纲要》，人民出版社、学习出版社2022年版，第75页。
[2] 习近平：《扎实推动共同富裕》，《求是》2021年第20期。
[3] 习近平：《高举中国特色社会主义伟大旗帜 为全面建设社会主义现代化国家而团结奋斗——在中国共产党第二十次全国代表大会上的报告》，人民出版社2022年版，第47页。
[4] 习近平：《不断开拓当代中国马克思主义政治经济学新境界》，《求是》2020年第16期。
[5] 习近平：《扎实推动共同富裕》，《求是》2021年第20期。

菜生产逐步向专业化、合作化的适度规模经营转变。寿光市始终支持、引导民营企业健康发展、高质量发展，在中国企业联合会、中国企业家协会发布的"2022中国制造业企业500强"榜单上，晨鸣控股（116位次）、鲁丽集团（193位次）、鲁清石化（249位次）、巨能控股（399位次）、联盟化工（420位次）5家寿光企业上榜。深化民营企业包靠服务，从送政策、解难题、优服务等多角度紧密联系企业，全心全意履行好"娘家人"职责，加速壮大企业发展实力。寿光市以持续打造市场化法治化国际化一流营商环境为目标，着力破解企业发展中的痛点堵点问题，聚焦市场有效、政府有为、企业有利、群众有感，全力打造能办事、好办事、办成事的"寿欢迎"营商环境品牌，厚植起发展优势，实现以营商环境之"优"促经济发展之"稳"。

（五）实践的方法论：坚持正确的工作策略和方法

以产业融合推动经济高质量发展，不仅要有坚定的立场、科学的理念、完善的制度，而且要有正确的工作策略和方法。习近平总书记指出，"正确的战略需要正确的策略来落实。要取得各方面斗争的胜利，我们不仅要有战略谋划，有坚定斗志，还要有策略、有智慧、有方法。策略是在战略指导下为战略服务的。战略和策略是辩证统一的关系，把战略的坚定性和策略的灵活性结合起来，站位要高，做事要实"[1]。事实上，寿光模式所展现出来的不仅是发展战略的科学性，还包括有力的举措、正确的方法。

第一，坚持稳中求进工作总基调。稳和进是辩证统一的，要作为一个整体来把握。该稳的要稳住。寿光作为潍坊市经济体量最大的县，要将保持经济社会大局稳定放在最重要的位置。在经济运行方面，要稳住经济基本盘，稳的重点要放在确保增长、就业、物价不出现大的波动，

---

[1] 习近平：《更好把握和运用党的百年奋斗历史经验》，《求是》2022年第14期。

确保金融不出现区域性系统性风险；在社会运行方面，要兜住民生底线，持续保障和改善民生。该进取的要进取。寿光在稳的基础上积极进取，以新时代产业融合发展提高经济质量效益和核心竞争力，培育壮大新的经济增长点、增长极，确保转变经济发展方式和创新驱动发展取得新成效。比如，随着社会经济的不断进步发展，人民生活更加注重质量安全、生态安全，高品质、无污染的农产品已越来越受到消费者的追捧。寿光市要坚持创新发展理念，不断强化科技兴农支撑力量，保障农产品的优质安全，创建清新美丽的田园风光和洁净良好的生态环境，坚持走绿色科技兴农之路，推动农业农村创新可持续发展。

第二，坚持系统观念。党的二十大报告将"坚持系统观念"确立为习近平新时代中国特色社会主义思想的世界观和方法论。万事万物是相互联系、相互依存的，只有用普遍联系的、全面系统的、发展变化的观点观察事物，才能把握事物发展规律。现代产业发展一定不是孤立的，而是涉及经济社会发展的各个方面，其系统化在产业中更多体现的是链群。在粗放发展过程中，蔬菜就是蔬菜，但是寿光以蔬菜为主导，延伸了上下游产业链，包括立体模式。从上游的原料、种业到市场、物流，搭建了线上线下的立体模式，特别是寿光还有一所应用大学，让技术前沿的应用领域和产业对接得非常紧密。以蔬菜为主导的上下游产业不仅是链群，还要把上游的人力资源、科技创新和现代金融、营商环境等一系列要素结合在一起，形成一种生态，在这个基础上发力，才能进一步打造高质量发展的寿光模式样本。

第三，坚持目标导向和问题导向相结合。目标是奋斗方向，问题是时代声音。寿光市以产业融合推动经济高质量发展要坚持目标导向和问题导向相结合，既要以经济高质量发展的目标为着眼点，增强现代化建设的方向感、计划性；又要以产业融合的问题为着力点，加强补短板、强弱项，增强推进产业发展的精准性、实效性。坚持经济高质量发展目标导向，在构建新发展格局的时代背景下，寿光市将中长期目标和短期目标贯通起来,将整体规划和突出重点结合起来,不断赋予寿光模式新内涵。比如,在构建现代化产业体系方面,坚持有所为、有所不为,通过加快改造传统产业、培育特色产业、布局新兴产业,深入实施核心产业链突破工程,提升"双招双引"的精度、要素保障的力度。坚持产业融合的问题导向,把解决产业转型升级的实际问题作为打开工作局面的突破口。比如,2023年上半年寿光市委围绕蔬菜产业全产业链提升、构建县域商业体系等重点行业领域,进行专题调研并形成36篇成果,为推动具体工作、解决实际问题提供了思路。

第四,坚持以钉钉子精神抓落实。习近平总书记形象地指出,抓落实就好比在墙上敲钉子,"钉钉子往往不是一锤子就能钉好的,而是要一锤一锤接着敲,直到把钉子钉实钉牢,钉牢一颗再钉下一颗,不断钉下去,必然大有成效"[1]。寿光模式的成功经验很多,其中因地制宜发展特色产业、一张蓝图绘到底就是重要的一条。一切从实际出发、实事求是、具体问题具体分析是马克思主义哲学重要的方法论,寿光在探索自己的产业发展道路上,紧紧围绕自身的比较优势,一茬接着一茬干,持续推动产业融合发展。

三、寿光产业融合推动经济高质量发展的特点

党的十八大以来,我国经济已由高速增长阶段转向高质量发展阶段。寿光的各类产业特别是蔬菜产业也面临着从"有没有"向"好不好"转变。从供给看,构建现代(蔬菜)产业体系,推动生产组织方式网络化、数字化、智能化,不断提升自身的创新力、需求捕捉力、品牌影响力、核心竞争力等;从需求看,产业融合应该更好地满足人民群众个性化、多样化、不断升级的需求,这种需求又引领供给体系和结构的变化,供

---

[1]《习近平谈治国理政》第一卷,外文出版社2018年版,第400页。

给变革又不断催生新的需求；从投入产出看，产业融合应不断提高劳动生产率、土地效率、环境效率，不断提升科技进步贡献率和全要素生产率；从分配看，产业融合应实现投资有回报、企业有利润、职工有收入、农户有效益、政府有税收。对于寿光而言，以产业融合推动经济高质量发展呈现出以下几个方面的特点。

（一）核心问题：正确处理政府与市场的关系

寿光模式是在我国市场化改革的进程中"闯"出来的，是政府与市场共同作用的结果。在社会主义市场经济中，寿光产业融合推动经济高质量发展背后的问题是正确处理政府与市场的关系，使市场在资源配置中起决定性作用，更好发挥政府作用，其中最有代表性的案例就是寿光蔬菜品牌战略。2021年4月，"寿光蔬菜"区域公用品牌正式发布，确立了"健康中国菜篮子"的品牌口号，涌现出了七彩庄园、崔西一品等一批知名品牌，拥有桂河芹菜、浮桥萝卜等16个国家地理标志产品，古城番茄、孙家集苦瓜等13个产品，入选农业农村部全国名特优新农产品名录，粤港澳大湾区"菜篮子"产品认证基地达到56家。"寿光蔬菜"品质优、效益好、知名度高，深受广大消费者青睐，畅销国内300多个大中城市，远销25个国家和地区。[1]在中国特色社会主义政治经济学的视阈下，寿光模式的基本内涵是以蔬菜产业为基础，统筹发挥政府引导和市场主导作用，通过各种途径将农户组织起来，以农带工发展多元产业，立足国内外大循环，推进经济社会发展良性互动，实现城乡融合发展，促进乡村全面振兴和农业农村现代化，如图3-11所示。

第一，使市场在资源配置中起决定性作用。早在1992年，寿光市就明确了以市场为导向、以效益为中心的农业产业化的思路。蔬菜品牌化是一个市场行为，涉及诸多主体，厘清市场主体责任，是有效推进品牌

---

[1]《"寿光蔬菜"区域公用品牌发布，寿光蔬菜有了自己的logo！》，人民政协网，http://www.rmzxb.com.cn/c/2021-04-25/2839240.shtml。

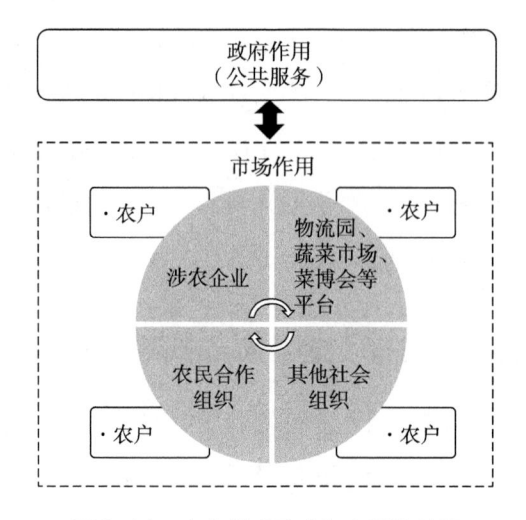

图 3-11　寿光模式政府和市场的关系

化建设的关键举措。企业是品牌建设的直接主体力量，寿光市蔬菜企业积极进行品牌延伸，瞄准高端市场，大力调整农业结构，从单纯种菜售菜转为育种育苗，由分散生产转为园区经营，尝试从大众市场转向高端市场，全力向绿色优质农业品牌、创意型农业品牌、园区农业品牌方向发展。农户是品牌化建设基础力量。生产农户作为一线农产品生产者和原材料供应者，必须严守初级农产品生产质量标准，强化品牌建设意识。寿光市积极组织农业技术人员下乡，提高农户的种植水平，政府还定期为种植农户普及农产品商标注册知识，以增强其农业品牌意识。

　　第二，更好发挥政府作用。从寿光模式诞生之初，就与"有为政府"分不开，寿光历届市委、市政府高度重视蔬菜产业的发展，提出"全链条提升蔬菜产业"的发展方向，为此建立起有针对性的、健全的配套公共服务体系。20世纪80年代末期，在时任寿光县委书记王伯祥的引导和支持之下，孙家集街道三元朱村村党支部书记王乐义将创新成功的冬暖式大棚蔬菜种植技术全部开源，不搞技术封锁、不搞专利、免费培训传播，带动全县农民致富。在寿光蔬菜产业发展史上，首先解决的是大棚蔬菜规模化生产，但规模化的成功却导致蔬菜生产过剩，使销售流通成为蔬菜产业发展面临的严重问题,这是产业链不健全的必然结果。在经历两次"菜贱伤农"事件后,寿光市委和市政府加快了流通市场建设。[①]通过建蔬菜批发市场、农产品物流园,开通"绿色通道",[②]规范发展村头地边市场,举办中国(寿光)国际蔬菜科技博览会、寿光国际蔬菜种业博览会等,不断打通和完善蔬菜产业发展相关的市场流通和会展产业,形成了寿光蔬菜"买全国,卖全国"局面,蔬菜相关的产业链条也得到不断拓展与完善。当前,寿光市正加快推进数字政府建设,持续提升"互联网+公共服务"水平,持续打造市场化法治化国际化一流营商环境,为产业融合推动经济高质量发展建设有为政府。

第三,将政府"有形之手"与市场"无形之手"有机结合起来。不论是产业转型升级或是融合发展,要推动经济高质量发展,就需让"有形的手"和"无形的手"协同发力,更加尊重市场规律,更好发挥政府作用。从治理现代化的角度看,处理好政府与市场的关系,是考验执政能力的关键问题之一。寿光模式表明唯有充分发挥社会主义制度的优越性、发挥政府的积极作用,才能管好市场管不了或者管不好的事情。寿光市政府在积极落实国家政策的同时,致力于寻找与市场结合的最佳点,把工作重点放在优化营商环境、弥补市场功能失灵的关键环节,并在事关全局、民生、重大基础设施建设等重点领域,履行应有的责任。[③]当出现蔬菜产业面临困境的时候,寿光市政府没有放任不管,而是迎难而上。

---

① 王新文、信俊仁:《合纵连横——助推寿光蔬菜产业再发展》,中国农业出版社2015年版,第87页。

② 从1986年开始,为了蔬菜流通买卖,寿光市政府将蔬菜批发市场扩建三次,占地面积也从20亩扩大到600亩。寿光蔬菜批发市场经不断完善,在"抓种植、先抓流通"的思想指导下,已发展成为全国最重要的蔬菜集散中心,构筑起完善的农产品市场销售体系,拉动了蔬菜产业的向前发展。"绿色通道"是指为保障北京等大城市居民的蔬菜需求,而开通的蔬菜产品特别运输通道。1995年始,在国务院批准下,寿光相继开通了寿光至北京、上海、哈尔滨、湛江、海口的"绿色通道"。

③ 《以营商环境之"优"促经济发展之"稳"——寿光市打出优化营商环境"组合拳"》,中国日报网,http://sd.chinadaily.com.cn/a/202304/27/WS6449dc4ea310537989371de9.html。

在基础建设方面，为加强无公害基地建设，寿光市斥巨资购进气象色谱仪等先进仪器，扩大蔬菜检测网络范围；在科技创新和推广方面，政府为加快农业科技进步，组织市内科研机构攻克蔬菜生产的难题，积极与科研单位和院校合作，推广国内外先进技术；在人才培养方面，为提高农民的综合素质，积极引进农业科技人才，对农民进行定期培训；在销售宣传方面，构建一个公平交易的创新平台，出资组织建立蔬菜市场，举办国际蔬菜博览会，调动各方的积极性，充分发挥龙头企业的带动作用，引导农民进入流通领域，建立蔬菜销售网络，合力推进农业产业化发展。

（二）路径选择：协同推进新型城镇化与乡村振兴

新中国成立以来，城乡兼顾、统筹城乡、城乡融合始终是我国处理城乡关系的基本原则。毛泽东同志曾指出："城乡必须兼顾，必须使城市工作和乡村工作，使工人和农民，使工业和农业，紧密地联系起来。决不可以丢掉乡村，仅顾城市，如果这样想，那是完全错误的。"① 城乡关系是生产关系的一种具体形式，调整城乡关系就是调整生产关系。邓小平同志强调："在生产关系上不能完全采取一种固定不变的形式，看用哪种形式能够调动群众的积极性就采用哪种形式。"② 党的十六届三中全会首次提出统筹城乡发展，明确"以工促农、以城带乡"的方针，引导城市资金、人才等要素流入乡村。胡锦涛同志指出："在工业化初始阶段，农业支持工业、为工业提供积累是带有普遍性的倾向；但在工业化达到相当程度后，工业反哺农业、城市支持农村，实现工业与农业、城市与农村协调发展，也是带有普遍性的趋向。"③ 党的十九大报告提出乡村振兴战略，并明确要建立健全城乡融合发展体制机制

---

① 《毛泽东选集》第四卷，人民出版社1991年版，第1427页。
② 《邓小平文选》第一卷，人民出版社1994年版，第323页。
③ 《十六大以来重要文献选编》（中），中央文献出版社2006年版，第311页。

和政策体系。2019年4月,《中共中央 国务院关于建立健全城乡融合发展体制机制和政策体系的意见》发布,这标志着城乡融合成为我国重塑新型城乡关系的发展方向。在此背景下,寿光市以产业融合推动经济高质量发展,赋予寿光模式新的内涵,必须走新型城镇化和乡村振兴协同发展之路。

从高质量发展的路径来看,产业融合的核心是提升产业价值的创造能力。新时代新征程,寿光市的产业融合是全链条融合,加快实现农业现代化。产业全链条融合进程中,前端主抓价值提升,重点突破标准制定、种子研发、技术集成创新;中间主抓规模种植,加快构建以合作社、家庭农场为主体的新型经营体系;后端主抓品质供给,重点培育特色蔬菜品牌、打通高端销售渠道;数字赋能主抓智慧转型,以数字改造推动蔬菜产业向高质高效演进。实现做强两端、提升中间、数字赋能的产业融合推动高质量发展目标,必须走城乡融合发展之路,协同推进新型城镇化和乡村振兴。

第一,城乡要素双向流动、平等交换,是产业融合推动经济高质量发展的前提。以人为核心的城镇化是新型城镇化的核心要义,提升农业转移人口市民化质量是新型城镇化的首要任务。乡村振兴进一步解放农民,为新型城镇化奠定了物质基础。与此同时,新型城镇化提升城乡融合发展水平,促进人才、资金、技术向乡村转移,推动着农业农村现代化。党的十九大以来,寿光市通过协同推进新型城镇化和乡村振兴,建立健全城乡融合发展体制机制和政策体系,深入推进土地、劳动力、技术等要素市场化配置改革,加快缩小城乡发展差距和居民生活水平。目前,寿光市已打破城乡二元结构,在城乡"一盘棋"的基础上,立足于统筹生态、生产、生活三大板块,实现城乡产业互补链接、生态环境共建共治、空间布局统筹融合、基础设施互联互通、公共服务平等均等、社会文明与社会治理一体化发展。

第二,培育数以万计的新农人,使其成为迈向共同富裕的高素质劳动者。寿光模式本质上是社会主义市场经济中的富民模式，扎实推进共同富裕是寿光模式的核心内涵。2022年以来，寿光市实施"贾思勰·新农人"①行动，开展农业人才社会化服务，提供"建种产管销"一站式人才支持，培育数以万计的新农人，为各地发展蔬菜产业提供了人才技术支撑，助力乡村产业发展和共同富裕。农业社会化服务，关键要立足自身优势，解决市场需求痛点。寿光市聚焦"人才"和"技术"两大关键抓手，科学构建人才、技术、资本、生产资料、培训等要素"出入口"，从设施蔬菜产前、产中、产后全周期服务着手，整合培育人才技术团队，全力为乡村振兴和农村共同富裕培育高素质劳动者。目前，寿光"70后""80后""90后"占到菜农数量的54.8%，农村居民人均可支配收入达到28293元。同时，寿光常年有500多家服务商、8000多名农技人员在各地帮助发展蔬菜产业。

第三，推进城乡治理一体化，以幸福社区、和美乡村建设提升高质量发展的成色。推进城乡治理一体化，既是产业融合发展的必然逻辑，也是经济高质量发展的必然要求。近年来，寿光市聚焦治理城乡全领域融合，坚持以自治增活力、法治强保障、德治扬正气，深入推进城乡公共基础设施一体规划、建设、运维以及基本公共服务均等化，构建起全领域、全要素、全链条、全场景、全社会闭环式基层治理现代化体系，大量社会矛盾和风险隐患在基层得到妥善解决，社会大局持续保持安定祥和，群众安全感不断增强，幸福指数持续攀升。从新型城镇化视角来看，寿光市紧紧围绕"品质寿光"和"四个城市"建设，着力转变城镇发展方式，城市的绿道、口袋公园、红色物业、市民服务驿站等极大提升了城市品质和格局，幸福社区建设也极大提升了城市新老居民的幸福感。从乡村振兴的视角来看，寿光市全面提升和美乡村建设质量，实施

---

① "贾思勰·新农人"是指传承农圣文化，创新农业科技，服务乡村振兴，能够适应现代农业生态化、标准化、信息化、品牌化发展需要的有情怀、懂技术、善经营、能致富的高素质新型农业人才。

农村人居环境综合提升等行动，在城乡全域实行污水处理、无线网络等八个一体化，从"一村美"向"全域美"扎实迈进。

（三）关键动力：坚持创新驱动发展

总结寿光模式的成功之处，肯定是多方面的。比如，通过发展设施蔬菜，推动低效产业向高效产业转变；通过蔬菜产业的标准化生产、品牌化运营、组织化经营、社会化服务、专业化分工、园区化布局，推动传统产业向现代产业转变；通过培育和延伸蔬菜产业链，促进一、二、三产业融合发展，推动纯种植向完整产业链转变；通过蔬菜生产的精细化、精准化、智能化建设，推动粗放生产向精致农业转变；通过深入推进对外开放，积极开展国际合作，推动相对封闭的产业向开放型产业转变。综合来看，这些成功经验的关键就是创新，坚持创新驱动发展也是寿光产业融合推动经济高质量发展的关键动力。寿光模式的成功说到底是创新的成功，寿光历届市委、市政府深入实施创新驱动发展，推动制度创新、科技创新、产业创新、企业创新、市场创新、产品创新、业态创新、管理创新、文化创新等，逐步形成以创新为主要引领和支撑的发展模式。

1. 制度创新

在社会主义市场经济中推进产业融合，必须要通过制度创新，提升经济高质量发展的治理效能。改革开放特别是党的十八大以来，寿光市持续的制度创新不断赋予寿光模式新内涵。比如，在全面深化改革方面，2022年寿光市创新推进"无证明城市""百姓购房通"等20多项改革事项，40多项勘验评审事项实现"云上"审办，审批效率提速70%以上。在优化营商环境方面，寿光市通过"一号改革工程"优化营商环境，锚定一流打造"五极"环境，纵深推进"放管服"改革和"双百双全"工程，深化全链条"零见面"审批服务，启用证照信息"自动获取"、业务审批"智能秒办"模式。在社会治理方面，寿光市创新推行瓶装液化气

"四化合一"全链条安全管理，成为全省县级唯一的安全生产"互联网+监管"建设试点；创新"12345+网格"联动处置机制，在全市率先开展城乡居民诉求征集，高标准建设县镇两级"一站式"矛盾纠纷调解中心，常态化落实领导公开接访和县镇村三级书记抓信访制度。[①]在产业发展方面，寿光市大力推进国家数字设施农业创新应用基地建设，开发蔬菜供应链综合管理服务平台，发展农产品直播带货等新模式，贯通"产业互联网+消费互联网"全链路。在整合要素方面，寿光市创新发展供应链金融、普惠金融、绿色金融，大力争取政府专项债和政策性贷款项目，提升金融支撑能力；落实选聘专家人才到企业担任科技人才顾问（副总）工作实施方案，从复旦大学等高校院所共选聘14名专家人才担任企业科技人才副总，累计为企业解决技术难题22项，推动科研成果转化13项，帮助对接引进合作专家人才57名，开展技术人员培训1408人次，实现经济效益增收8100多万元。[②]

2. 科技创新

习近平总书记强调："当今世界，谁牵住了科技创新这个'牛鼻子'，谁走好了科技创新这步先手棋，谁就能占领先机、赢得优势。"[③]寿光蔬菜产业发展之路，也是一条不断运用科技推动产业升级之路。在科技创新方面，仅依靠寿光本地的智力资源是远远不够的，"引智"是寿光产业创新发展的一大法宝。早在1999年，寿光就聘请了中国科学院13名院士、专家任农业科技顾问，当时在全国引起巨大轰动。寿光不仅引入国内优秀的人才，还把国外的人才吸引到寿光，通过"外脑+智库"，促进蔬菜种业的科技创新，促进重大成果的示范推广、转化。近年来，寿光市坚持以智慧化思维、科技化手段对农业产业链进行全方

---

① 数据来源：寿光市2023年政府工作报告。
② 《解决技术难题，转化科研成果——寿光科技副总助企"强筋壮骨"》，《大众日报》2021年9月30日。
③ 中共中央文献研究室编：《习近平关于科技创新论述摘编》，中央文献出版社2016年版，第26页。

位重塑，量身定制"寿光蔬菜产业互联网平台"，研制推广了立体栽培、无土栽培、椰糠栽培等30多种新模式和大棚滴灌、臭氧抑菌、熊蜂授粉等300多项国内外新技术，科技进步对农业增长的贡献率达到70%，高出全国10.8个百分点。[①]2022年，寿光市争取省级科技计划项目18项，新增省级新型研发机构2家、技术创新中心1家，新增植物新品种权26个，被认定为国家级区域性良种繁育基地，国家蔬菜质量标准化创新联盟获农业农村部认定，7项行业标准、2项预制菜团体标准获批发布；联合北京化工大学、中国科学院等高校院所共建研发机构17家，自主申报入选省级以上重点人才工程16人，数量居全省县域首位。成功举办菜博会、种博会和智慧农业装备博览会，创建省级产业强镇2个，新增"三品一标"农产品81个；持续提升国家现代蔬菜种业创新创业基地研发中心，做大种业龙头企业，建设分子育种实验室，攻关种业"卡脖子"技术，全力打造中国"蔬菜种业硅谷"。[②]2021年以来，寿光以全国农业科技现代化先行县共建为抓手，通过与中国农科院开展"院地合作"，加速蔬菜育种等方面的研发，联手打造全国农业新成果示范田，取得了一大批有重要影响的科技成果。[③]特别地，寿光市已建立起完善的科技推广服务机制，目前寿光共有80多名科技特派员（均为来自企业、高等院校、科研院所的农业高科技人才）在基层开展科技服务，通过线上、线下同步开展科技指导，示范农业科技成果，不仅架起了农民、农业专家和农业科技之间的桥梁，更有效打通了现代农业科技服务的"最后一公里"。

[①] 《寿光科技进步对农业增长贡献率达70%》，《寿光日报》2022年11月1日。

[②] 2016年，寿光市政府工作报告首次提出要打造"蔬菜种子硅谷"的发展目标，随后几年时间，全国蔬菜质量标准中心、中国科学院沈阳应用生态研究生寿光设施农业研究中心、中国农业科学院寿光蔬菜研发中心、国家农业信息化工程技术研究中心寿光试验站、国家蔬菜工程技术研究中心寿光研发中心、农业农村部蔬菜种子质量监督检验测试中心寿光分中心等先后落户寿光。

[③] 《"院地合作"打造农业科技成果转化高地》，《农民日报》2023年6月5日。

3. 文化创新

文化是一种软实力，是一个地区内在的一种无形的力量。增强文化自信，积极推动文化创新，既是经济社会发展的必然要求，也是推进经济社会发展的强大力量。寿光产业融合发展不仅是制度创新和科技创新的结果，文化创新使寿光经济高质量发展具备了更加强大的传播力和竞争力。寿光称为"三圣"故里[①]，深入挖掘"三圣"文化资源，启动历史文化溯源工程。围绕农耕文化建设，寿光突出"蔬菜文化"主题，积极探索创新，先后创成"中国民间文化之乡""中国农耕文化之乡"。一是坚持保护传承与创新发展双向发力，不断丰富拓展农耕文化的呈现载体。围绕传统农耕文化展示，寿光市打造了蔬菜博物馆、农圣文化展馆、仓颉书院、仓颉汉字艺术馆等一批高品质展馆，挖掘整理的"寿光蔬菜生产习俗"，入选山东省第四批省级非物质文化遗产代表性项目名录。通过中国（寿光）国际蔬菜科技博览会在示范推广最先进、最前沿的蔬菜品种、种植技术和种植模式的同时，将传统的农事活动、农耕文化与农业科普相结合，集中展示民族优秀传统文化，每年接待游客超过200万人次。二是坚持学术研究与精品创作双线交流，不断厚植农耕文化的特色底蕴。聚焦学术研究出成果，举办中华农圣贾思勰文化国际研讨会，出版的《农圣文化概论》《贾思勰家缘源流研究》等重点书目，入选"十三五"国家重点图书规划"文艺精品工程"。聚焦文化创作出精品，以文学创作、影视创作为重点，策划拍摄了《蔬菜改变生活》《农圣故里·文明寿光》等一批大型纪录片，创作了《仓颉造字》《菜农的凌晨》等一批影视作品、报告文学作品，多部作品在央视平台、头部商业平台展播。三是坚持农耕文化与乡村文化同步推进，不断提升文化廊道的内涵体验。以文化体验廊道建设为抓手，规划了巨淀湖生态旅游、清河古镇等一批高端文旅康养项目，推动文旅深度融合发展。突出

[①] 传说文圣仓颉在这里始创象形文字，盐圣宿沙氏在这里煮海为盐，农圣贾思勰在这里完成了世界上第一部农学巨著《齐民要术》。

重大节会，举办农民丰收节，展示打造乡村振兴齐鲁样板的新成就。突出乡村文化，建立了镇街文联组织，在每个村成立文艺宣传队，举办乡村文化艺术节，文艺助力乡村振兴经验在全国文联系统推广学习。四是坚持以文促旅、以旅兴文，在文旅融合中创新发展。围绕盐圣文化，做好"盐"的文章，保护开发全国十大考古发现——双王城盐业遗址群，重启盐业博物馆建设，筹建海盐主题公园，开发盐雕、盐灯、盐保健等海盐文化创意衍生品，搭建盐业交易、展览展示、学术研讨网络共享平台，放大"中国海盐之都"文化魅力。对纪国古都、呙宋台遗址、古斟灌国、寿光古八景等文化古迹、历史名人、民间故事传说、非遗等进行保护传承，实施"千村百馆"工程，支持有条件有故事的村建设村史馆，形成"三圣"引领，星罗棋布的文化传承保护体系，放大寿光历史文化优势。

（四）重要法宝：构建现代农业三大体系

寿光模式是中国农业与市场结合的一个典范，是中国农业产业化的一个重要典型，是现代农业发展的典范，也是促进城乡融合发展的典范，代表了我国农业产业化的发展方向，对构建现代农业产业体系、生产体系、经营体系，[①]深入实施和坚持走中国特色的乡村振兴之路，具有积极的参考借鉴价值。建设现代农业产业体系、生产体系、经营体系，是现代农业内在特质和发展规律的全面体现。从内涵特质讲，产业体系是现代农业的结构骨架，生产体系是现代农业的动力支撑，经营体系是现代农业的运行保障，现代农业是一个包含产业体系、生产体系、经营体系三个方面的有机整体。

---

① 2015年3月，习近平总书记在参加十二届全国人大三次会议吉林代表团审议时的重要讲话中，首次提出建设现代农业产业体系、生产体系、经营体系这一重要思想，指出一个国家要真正实现现代化，没有农业现代化是不行的。推进农业现代化要突出抓好加快建设现代农业产业体系、现代农业生产体系、现代农业经营体系三个重点。2017年10月，党的十九大报告把构建现代农业产业体系、生产体系、经营体系作为"三农"工作部署的重要内容。

1.推动产业融合化、集群化发展，构建现代农业产业体系

在产业体系上，寿光已由蔬菜种植这一基本产业扩展延伸到生产资料供应、生产技术及信息服务等农业产前部门和农产品加工、流通、销售、食品消费、市场信息服务等农业产后部门，并进一步扩展延伸到了农业观光旅游、农业生态休闲、农业传统文化保护传承、农业电子商务等农业生产性服务业和生活性服务业的第三产业。自20世纪90年代以来，寿光蔬菜的产业化，一方面催生了土地"集中流转""飞地模式"等规模化发展所需的土地，解决了综合发展中的土地矛盾。另一方面，还带动和促进了与大棚、蔬菜生产等系统相关产业、行业的综合发展。比如，寿光不产水稻和毛竹，却因初期大棚蔬菜发展的建设需要，形成了当时全国最大的稻草（加工保温草帘）、竹竿（支撑材料）批发市场。围绕蔬菜产业化发展需求，大棚材料物资生产、种子经营与研发、种苗培育、农业机械设施制造、农资生产经营、生物制药、智能设施、技术输出、信息服务、仓储加工、物流、交通、观光旅游、文创、金融服务、蔬菜医院，甚至教育、培训、咨询、乡村文化等一、二、三产业，不断催生和推动了系列新产业、新行业的融合发展。在蔬菜产业化深层次发展中，政府和市场的作用进一步凸显，最终形成以蔬菜产业为主体、相关产业行业自成体系的产业链条和生产全要素的合理调动。蔬菜特色产业发展也促进了农业种植结构的变革，形成了蔬菜生产为主导，农、林、牧、渔、副综合发展新格局，农业供给侧结构得到优化配置，农业产业化得到进一步发展，现代农业产业体系得以构建，并形成集群发展优势。借助寿光市农业优势，立足全市乡村旅游资源，按照差异化发展原则，优化空间布局。在南部，依托蔬菜高科技示范园、三元朱村、蔬菜小镇等休闲农业资源，发展农业观光、乡村体验游；在中部依托番茄小镇、樱桃园区等产业资源，打造亲子采摘、艺术乡村游；在北部依托双王城生态经济园区、羊口镇等特色生态旅游资源，发展湿地休闲、渔盐风情游。大力发展创意农业，将观光、采摘、品尝、购买等环节联通，重点

打造了蔬菜高科技博览区、三元朱特色乡村旅游区、双王城生态湿地旅游区等特色休闲农业旅游片区。

2.提升乡村产业科技化、绿色化水平，构建现代农业生产体系

在生产体系上，寿光市蔬菜产业已经呈现出在机械化基础上向自动化、智能化以及机械化、自动化、智能化相结合的生产方式发展的基本态势，现代农业生产正由"经验"向"科学"转变，农业生产的物质手段和技术创新水平日益提升，农业对自然的掌控程度和农业与自然的和谐程度日益提升，农业生产效率和绿色化水平日益提高。寿光市政府为切实保障蔬菜质量安全，提高蔬菜品牌质量，大力实施农业标准化生产工程，建立起全国蔬菜质量标准中心。建立起农产品质量安全机构、蔬菜质量追溯体系和安全监管平台，加强各环节蔬菜质量安全监管。创新推行了全域网格化监管，截至2023年将寿光划分为28个监管网格，配备56名监管员，开发了网格化智慧监管平台，蔬菜质量实现全程可追溯。推动智慧化、标准化、产业化的蔬菜生产与品牌建设良好互动，重视农业生产规模、强调农业生产技术、严格农业生产标准，打造出完整的生态智慧农业产业链。种子是农业的"芯片"，寿光市十分重视蔬菜种质资源保护利用、产学研育繁推一体化平台建设、良种繁育基地建设、种业创新团队建设，培育一批突破性"卡脖子"品种，提纯复壮一批优势特色品种，打造中国"蔬菜种业硅谷"。位于寿光市北部的南木桥村在盐碱地上蹚出了一条无土栽培蔬菜产业的路，成立双桥无土栽培蔬菜专业合作社，无土栽培蔬菜大棚种植面积800多亩，年产值达1600多万元。[①]双桥无土栽培蔬菜专业合作社种植的西红柿产量高、品质优良，产品远销蒙古国和俄罗斯，深受市场欢迎。双桥无土栽培蔬菜专业合作社先后与北京爱土工程肥料有限公司、寿光西良温室工程有限公司合作，共同研究生物有机肥在无土栽培中的使用，实现无土栽培新基质的更换；与山

---

① 孙翠萍、于增元：《"双桥合作社"发展无土栽培的蔬菜产业振兴之路——盐碱地上的"寿光模式"》，《新农业》2022年第9期。

东省农科所合作，进一步提高无土栽培的管理技术；与山东省富硒协会合作，依靠技术不断提高蔬菜质量。同时，双桥合作社大规模推广智能化措施，应用物联网，大幅降低劳动强度，提高了生产效率，探索出了一条盐碱地上的寿光模式。传统农业靠天，现代农业靠"数"。寿光市积极开展农业"上网入云"行动，着力构建寿光蔬菜"数据化管理、信息化监管、网络化营销、智能化应用"的多种功能场景。寿光市为加强蔬菜品牌宣传推介，做大做强寿光品牌，特邀蔬菜行业协会主办蔬菜博览会、展销会等规模大、影响力强的国际性蔬菜品牌展会，寿光蔬菜之家联合社举办产品品鉴会，更新农业发展思路，传播新型农业技术，沟通交流农业发展信息。寿光市蔬菜产业找准定位，大力向生态农业、绿色农业、高端农业、园艺农业发展。此外，寿光蔬菜品牌大力挖掘寿光市优秀传统文化内涵，将农圣贾思勰这一形象运用到蔬菜品牌包装中，还顺应时代潮流积极将蔬菜的有机元素、绿色元素等特色元素融入品牌设计中，以适应大众审美和时代潮流。

3.提升乡村产业组织化、规模化水平，构建现代农业经营体系

在经营体系上，寿光市蔬菜产业已经展现出规模化经营、经营者素质提高、城乡居民收入差距不断缩小等新态势，蔬菜专业大户、家庭农场、农民合作社、农业企业等新型农业经营主体蓬勃发展，职业农民队伍持续壮大，家庭经营、合作经营、集体经营、企业经营共同发展，集约化、专业化、组织化、社会化相结合的新型农业经营体系逐渐形成。从"一粒种子"到"一盘好菜"，寿光已然贯通设施蔬菜产业全链条，这一成就源自寿光推行的"全链领航"战略，坚持科技和改革"双轮驱动"，通过"做强两端、提升中间、数字赋能"，推动产业全链条融合。其中，"提升中间"就是着力构建现代农业经营体系。改革开放以来，农村基本经营制度决定了寿光蔬菜从家庭经营开始起步。如何从根本上解决经营分散、标准难统一、农机难推广、要素难集聚的瓶颈，把小菜农带入农业现代化发展轨道，是构建现代农业经营体系的必然选择。党的十八

大以来，寿光市通过培育新型经营主体，推动土地规模化、生产园区化、经营合作化等经营方式有机结合，通过土地经营权合理流动，提高农业经营组织化程度，从根本上解决制约农业现代化发展的难题。当前，寿光市着力构建以家庭经营为基础、联合社与合作社为纽带、社会化服务为支撑的现代农业经营体系，推动各类经营主体从简单产品购销、劳务关系、土地流转变为更加紧密的合作共赢关系，让农户更多分享到加工、销售等全产业链增值收益。

04
CHAPTER

第四章

文化振兴为乡村塑形铸魂

乡村振兴既要塑形，也要铸魂。优秀乡村文化能够提振农村精气神，增强农民凝聚力，孕育社会好风尚。习近平总书记强调："要推动乡村文化振兴，加强农村思想道德建设和公共文化建设，以社会主义核心价值观为引领，深入挖掘优秀传统农耕文化蕴含的思想观念、人文精神、道德规范，培育挖掘乡土文化人才，弘扬主旋律和社会正气，培育文明乡风、良好家风、淳朴民风，改善农民精神风貌，提高乡村社会文明程度，焕发乡村文明新气象。"①高度重视文化振兴，以文化振兴为乡村塑形铸魂，是寿光模式的基本内涵。近年来，寿光市委、市政府把文化阵地建设、文化活动开展、文明乡风培育和文化产业发展等作为推进新时代乡村文化振兴的重大工程，探索实施"三位一体"模式推进县域公共文化服务体系建设，谱写乡村文化振兴新篇章，使乡村振兴更具有活力。

一、积极推进文化振兴，塑形铸魂成效显著

近年来，寿光市紧紧围绕乡村振兴战略，立足新时代"三农"发展方位，努力打造乡村振兴齐鲁样板，大力加强农村精神文明建设，不断提高乡村社会文明程度，在推动乡村文化振兴方面进行了有益的探索和实践，取得显著成就。

（一）深挖优势资源，传承创新农耕文化，打造特色文化标识

寿光，古称"寿州"，既是农圣、文圣、盐圣"三圣"故里，也是"中国蔬菜之乡""中国海盐之都"，文化资源丰富，历史源远流长，境内现已发现北辛、大汶口、龙山等古文化遗迹150多处，从原始时期以来，形成了悠久的农耕文化和海洋文化的文脉传承，从这个意义上说，寿光

---

① 《习近平关于"三农"工作论述摘编》，中央文献出版社2019年版，第125—126页。

是人类社会生产史、农耕文化史、渔盐文化史融合的一个缩影。

从地理环境来看，寿光是一个自南向北地势缓慢降低的平原区，河流和地表径流自西南向东北流动，形成大平小平的微地貌差异，南部和中部土质肥沃，地下水质优良丰沛，2000多平方千米一马平川，旱能浇，涝能排，无霜期长达近200天，粮食作物可达到一年两收。在气候方面，寿光属暖温带季风区大陆性气候，受冷暖气流的交替影响，形成了"春季干旱少雨，夏季炎热多雨，秋季爽凉有旱，冬季干冷少雪"的气候特点，农业基础条件得天独厚。早在史前与新石器时期，寿光先民就逐渐从渔猎、采食野菜转为栽培垦殖的谋生方式；夏商周时期蔬菜种植业开始从大田中分化出来，逐步走向园圃种植；春秋战国时期，农耕技术日趋发达，已经出现了保护栽培、软化栽培等多种种植模式，并且随着城市的兴起和农业、手工业、商业的分工，开始了蔬菜买卖的商品性生产活动。随后，寿光的农业和蔬菜种植业不断发展，直到魏晋南北朝时期，北魏寿光人贾思勰（见图4-1）写成了中国古代著名的农业科学巨著《齐民要术》（见图4-2），里面记载的农业科学技术以及贾思勰先进的农业思想、哲学思想、经营理念、文化精神等，对当时和后世的农业生产都有着深远的影响，标志着寿光农业发达、种植技术成熟；宋、元、明、清时期，寿光"八叶齐"大葱、"独根红"韭菜等特产名品享誉全国，粮菜间作、轮作、套种等新技术和新模式不断出现，是全国蔬菜集中产区和著名产地，清光绪年《寿

图4-1 贾思勰塑像

图4-2　清光绪元年（1875年）崇文书局刻本《齐民要术》

（2023年6月11日　寿光市博物馆　刘姝曼摄）

光县乡土志》载："寿邑民风朴野，喜务农"，可见蔬菜种植文化早已成为寿光地域文化的组成部分和重要标识。

不仅如此，寿光还是一个滨海城市，它位于山东半岛北部，渤海莱州湾南畔，海洋资源丰富，北部是临海的浅平洼地，土壤为滨海盐土和滨海潮盐土，形成了其地特有的海洋文化与海盐文化。早在原始时期寿光人就已经"煮海为盐"，从而肇始了我国海盐文化的发端，《中国盐政史》谓："世界盐业，莫先中国，中国盐业，发源最古。在昔神农时代，夙沙初作，煮海为盐，号称盐宗，此海盐所由起。煎盐之法，盖始于此。"宿沙氏被尊为盐宗，是山东海洋文化的一位标志性人物，其领土位于今天寿光市境内，他首创了海水制盐的技术，并在当地进行了推广和普及，由此拉开了人类开发利用海洋的序幕，开启了海洋资源开发的新时代，形成了中华海洋文明的"渔盐文化"基调。

寿光境内商朝时期的聚落遗址较为密集，约40余处。其中面积大、堆积厚，如孙家集街道钓鱼台、丰顺王遗址，纪台镇前曹庄遗址，化龙镇高家庄遗址，台头镇南台头村凤凰台遗址，洛城镇丁家店子遗址和古城街道益都侯城遗址,等等。此外,鲁北地区还发现了数目众多的商代盐业遗址群,如牛头镇盐业遗址群、双王城盐业遗址群、王家庄子盐业遗址群等。

春秋时期聚落遗址40余处,战国时期聚落遗址67处。同时,寿光北部又地处渤海之滨,地下卤水资源丰富,发现王家庄子、单家庄子、大荒北央、央子、郭井子等多个盐业遗址群,证明齐国为制盐重地。值得一提的是,寿光双王城一带更是成为全国的制盐中心,2008年全国十大考古新发现的双王城盐业遗址群,是目前发现的中国历史最久、规模最大、数量最多、分布最密集、保存最完好的古代制盐遗址。作为一种生产方式和文化现象,盐业的发展使寿光成为深受盐卤浸泡的土地,积淀了厚重的人文底蕴。

文化是经济的灵魂,也是经济发展的内在动力。寿光市在推进农业农村现代化的进程中,高度重视发挥文化的力量。

第一,深挖地域文化优势,大力开发农耕文化传统村落。寿光是中国蔬菜之乡、中国传统农耕文化之乡,以贾思勰的《齐民要术》为载体的农圣文化是寿光地域文化的杰出代表。圣城街道李二村是贾思勰的故里,也是有名的农业村,该村深挖农圣文化,建设了新时代文明实践广场,村内制作了农耕文化浮雕墙,介绍《齐民要术》中记录的部分农耕技术,并且修建了村史馆,展现了当地的乡土文化和民俗风情,留住了村庄的文化记忆;洛城街道韩家牟城村,以仓颉造字为契机,建设汉字文化游园、仓颉书院,对仓颉造字、孔子认经等人文历史进行再还原、再体验,形成了保护传承村落人文色彩与乡土古韵并存的传统风貌和历史记忆。同时,寿光建设中国蔬菜博物馆,传承民俗文化,介绍我国蔬菜从起源、演变到现在的发展历程,凸显寿光在从古代至现代的蔬菜发展史中的重要地位;拍摄的电影《盐诺》,围绕广袤富饶的盐碱地,讲述了一群盐汉子为了娶妻生子、养家糊口,日复一日地过着东家和盐把头剥削的辛酸生活,但在民族危难之时,他们毫不犹豫地舍弃儿女情长、奋起救国的感人故事；打造双王城海盐文化主题公园、盐业博物馆，融合创意展示手段展示盐文化的发展，使更多的人了解寿光制盐的历史和寿光的盐化工产业，通过挖掘盐文化来促进经济社会发展。

　　第二，传承创新地域文化。把传统文化与现代农业相结合，培育涵养了现代蔬菜文化。通过举办中国（寿光）国际蔬菜科技博览会，将蔬菜与传统农耕文化结合，精心打造独具特色的蔬菜文化创意景观，这在近几年的蔬菜科技博览会中表现得最为鲜明。例如，3号展馆里展出了"菜乡三圣"——创造文字的文圣仓颉、著有世界上第一部农学巨著《齐民要术》的农圣贾思勰、煮海为盐的盐圣宿沙氏，体现出蔬菜之乡浓厚的文化底蕴；8号展馆里展示了"立春""夏至""立秋""冬至"等系列蔬菜文化小品。围绕"盐圣""盐都"文化品牌，建设国家级盐业遗址公园和盐业博物馆，打造"中国盐业文化旅游城市""高端海洋产业聚集城市"，推动盐业转型升级，加快盐业生产结构、组织结构的调整，形成集约化、工厂化、循环型的绿色盐业新模式，实现科技与文化交汇，历史与现实交融，把"盐圣·盐都"塑造成与"农圣·菜乡"相媲美的历史文化名片。

　　寿光是山东半岛地域文化的缩影，近年来，寿光市立足蔬菜农耕文化和海洋海盐文化，打造"中国蔬菜之乡"和"中国海盐之都"特色文化标识，化生了寿光"敢想敢闯敢干、于守正中创新"的当代特质，成就了一个县域经济百强县强大的内生动力。1989年，三元朱村党支部书记王乐义动员村两委成员及部分党员带头建起了17个蔬菜大棚搞蔬菜生产试验，在带领全村农民脱贫致富后，王乐义坚决响应政府号召，无偿地将冬暖式蔬菜大棚技术从三元朱村推向全县，开创了寿光蔬菜产业保护地栽培的先河；1995年，寿光被国家命名为"中国蔬菜之乡"，寿光蔬菜产业步入新的历史发展阶段，农业发展已变成群众的自觉行动，从蔬菜农业文化到"中国蔬菜之乡"、从渔盐文化到"中国海盐之都"，都已成为寿光的著名文化地标和城市名片。

（二）实施"三位一体"模式，完善公共文化服务体系

农业、农村、农民问题是关系国计民生的根本性问题，必须始终把解决好"三农"问题作为全党工作的重中之重。近年来，寿光市以习近平新时代中国特色社会主义思想为统领，以走在前列的担当和勇气，率先提出"乡村振兴，文化先行"的口号，立足寿光实际，聚焦文化惠民和群众满意两条主线，创新探索实施"三位一体"模式，不断完善公共文化服务体系，丰富公共文化产品和服务供给，为乡村振兴提供文化助力，让文化成果惠及广大群众，实现由"送文化"到"种文化"的转变，市民参与度和文明度显著提高。寿光市探索实施"三位一体"模式推进县域公共文化服务体系建设经验做法受到当地居民的一致肯定和高度赞扬，并被确立为全省文化旅游工作典型案例、全省文化改革发展典型案例、潍坊市文化和旅游"十大改革典型案例"，在全省范围内推广。

1.打造"三个文化圈"，建设高标准公共文化设施

首先，在中心城区，打造"城市核心文化圈"。建设市文化中心、市民阅读中心和蔬菜博物馆等大型场馆，重点打造以群众艺术培训、传统文化教育为核心的两个"文化圈基地"，市文化中心为群众艺术培训核心基地，历史文化中心为传统文化教育核心基地。按照"缺位补位"原则，借助社会力量，联合社区、企业、培训机构等建设寿检书吧、仙霞等城市书吧、图书馆分馆。创新建设学"习"书屋，打造起群众身边的"红色殿堂"，让党的创新理论"飞入寻常百姓家"。寿光市学"习"书屋建设在中宣传部内刊《宣传工作》《全国农家书屋工作简报》《山东宣传》、《文明山东》上刊发报道。全力推进全民阅读"五位一体"改革工作，同步推行城乡书房暨三圣书房建设，积极构建全民阅读工作格局，寿光市全民阅读"五位一体"改革工作被潍坊市委办公室《潍坊信息》第15期、潍坊市委宣传部《潍坊宣传工作简报》第32期刊发推广，潍坊市全民阅读"五位一体"改革推进现场会在寿光召开，全民阅读"五位一体"改

革工作经验受到高度肯定。

其次，在城镇街道，打造"城郊辐射文化圈"。14处镇街全部高标准地建设了综合性文化服务中心，面积均在2000平方米以上，内设图书馆文化馆分馆、公共电子阅览室、书画室、儒学讲堂、历史文化展室等，并对室外文化广场重点打造。文化服务功能齐全的镇级场馆是缩小版的"市级馆"，作为一级中转站，全面辐射所辖各村文化服务场所。

最后，在村庄社区，打造"乡村特色文化圈"。结合各村历史文化背景和发展特色，以"基层综合性文化服务中心"为基本载体，利用废弃、闲置用地，精心规划设计，充分挖掘当地文化底蕴、人文特色，共建"展示乡韵""留住乡愁"的综合文化阵地。根据寿光与仓颉的渊源，投资4000万元，以综合性文化服务中心为依托，建成了以仓颉汉字演变为主题，集主题型、知识型、智慧型、科普型为一体的目前我国最大的沉浸体验式仓颉汉字艺术馆；投资2000万元建设仓颉书院，配套建设了文渊湖、汉字文化游园、地书广场等，集中展示了文祖故里、汉字之源、灵龟负书、圣墓景观、汉字演变、汉字赋等仓颉的传说故事，弘扬、传承、创新和发展汉字艺术，引领寿光市公共文化服务阵地高效能发挥。

目前，寿光市已建成市级公共文化设施为龙头、镇街综合性文化服务中心为纽带、村（社区）综合性文化服务中心为基础的三级公共文化服务网络体系，三级场馆共计1000多个，公共文化设施全部免费开放，实现了"10分钟公共文化服务圈"全覆盖，群众步行10分钟，就可享受公益性文化服务，满足了群众文化阵地需求。

2.实施"三大工程"，大力开展文化惠民活动

一是实施"文化带动"工程。以乡村阅读引领文化生活，鼓励企业、社团组织等社会力量共同构建以公共图书馆、综合书城、特色书吧、农家书屋等为支撑的15分钟现代公共阅读服务体系，广泛开展"你选书，我埋单""新时代乡村阅读季"、读书朗诵大赛、"爱读书、读好书、善读书"短视频大赛等10余项主题活动，掀起全民阅读热潮。创作的《读

书就是回家》被山东省委宣传部评为山东省全民阅读短视频大赛三等奖。在中宣部组织的新时代乡村阅读季活动中，连续四年勇夺优秀组织奖全国第一名，并荣获山东省全民阅读"书香机关""书香之乡"，打造了书香寿光新名片。二是实施"文化下乡"工程。开展戏曲进校园、非遗进校园活动，让戏曲文化、非遗文化等传统文化在青年一代中得以传承。组织文化志愿服务队进景区、进福利院、进学校、进社区、进军营等，丰富市民精神文化生活。市级文化、图书、博物和非遗等专业人员下沉到大街小巷、田间地头，对庄户剧团和民间文艺演出队伍进行专业培训指导。三是实施"文化服务"工程。以办好"我们的节日"系列活动为目标，先后举办了重大节庆系列群众文化活动、民间文艺团体大赛、千场公益巡演、文旅惠民消费季等38项文化活动，开展了"送戏下乡"、非遗展演展示等10余项文化惠民活动，实现文艺惠民演出全覆盖。目前，年培训各类城乡文化人才达2000多人次，培育发展庄户剧团300多家，建立民间文艺演出队伍1000多支，年送戏1000余场、送电影10000余场，开展各类文化活动2000余场，各类文艺演出、文化活动无差别普及，惠及广大人民群众。

3.构建"三大体系"，确保文化服务保障有力

一是构建投入体系，寿光市财政逐年加大文化建设投资力度，同时要求各镇街增加文化建设专项资金，双管齐下，为公共文化服务建设提供保障，切实提升公共文化基础设施水平。二是构建考核体系，创新推行基层综合性文化服务中心星级评定，制定出台了《寿光市综合性文化服务中心星级评定工作实施方案》，并纳入寿光市公共文化服务体系建设考核中。三是构建政策倾斜体系，积极探索"引进社会力量"多元投入模式，政府在土地价格和税收方面给予支持，引导企业和私营经济体出资、文化部门提供服务，最大化利用民间资本和社会力量发展公共文化。创新探索文化培训普及模式，把社会培训机构拉进来，组建"公益培训联盟"，解决市级文化培训场馆面积和师资力量不足问题，吸引社会机

构参与文化活动培训后,由民间文化机构发起,群众自发参与的文化活动也越来越多,形成了"周周有演出、月月有活动"的良好氛围。目前,已先后举办千余场公益培训班,惠及20000多名文化艺术爱好者,群众性文化活动参与度达到90%以上,人民群众的文化获得感、满足感全面增强。寿光市群众文化生活满意度位列潍坊第二、全省第九。

(三)弘扬农耕文化,焕发乡风文明新气象

文化振兴是乡村振兴之"魂",是乡村振兴的内在动力源泉和精神支撑,习近平总书记高度重视乡村文化建设,强调"实施乡村振兴战略要物质文明和精神文明一起抓,特别要注重提升农民精神风貌","要推动乡村文化振兴,加强农村思想道德建设和公共文化建设",振兴乡村文化要传承创新优秀传统文化,推动乡村文化理念更新,营造浓厚的文化氛围,焕发乡风文明新气象。

1. 继承发展农耕文化

农耕传统文化是寿光最典型的地域文化。贾思勰的《齐民要术》是世界上现存最早、最完整的农业百科全书,其思想以儒家为主,兼采道家、法家等诸家,具有鲜明的经世致用取向,十分重视农业生产,认为农业是人民衣食之本,"是为政首",只有发展生产,才是富民强国之道,并主张实行奖励农耕的政策,采用推广农业科学技术,改革耕作制度,兴修水利进行灌溉,对于当时及后世农业和其他科学的发展均有重大影响。寿光农耕文明源远流长,深刻塑造了寿光历史发展的重农传统,要深入挖掘优秀传统农耕文化蕴含的思想观念、人文精神、道德规范,赋予其新的时代内涵,弘扬主旋律和社会正气,大力培育文明乡风、良好家风、淳朴民风。

2. 加强对非物质文化遗产的修复、保护和利用

依托历史文化名镇名村、传统古村落、特色文化小镇等,借助现代科技手段做好对物质文化遗产的修复、保护和利用。寿光市每年选取

300个村集中整治，组织对各村历史文化、产业特色等挖掘整理，建设村史馆、主题广场、主题街巷1300多处，把文化文明搬上大街小巷，做成群众身边景观。洛城街道韩家牟城村以"仓颉造字"为契机，建设汉字文化游园和仓颉书院；洛城屯西村新建面积4500余平方米的仓颉汉字艺术馆，以汉字演变为主题，形成了保护传承村落人文色彩与乡土古韵并存的传统风貌和历史记忆。

3.发展特色文化产业，助力乡村富裕

产业振兴是乡村振兴的重中之重，富有地方特色的文化产业既是乡村文化传承创新的有效载体，也是乡村产业振兴的重要抓手。寿光市全力拓展旅游发展链条，着力打造以"爱国教育、使命担当"为主题的红色教育研学游、以"科技博览、蔬菜观光"为主题的绿色农业观光游、以"海上体验、湿地度假"为主题的蓝色滨海休闲游、以"三圣故里、古韵留存"为主题的文化寿光体验游四条精品旅游线路。指导双王城生态经济发展中心全力打造"水上王城"田园小镇项目，成功入选山东省首批精品文旅小镇；以冬暖式蔬菜大棚发祥地为内涵，紧密结合旅游景点和当地历史文化，指导三元朱村成功入选山东省首批景区化村庄；创新打造寿光非物质文化遗产一条街和线上寿光非遗街，开发巨淀湖小米、侯镇草编等30多种特色旅游商品和文创产品，打造了"寿光好礼"品牌体系。通过挖掘和利用本土特色文化资源，把文化资源优势转化为产业优势，为乡村文化振兴奠定坚实的物质基础。

4.弘扬优良民俗传统，焕发乡村文明新气象

寿光是农圣故里、文宗之乡。为写好"乡村文化振兴"篇章，推进"三农"文化建设，2015年，寿光市退休领导干部成立了传统文化宣传教育中心，以"孝亲敬老"传统的弘扬作为推动传统文化宣传与实践工作的切入点，在有关专家的指导下编印出版了《孝德教育读本》，全面开展传统文化进农村、进学校、进企业、进家庭、进机关"五进"行动，组建了传统文化志愿者讲师团，定期组织宣讲活动，在每村设立"道德

大学堂"，每月学习一次《孝德教育读本》等传统文化书籍。同时，村党支部组织党员干部和志愿者为80岁以上老年人举办"敬老饺子宴"，并在全市范围内全面铺开，各村根据本地情况，每年定期举办两次、四次到每月一次不等。有的村镇还有为80岁以上老人过生日的活动，村干部会带着蛋糕和慰问品前去祝寿，还有很多街道和村镇为老人办了幸福食堂（见图4-3），为75岁以上老年人提供营养午餐、晚餐，唤醒了传承孝道、尊老爱幼的淳朴民风，提高乡村的道德水平与社会风气。西玉兔埠村修建了"斟灌李氏五子登科碑廊"，碑廊内共有8块石碑，碑文出自刘墉、纪晓岚等名家之手，记录着村里李氏先祖"五子登科"的故事以及他们清正为官、廉政为民的人生经历，村里老人经常带孩子们看碑文，并给孩子们讲述碑文背后的故事，鼓励孩子们向李氏先祖学习。李氏石碑长廊的设立，不仅保护了当地的家族文化和乡村文化，更是激励后人奋发向上、引导村民发扬忠孝民风，营造健康、积极、向上的社会主义文化新风尚，体现了文明实践与乡村振兴深度融合。

图4-3 社区老年活动中心的幸福食堂

（四）发展职业教育，培育发掘乡村建设人才

"功以才成，业由才广。"2021年2月，中共中央办公厅、国务院办公厅印发《关于加快推进乡村人才振兴的意见》，强调"乡村振兴，关键在人"，乡村文化振兴离不开乡村文化人才，实施乡村振兴战略，必须打造一支强大的乡村振兴人才队伍。近年来，寿光市始终重视文化人才培育工程，以培育乡村文化人才为重要抓手，不断壮大文化队伍，以"润物细无声"的方式将优秀文化力量融入乡村振兴的脉搏之中，激活乡村振兴的"文化潜力"。

1.振兴乡村教育，激活乡村末梢

实施乡村振兴战略是关系全面建设社会主义现代化国家的全局性、历史性任务，教育在乡村振兴中发挥着基础性、先导性作用，学校教育的方式是最为系统且影响最为深远的路径，通过乡村的学校教育可以对乡村文化产生体系化、全方位的影响。一方面，可以深入挖掘和整理散落的乡村文化，从而使优良乡村文化传统得到有效的保护和传承，乡村文化精神得以代代相传；另一方面，学校本身具有现代化特征，这意味着乡村文化进入乡村学校必须经过筛选、加工甚至改造，这便为乡村文化与现代文化、科学文化等的融合提供了可能与空间，乡村文化的现代化活力也得以激发和生成。

寿光市高度重视乡村教育振兴，坚持以振兴乡村教育促进城乡教育优质均衡发展，推动乡村学校发展与乡村文化振兴相辅相成，着力提升教育服务乡村振兴能力。一是指导学校挖掘开发乡土特色文化，构建田园课程体系，开展耕读教育，加强特色乡土活动、特色社团、特色项目建设，完成72所乡村义务教育学校特色课程，每年推广30节乡村学校特色精品示范课程（案例），实现"一校（园）一品"，发挥乡村学校小班化优势，开展差异化教学和个别化指导。二是依托寿光蔬菜博览会、农圣文化馆、汉字博物馆等乡村企业、农业产业基地、文化旅游资源，广泛

组织学生到研学基地开展实践体验活动,每年遴选一批县级乡村学生研学基地,健全校外教育与学校教育的有效衔接机制,强化中华优秀传统文化教育,坚定文化自信,厚植学生乡土情怀。三是发挥乡村中小学教育中心、文化中心作用,推动乡村学校场馆设施、教学师资、图书资源等资源共享,广泛开展群众喜闻乐见的文教体活动和家教家风建设,建设一批"习近平新时代中国特色社会主义思想讲习所""村史博物馆""乡俗文化和工艺传承室""留守儿童关爱之家""流动电影放映室""现代农业梦想园""乡村书屋""复兴少年宫""中小学生研学旅行基地"等公益场所,提高乡村学校课后服务水平,使学生全面感受乡村文化氛围,体验乡村民俗风情,在与乡村社会的亲密接触过程中提升乡村社会认同。

2.发展职业教育,创新乡村人才队伍

乡村振兴对人才的需求已经从传统的一产拓展到一、二、三产业,从产业发展拓展到农民生活、乡村建设和乡村治理,从提高农民生产经营管理水平拓展到提高农民综合素质和全面发展能力,职业教育已然成为实现乡村振兴的重要支撑。潍坊科技学院的前身是寿光市成立的乡镇农业技术学校,是县级办大学办出名堂的典范。1989年秋天,王伯祥高中时的班主任王焕新赴济南参加山东成人教育工作会议,得知原山东省陵县(今陵城区)创办的农村经济发展学院要停办。那时,王伯祥担任寿光县职业中专的校长,他始终倡导"四改":改单一型为多样型,改书生型为实用型,改封闭型为开放型,改消费型为开发型。除开设全省统一、国家承认学历的专业外,还开办了为期不等的各种专业培训班,敞开大门,面向社会,创建实体,为学生提供实习场地,培养学生的商品意识和劳动技能。因此,寿光职业中专在山东省名声大噪。在得知农村经济发展学院停办的消息后,王焕新灵机一动:能否把这一招牌挂到寿光来?后几经奔波,该想法终于得到各级教委同意和国家教委的批准,寿光县职业中专终于换上了山东经济职业技术进修学院的牌子。王焕新退休后,在接任校长崔效杰努力下,该成人中专成功转型为全国闻名的潍坊科技学院。[①]

潍坊科技学院在2012年成为国家职业教育创新发展试验区试点高校，该校采用产学研一体横向融通的模式，由社会各界联合办学，实行"基础理论+专业知识+现代技能"的复合型教学，依托优势专业构建学科公司服务实践应用型教学，与外国公司合作成立高科技企业，实现了校企融合。通过共建博士科研工作站和联合工作室、接收学校优秀教师到公司挂职锻炼、为学生提供实训和科研实验基地等途径，促进校企双方优势互补、资源共享。同时，该校十分注重与企业、研究院所等开展横向合作，如成立"全国科技兴海技术转移潍坊中心"，改造全省盐艺化工工艺，促进盐化工高新技术成果向企业转移；围绕山东半岛蓝色经济和海洋科学发展需求，以基础和应用研究为主进行科技研发、成果转化和推广，成立山东半岛蓝色经济工程研究院，不仅将已有科学研究成果进行转化，同时还围绕技术本身开展的大量的应用型研究，走出了一条产学研深度结合、校政企横向融通的职业教育特色发展之路，为乡村振兴建设提供了人才和智力支持。

农民是乡村振兴的主体，也是乡村文化创造和实践的主体。寿光市立足本地蔬菜产业需求，创新本土农民培育机制，以培养新型职业农民、乡村实用人才和科技人才为重点，充分发挥山东（寿光）农村干部学院、潍坊科技学院等院校的教育资源和本地蔬菜产业优势，先后开展了蔬菜标准化大培训、30万名农民科技大轮训工程，同时，依托潍坊职业培训网络平台，开展农作物植保员、大棚建造、蔬菜种植等专项技能培训。为培养高素质新农人，寿光市职业教育中心学校以学校为基础，社区和企业为依托、行业机构为补充，创新实行"校园+田园"分段、分重点培养，采用共建教学站等方式，用"校园"把涉农专业学生培育成"准新型职业农民"，用"田园"把社会农民培育成有技术、懂管理、会经营

[①] 王良瑛、李登建、展恩华：《大地为鉴》，山东文艺出版社2008年版，第171—173页。

的高素质农民；学校按需授课，农闲进"城乡校园课堂"，农忙在"田园地头课堂"，依托"种好地"等手机App，课余时间就上"网络空间课堂"，实现了校内职业农民孵化、校外新型职业农民养成；同时，积极与农业企业、家庭农场合作，在全市建设了15处农业产业与农业职业教育融合发展的开放型、共享型、智慧型现代农业示范园、创业园和实训基地，搭建了产学研创用一体化平台，培养了一支懂农业、爱农村、爱农民的"三农"工作队伍，让乡土人才成为推动寿光模式高质量发展的重要引擎。

3. 创新人才引入和服务机制，激励引导优秀人才向基层一线汇聚

寿光市深入实施乡村人才振兴战略，搭平台、强服务、聚人才，着力推进乡村人才队伍建设，先后与中国农科院等53家省级以上农业领域高校科研院所建立深度产学研合作，建设全国蔬菜质量标准中心等平台12家，吸引600余名高层次人才与企业进行项目技术对接，推荐申报入选农业领域省级以上重点人才工程人选34人，依托山东（寿光）农村干部学院、山东乡村振兴研究院寿光分院等专家人才资源，深入推进省级农科驿站、省农民培育实训示范基地、省乡村振兴专家服务基地建设，引进高层次农业科技人才。同时，健全乡村人才引进制度，强化乡村人才振兴的政策保障，增强农村对人才的吸引力。如实施高校毕业生基层成长计划，鼓励退伍军人、在外企业家等各类人才返乡创业，鼓励大学生村官扎根基层；依托山东（寿光）农村干部学院、农民夜校等平台，自主培育各级"寿光乡村之星"，开展"贾思勰·新农人"行动，打造农业人才社会化服务专业队伍，为乡村振兴提供人才保障；改进乡村人才评价办法，出台《关于支持寿光蔬菜产业控股集团打造国际蔬菜种业人才聚集区的七条措施》等专项人才政策，探索"县招镇用""学费代偿""直评直聘"等模式，突出乡村人才培养重点，促进各类人才投身乡村振兴，为全面推进乡村振兴、加快农业农村现代化提供强有力的人才支撑。

二、寿光模式提升发展中蕴含的文化机理

文化是经济的灵魂，也是经济发展的内在动力。传统农耕文化作为中华优秀传统文化的重要组成部分，农圣文化作为寿光传统农耕文化的典范，其优秀传统依然是现代农业的重要遵循，对构建蔬菜产业化现代农业产业体系、生产体系和经营体系发挥了重要作用。

（一）农业富民：农耕文明的现代转化

"五谷蕃熟，穰穰满家"历来被视作国泰民安的标志。"农虽旧业，其命惟新"，高质量发展和现代性转化为中国农业农村现代化指明了方向。

寿光地处东夷腹地。春秋战国时期，寿光属齐国，其境内有剧邑、益邑。[①]《诗经·国风·齐风》记载了齐地的民歌，主要描述了齐国君主和民众的生活。齐国是春秋战国时期政治、经济、军事等综合国力显赫的诸侯国之一，其故地在今山东省东北部，疆域大致包括今山东淄博、潍坊、临沂等地。其中，《甫田》《卢令》《敝笱》《东方未明》等篇章均提及了彼时当地人在农、牧、渔等诸业生产生活的状态，如"无田甫田，维莠骄骄""卢重鋂，其人美且偲""敝笱在梁，其鱼唯唯""折柳樊圃，狂夫瞿瞿"等。寿光设县最早见于史载是汉景帝中元二年（前148年），《诗经》中的记载与《史记·齐太公世家第二》中周代姜尚治齐的"通工商之业，便渔盐之利"、《盐铁论·轻重篇》中的"通末利之道，极女工之巧"史籍记载相符。

北魏时期贾思勰著成《齐民要术》，这不仅是我国更是世界上现存较系统、完整的古代综合性农学专著，被誉为"中国古代农业百科全

[①] 山东省寿光县地方史志编纂委员会编《寿光县志》，中国大百科全书出版社上海分社1991年版，第41页。

书"。书中说"采掇经传,爰及歌谣,询之老成,验之行事。起自耕农,终于醯醢,资生之业,靡不毕书"①,系统全面地总结了6世纪之前我国黄河中下游旱作区域精耕细作的农业生产技术;主张"要在安民,富而教之""岁岁开广,百姓充给",将传统农本和民本思想一以贯之,表现出农、林、牧、渔、副(加工、经营)等诸业综合的发展理念。因此,《齐民要术》是我国现存最早的,在当时最完整、最全面、最系统化、最丰富的一部农业科学知识集成……也是全世界最古的农业科学专著之一。②《齐民要术》证明了南北朝时期包括今寿光③一带在内的区域内,农业生产体系和技术体系已表现出相当的完整性、先进性以及农耕传统的久远性。《齐民要术》共92篇,分为10卷,共11万余字;除粮食作物外,有30篇关于蔬果种植管理,占全书的32.61%;其中蔬菜种植17篇,共提及31种蔬菜,至今26种仍在今寿光地区种植。

清代寿光隶属山东青州府。清康熙年间,今纪台乡安家庄人安致远、安箕父子著《寿光县志》载"北海名城,东秦壮县……人物辐辏之地,衣冠文采,标盛东齐。桑枣鱼盐,称雄左辅",反映出今寿光一带农业兴旺、经济繁荣的景象;清乾隆、嘉庆年间《寿光县志》载"寿光,古称膏壤,其间物产亦云赜",将寿光称为"膏壤",即土壤肥沃之地;清光绪年《寿光县乡土志》载"寿邑民风朴野,喜务农",反映了寿光民风淳朴、喜农善农的农耕传统。

寿光北部是寸草不生的盐碱滩,但南部为河流冲积平原,土地肥

---

① 贾思勰:《齐民要术》,石声汉译注,石定枎、谭光万补注,中华书局2015年版,第19页。

② 石声汉:《从〈齐民要术〉看中国古代农业科学知识(续)——整理〈齐民要术〉的初步总结》,《西北农学院学报》1956年第2期。

③ 南北朝时期并无寿光之名,在今寿光境内有隶属青州北海郡的剧县、隶属青州齐郡的益都县、隶属青州乐安郡的博昌县,以及南朝宋侨立的隶属冀州河间郡的南皮县、乐城县。北齐天保七年(公元556年),益都县治移至青州东阳城。剧县、南皮县、乐城县均撤销。详见山东省寿光县地方史志编纂委员会编《寿光县志》,中国大百科全书出版社上海分社1991年版,第44页。

沃、水源充足，较适宜种菜，适合农业发展。即使在"以粮为纲"、疯狂"割尾巴"的年代，寿光人也没耽误过种菜。寿光蔬菜种植历史悠久，至今流传着"一亩园十亩田"等与蔬菜种植相关的农谚、习俗，亦显示出寿光种植蔬菜的历史文脉和社会基础。这与《齐民要术》中"近市良田一顷……胜谷田十顷"的道理不谋而合，说明种菜效益高于种粮的道理。

1989年，三元朱村党支部书记王乐义带领发明的冬暖式大棚种植试验成功了，但这样的做法并非农业现代化的专利。《齐民要术》载"九月、十月中，于墙南日阳中掘作坑，深四五尺。取杂菜，种别布之……以穰厚覆之，得经冬。须即取，粲然与夏菜不殊"[1]，即充分利用自然光能，深挖坑以保湿保温，厚穰草保暖的特点，进行冬季蔬菜储藏的生态型保鲜技术。1936年，宋宪章修《寿光县志·卷十一·物产》亦载："韭味辛，叶扁而长，生熟皆可食，最佳者曰冬韭。其法疏圃为长，畦树密篱，障其背及两旁。夜则覆以苇絮，昼则揭去，使受日光。园丁复时用温土培之，务令暖气常足则柔芽茁生，仲冬即高可二寸许，色味俱佳，可作赠品。东乡西丹河阁上西乡九巷岳家铺产最富，运潍销售者多。"[2]说明韭菜以"温土培之"便可"暖气常足则柔芽茁生"并"色味俱佳"。以上记载均可视为寿光市发展冬暖式大棚的历史传承依据。

传统农耕文化作为中华优秀传统文化的重要组成部分，其优秀传统依然是现代农业的重要遵循。寿光模式创造性转化、创新性发展了中华优秀农耕文化，主要体现在对传统农本思想和民本思想、充分利用自然能源传统、因地制宜和系统综合发展传统、用养结合和精耕细作思想、良种选育和科技创新思想传统的继承与创新。[3]农圣文化作为

---

[1] 贾思勰：《齐民要术》，石声汉译注，石定枎、谭光万补注，中华书局2015年版，第1143页。

[2] 宋宪章：《寿光县志》，成文出版社1968年版，第1024—1025页。

[3] 李兴军：《"寿光模式"对传统农耕文化的传承与创新》，《古今农业》2021年第1期。

寿光传统农耕文化的典范,为政府决策提供了理论依据,尤其引发了政府对农业改革与创新思想的再重视,促成了依靠科技实现菜粮生产跨越的共识;改变了寿光的经营理念和农业发展观,形成创新发展的生产力;启发了群众的技术创新思维,解决了大棚蔬菜生产中的实际技术难题。①

农耕文明浸透着乡村生活的规则、意义和价值,引领村落成员的心理、行为和关系,塑造社会治理的理念、方式和秩序。推动中华优秀传统文化创造性转化、创新性发展,走中国特色的乡村振兴之路,必须传承发展提升农耕文明。寿光模式是农业与市场结合的一个典范,是中国农业产业化的重要典型,是现代农业发展的典范,也是促进城乡融合发展的典范。②寿光模式蕴含着农耕文化的优秀思想观念、人文精神、道德规范,是中华农耕文明结合时代要求,在保护传承的基础上创造性转化、创新性发展的典范。农耕文明现代化也应当是我国农业农村现代化的重要环节,有利于中华优秀传统文化进一步丰富和传承,在新时代焕发出乡风文明的新气象。

(二)有为政府:从"送文化"到"种文化"

"种",《说文解字》曰:"先种后孰也。从禾重声。""种"体现着中华农耕文明的灵性,也意味着寿光市政府从自上而下的"给予"到"播种式"服务的角色转变。"种"也来自当代寿光人民最熟悉的行动逻辑,即"种蔬菜""种大棚",既表达了对自然规律的遵从,又不否认后天人工"创造""滋养""培育"的努力。近年来,寿光市文旅局创新探索实施"三位一体"模式,为乡村振兴提供文化助力,让文化成果惠及广大

---

① 李梓豪、李兴军:《"寿光模式":地方经济与文化有机耦合的成功范式》,《古今农业》2021年第3期。
② 参见彭森在"寿光模式与新时代乡村振兴研讨会"上总结发言中关于"寿光模式"价值意义的评价,《大众日报》2019年5月30日。

群众,实现由"送文化"到"种文化"的转变。"种"不仅体现出"有为政府"的引领、激活推广作用,更表达了对当地民众实现"自我创造、自我表现、自我服务、自我教育"的期待。

潍坊市一直以来就是山东省文化建设的标杆。早在2018年,寿光就入选第三届山东省文化强省建设先进市县。[①]近年来,寿光市探索实施"三位一体"模式推进县域公共文化服务体系建设的经验做法受到时任山东省委副书记杨东奇同志批示肯定,[②]并被确立为全省文化旅游工作典型案例、全省文化改革发展典型案例、潍坊市文化和旅游"十大改革典型案例",省文旅厅专门下发文件在全省范围内推广学习寿光经验,大致可概括为"三个文化圈"、"三大工程"和"三大体系"。[③]

秉持着"种文化"的理念,潍坊市始终将"做好传统村落和乡村特色风貌保护,留住看得见的乡愁""全面提升乡村治理水平,扎实推进乡村治理国家级、省级试点工作,充分发挥好示范引领作用""深化拓展新时代文明实践中心建设,提升文明村镇、文明户创建成效,推动移风易俗,焕发乡村文明气象"等工作,作为进一步创新提升"三个模式"、加快乡村振兴的文化举措。寿光将其乡村文化振兴的成果经验总结为以下四个方面:一是坚持从硬件和软件两个方面入手,构筑城乡一体的公共文化服务体系,夯实乡村文化振兴的阵地。二是坚持传承与创新相结

---

① 参评的县(市、区)共107个,评选标准参见文件《山东省文化强省建设先进市县考评管理办法》。

② 山东省委副书记杨东奇同志针对寿光市文化工作的汇报作了如下批示:"寿光市通过探索实施'三位一体'模式,着力打造县域公共文化服务体系,对于巩固提升文化,文化惠民,文化服务保障的能力和水平很有借鉴意义","可以适当方式在全省推介"。参见中共山东省委宣传部《山东宣传工作》第17期。基于批示,公开的政府通知补充和调整为"近年来,寿光市在文化设施建设、活动开展效能和管理机制方面不断探索创新,通过'三位一体'模式着力打造县域公共文化服务体系,实现了由'送文化'到'种文化'的转变,取得了良好的社会效益,对于提升公共文化设施建设水平、扩大文化惠民范围、增强公共服务保障能力具有很好的借鉴意义"。参见山东省文化和旅游厅《山东省文化和旅游厅关于在全省学习推广寿光"三位一体"模式打造县域公共文化服务体系的通知》。

③ 参见山东省寿光市文化和旅游局《寿光市乡村文化振兴典型经验》。

合，充分发挥文化的精神引领作用，以先进文化和优秀传统文化影响群众、塑造群众。三是坚持文明创建与民生实事统筹实施，厚植乡村文化振兴的群众基础，让文化发展、文明创建更富生命力。四是坚持文化事业与文化产业同步提升，大力推进文化挖掘、交流、传播和文化市场繁荣，激发文化发展持续恒久的内生动力。

根据寿光市《2023年政府工作报告》所载的数据，2022年寿光扎实推进城乡建设，人居面貌持续改善；用心办好民生实事，百姓福祉持续增强。25个社区入选省级智慧社区试点，以全国县级第8名的成绩通过文明城市复审；高标准创成省级美丽乡村示范村7个，美丽庭院示范户建设率达60.1%，入选省级乡村振兴齐鲁样板示范区和乡村振兴示范市。完成66个村的居民清洁取暖改造，农村户厕实现全面抽吸，农村改厕和农房安全工作典型经验被农业农村部刊发推广。成立农村公共资源交易服务中心，实现公共资源交易平台向基层延伸。大力推进节地生态公墓改造，农村公墓改造和移风易俗做法获民政部批示肯定。建成投用16所中小学、幼儿园，3处民办义务教育学校转为公办，幼儿园公办率提升至71.3%，乡村教育振兴经验被《中国教育报》头版头条推介，成为全省首批职业教育改革发展成效最明显的县。为140个村、社区和公园广场配套健身设施720件，"乡村阅读季"三项指标均居全国第一，学习书屋、志愿嘉许激励机制被中宣部、中央文明办肯定推广。更好发挥新时代文明实践中心作用，大力实施送电影下乡等惠民举措，建成城乡书房5家以上，为150个村（社区）配建体育设施，不断丰富群众精神文化生活。以上，寿光作为"有为政府"经过不懈努力，终于结出文化种植的累累硕果。

可以说，政府的"种子"作用体现在市场调控和文化服务上，政府播撒下种子后，希望能够在民间茁壮成长并开花结果。不仅服务了全市农民的文化需求，更调动起农民群众的文化自觉性。以政府为导引、以基层为主体，遵从社会经济发展规律，"种文化"的工作思路将为寿光文化振兴带来新突破。

（三）同袍同泽：以家庭为基地的乡村生产生活共同体

家庭是构成寿光生产生活共同体的基本单元，"家家包地、户户务农"仍然是我国农业生产经营组织方式的常态。以家庭为基础的生产经营是寿光农业农村现代化的发展特色，也是对抗乡村"空心化"、稳固乡土根脉、维护社会稳定的有效途径。这意味着，小农户并不是绝对落后的升级方式，它与新型经营主体并不是对立关系，必须立足地方实际，走因地制宜的现代化农业道路。

从生产经营角度看，小农户经营在我国人地关系高度紧张的国情下有天然的合理性。实践证明，在当前普遍较为粗放的生产经营方式和低下的管理水平下，较大规模经营几乎无法做到土地产出率、资源利用率和劳动生产率同步提高，往往导致单产下降，浪费宝贵的耕地资源。而"半耕半工"的家庭生计模式，在解决农村中老年人就业的同时，充分发挥精耕细作的传统农业优势，在保障粮食安全方面作用巨大。

潍坊各县市依托一、二、三产业融合发展，形成了各具特色的发达县域经济，集结出巨大产能，基本解决了当地群众的就业问题，形成连绵不断的城镇群。2018年，潍坊市农村劳动力转移就业总量162万人，其中在镇外县内95万人，占58.7%，在县外市内37万人，占22.7%，超过80%的农村转移劳动力实现在本市内就业。大部分农村转移劳动力在县内、市内实现就业，加之目前相当完备的农村交通通信条件，农村"留守现象"在潍坊并不严重，保障了农民家庭的稳定和谐，保障了农民的获得感和幸福感；同时，农民即便离开村庄，也始终生活在原有亲属圈、文化圈当中。原有的乡土文化、舆论氛围、伦理结构、社会结构都没有解体，"乡土文化的根"没有断。传统社会治理资源仍然发挥着很强的社会教化和控制功能，也使得在保持社会合理流动性的前提下，社会治理成本很低，社会稳定有了可靠的保障。①

从文化传承的视角看，寿光的中华优秀传统文化弘扬和普及工作也是以每个家庭为据点，形成了多点开花、普惠大众的模式。2018年，寿光被确定为全国首批新时代文明实践中心建设50个试点县（市、区）之一。高标准建成了新时代文明实践中心、寿光文艺之家、市民阅读中心，建成文明实践所（站）1026处，连续推出16届、180余位"感动寿光"年度人物，2人成为"全国道德模范"，23人获评"中国好人"，95%的村达到文明村标准。中华优秀文化的弘扬和普及工作主要是由寿光市关心下一代工作委员会的王茂兴主席推动的，他曾任寿光市政协主席，退休后在关工委工作。他既对寿光人民有深厚的感情，又热衷于中华优秀传统文化的传承，为此集结多年的人脉和资源，尝试进行了一系列利寿光、利人民的中华优秀传统文化弘扬和普及行动。在寿光市委、市政府的大力支持下，王茂兴主席在寿光新时代文明实践中心专门开辟了办公和教学的基地，从而为老年大学开办、传统文化人才培养、传统文化经典教育等开辟了丰富的空间，让寿光群众有了日常的活动基地。借助这一活动基地，寿光的传统文化教育有了一个中心地点，从而借助这个中心地点培养更多的具有一定素质的义工团队，并为散落在当地各个书院、乡镇、街道、村落的传统文化培训点进行相关的中华优秀传统文化弘扬和普及工作。②

家不仅是指一个小家庭，家也是一个单元、一条街道、一个村庄、一个社区。传统文化进家庭，提倡户户定家训，村村评先进，每年评选好媳妇、好婆婆、五好家庭，弘扬孝道，改善风俗。在以家为单位的基层调研中，王茂兴主席关注到基层尤其是农村地区的老年人，他们如今

---

① 王立胜、刘岳：《整县推进：农业农村现代化的"潍坊模式"》，《文化纵横》2021年第4期。

② 王立胜：《乡村振兴战略齐鲁样板的寿光探索——十八位哲学青年眼中的寿光模式》，国家行政学院出版社2023年版，第127—129页。

的养老困难主要体现在生活照料与情感关照方面的匮乏，于是将"孝亲敬老"传统的弘扬作为推动传统文化宣传与实践工作的切入点。针对农村教育薄弱的现实，在每村都设立道德学堂，每月开展一次学习《孝德教育读本》等传统文化书籍的活动，并定期组织宣讲。

为将孝德宣讲与乡村养老等现实问题的解决相结合，倡导在乡村为80岁以上老人开办饺子宴。2017年，采取"试点先行、逐步推广"的办法，由寿光市新时代文明实践中心指导协调，市传统文化宣教中心牵头负责，在圣城街道北关村、洛城街道惠民村试点创建"孝心示范村"，村党支部组织党员干部和部分志愿者为80岁以上老年人举办"敬老饺子宴"。由此，试点取得了超出预先设想的良好效果。不仅在短时间内在村子里带动起了孝亲敬老的风气，而且拉近了村两委与村民之间、村民各家之间、村民家庭内部成员之间的情感距离。由于此前的传统文化宣讲活动，已经在观念上让广大村民重新对传统孝亲文化建立起了解与认同，因此在各村为饺子宴举办推动募捐与志愿服务的活动中，获得了广大村民的积极响应。随着活动的开展，参与包饺子，并为饺子宴或为参与老人提供慰问品的志愿者越来越多，而且有些村为老人举办文艺演出、开展健康义诊，丰富老年人的文化娱乐生活，关心老年人的身体健康。在饺子宴上"老人吃的是饺子，得到的是尊重和尊严，年轻人付出的是劳动，得到的是道德的提升和快乐"。由于这些氛围的带动、情感距离的增进，村子里一些因利益纠纷导致的冲突与矛盾也自然化解。因为试点取得了良好效果，饺子宴也开始向寿光其他村镇推广，目前已经在全市范围内全面铺开。

此外，同饺子宴一起推动的，还有为80岁以上老人过生日的活动，村干部会带着蛋糕和慰问品前去祝寿，或与饺子宴同时集体举办。无论是饺子宴，还是为老人过生日，子女们也都陪伴左右，由此加强了子女与老人的互动交流，以及兄弟姐妹之间的团结，对他们也是一次孝道的教育。因为村干部亲自参与为村民老人过生日，也增进了村干部与村民之间的了解与感情，这也使村子在推动其他一些工作时，会获得群众的积极响应与支持。此外，很多街道和村镇还为老人办了幸福食堂，为75岁以上老年人提供营养午餐、晚餐。幸福食堂采取市里补一点、街道拿一点、村里筹一点、个人掏一点的方式，老人每餐只需很少的钱。这也是寿光逐步推广的一种居家分住，集中吃饭的新型养老模式。这也将孝老爱亲的宣讲活动最终落实为日常生活实践，并同切实解决基层养老的现实问题相结合，探索出一条新的道路。[①]

三、寿光模式中体现的时代精神内涵

寿光模式之所以能有现在的影响力，其根本原因是精神内核的支撑。时代精神历久弥新，既凝结着全体人民的智慧，也离不开以王伯祥、王乐义等为代表的关键人物的英明抉择。寿光模式所蕴含的时代精神内涵主要有以下几个方面。

（一）解放思想，主动求变

王伯祥于1986年担任寿光县委书记，始终思考着"如何当好县委书记"这一问题。凭借对寿光的全面了解，他在任期内带领全县人民打响了寿光历史上著名的"三大战役"——推进蔬菜产业化、决战寿北、打造工业巨舰。他勇于打破地方保护和封闭发展思想，放眼全国建立、培育、发展蔬菜市场，为寿光蔬菜事业建立可持续发展能力，从而形成内外合一的蔬菜产业。2018年12月18日，党中央、国务院授予王伯祥同志改革先锋称号，颁授改革先锋奖章，并获评"打造寿光蔬菜品牌推动农业产业化的典型代表"。2019年9月，他被授予"最美奋斗者"。

在计划经济还占主导地位的年代，王伯祥冲破了计划模式的桎梏，

[①] 王立胜：《乡村振兴战略齐鲁样板的寿光探索——十八位哲学青年眼中的寿光模式》，国家行政学院出版社2023年版，第127—129页。

启动了寿光市场经济的发动机,建立起有组织有领导的市场运转机制,在政府这只有形大手的管理、协调下,使市场这只无形的手发挥出令人难以置信的力量,在中国农村出现了"大包干"之后的第二次飞跃。在农业方面,他在寿光大地上建成20多万个冬暖式大棚,引发了改变中国农业面貌的"绿色革命";在"一家门口一重天"的背景下,他每年组织20万人大会战,把"春天白茫茫,夏天水汪汪,秋天蛤蟆叫,冬天一片霜"的不毛之地变成造福全国的"菜篮子"。在工业方面,面对薄弱的工业基础,他领导干部群众,经过五六年苦战,使全县拥有国有、合资、民营企业近5000家,并较早地推进企业股份制改造,为企业产权制度改革充当了先锋。正如王伯祥所说:"实践是检验真理的唯一标准。不管白猫黑猫,只有老百姓把菜卖出去,才算是逮住了'老鼠',我这当县委书记的心里也才踏实。如果因为建市场、修路被撤职,我就学学郑板桥,骑驴回我的北柴西老家种地去!"最大限度地激发群众的积极性,极大地解放了国民生产力。在教育方面,他以长远的眼光,科学的态度,规划了全县教育、文化、体育、卫生等各项事业的宏伟蓝图。1987年,为争创国家卫生城,建设现代化城市,寿光县城区作出新的建设规划。王伯祥书记作为城建的倡导者,态度非常坚决:"不管'建'什么都要为学校让路!""教育街"就是王伯祥亲手绘就的蓝图:这条街长约3000米,两侧是寿光一中、寿光职业中专、寿光师范、寿光教师进修学校、西关幼儿园、西关小学、西关初中、寿光聋哑学校、寿光县教育局以及寿光体育场(馆)。这条"教育街"是他的"形象工程",也是寿光的"希望工程"。[①]

作为县委书记,王伯祥还全面主持寿光的工作,不光要克服发展寿光的"三大战役"中的重重困难,还要随时对各种问题、突发事件作出快速反应,使整个领导班子敢于负责、勇于开创,使战略驱动型组

---

① 王良瑛、李登建、展恩华:《大地为鉴》,山东文艺出版社2008年版,第168页。

织兼具决策驱动性。他总是善于分析问题、提出解决方向、发挥组织能动作用来解决问题，赢取寿光干部、群众的信赖，增强了个人与组织的威信和领导力；善于调动干部工作积极性的同时做到分工、责任明确，无论是重大决策还是民生小事，都要落实到位、保质保量、完成既定目标；重视对以王乐义和韩永山等为代表的技术人才、干部人才，发挥他们的才干，他们也是王伯祥屡次形成决策、有效实施和目标完成过程中最为得力的干将；加之合理的流程、科学的标准、切实的目标和激励机制，使寿光党委和政府的决策在一线工作中形成了强大的号召力、执行力。

此外，寿光党委、政府的整体性和全局性的领导、组织和号召的作用，在群众中也起到引领、示范、模范效果，领导班子解放思想、主动求变的精神进而调动、激发了人民群众的主动性、自主性和创造性。经过寿光发展的"三大战役"，寿光人民的综合素质显著提升，投身于脱贫致富、创业发展的积极实践，重科技、学技术成为自觉行动，敢于尝试新产品、致力技术革新、探索新模式成为自主行为，研发产品、驾驭市场、提升竞争力成为自发追求。[1]

（二）实干奉献，敢为人先

寿光市孙家集街道三元朱村是冬暖式大棚发祥地、中国特色经济村，2014年被评为国家AAAA级旅游景区。该村先后获得"全国文明村""中国十大特色经济村""全国先进基层党组织""全国生态文化村""全国五四红旗团支部"等荣誉。三元朱村能够收获这些闪亮的名片，既离不开王伯祥县委书记的当机立断和鼓励支持，也离不开村支书王乐义和韩永山师傅的积极探索和扎实实践。从1983年的"白菜悲剧"到1989年的"绿色革命"，靠的就是寿光人民实干奉献、敢为人先的魄力。

---

[1] 王立胜：《乡村振兴战略齐鲁样板的寿光探索——十八位哲学青年眼中的寿光模式》，国家行政学院出版社2023年版，第9页。

"要想富得快,抓紧种蔬菜;蔬菜要种好,大棚是个宝。"在这样的理念指引下,1989年三元朱村的党支部书记王乐义北上大连取经,学习大棚技术,发动村民一起建立了冬暖式蔬菜大棚种植黄瓜。王乐义说:"自己富了不算富,大家富了才是真的富!"(见图4-4)当年17个带头建立大棚的人每个人都至少有2万元的收入。冬暖式大棚试验成功之后,王乐义等又无偿把大棚技术传授给其他村民。这些年来,王乐义为自己立下一条规矩,凡到三元朱村参观学习的,无论是领导还是群众,只要他在村里,一定都出面接待。并叮嘱村两委成员,接待客人一定要热情,尽量满足客人的要求。[①]到1990年,寿光全县推广扩建了5130个大棚,1991年猛增到2.5万个,1992年发展到7.5万个。1995年全市蔬菜发展到50万亩,其中冬暖式大棚近20万个,总产20亿千克,收入17亿元。大棚蔬菜的致富效应也受到全国瞩目,成为寿光蔬菜的一块金字招牌。如今,寿光的大棚蔬菜种植技术已经发展得丰富多彩,诸如气雾栽

图4-4 王乐义接受课题组访谈

---

① 赫德英:《绿色革命——王乐义的大棚世界》,山东人民出版社2006年版,第11页。

培、潮汐式栽培、深液流栽培、螺旋管道栽培等多种"黑科技",人工智能、云计算、物联网、大数据、机器人等技术在设施农业发展中也屡见不鲜。大数据和人工智能技术的使用,使寿光能够实时掌握各品种蔬菜的种植状况。大棚种植技术改变了寿光,寿光也始终对新的农业技术保持高度开放的态度和极大的热情。寿光与中国科学院、中国农业科学院、潍坊科技学院密切合作,搭建了多个农业科技平台,开发引进了大量先进技术。

例如,寿光市人民政府与中国农业科学院共同成立了中国农业科学院寿光蔬菜研发中心,注册成立了中蔬生物科技(寿光)有限公司;与中国科学院沈阳应用生态研究所合作共建"中国科学院沈阳应用生态研究所寿光设施农业研究中心";依托潍坊科技学院,建设了一批重点实验室、生物工程研究中心和人才培养基地。2021年,寿光成功入选全国农业科技现代化共建先行县,并在考核中荣获优秀等次。作为村支部书记,王乐义则先后获"全国劳动模范""全国优秀共产党员"等称号,连续四届出席党的全国代表大会。

另一个不可忽略的关键人物是来自东北、教授大棚技术的韩永山师傅。1989年5月,在王伯祥的再三请求下,王乐义把韩永山从辽宁瓦房店请到了三元朱村。韩永山从来没被一个县委书记这样看重过,也从没想过建冬暖式大棚,种反季蔬菜意味着大干"革命",革"传统种植方式的命"。1989年8月13日,三元朱村100多户人家、500多口人正式动工建大棚。韩师傅担当技术指导兼副总指挥。这个热情、豪爽、慷慨的东北汉子曾经发誓不向任何人,包括亲戚朋友传授大棚种植技术。但王伯祥、王乐义和三元朱村村民的真诚感动了他。他不仅亲自来到三元朱村,还毫不保留地把自己的"绝招"贡献出来。从大棚方位、墙体厚度、顶棚结构、大棚骨架,到选择塑料薄膜,都手把手地向村民传授新技术。[①]大棚建成后,他又开始一家一家指导种植。韩永山每周在孙家集镇影剧

---

① 王良瑛、李登建、展恩华:《大地为鉴》,山东文艺出版社2008年版,第59—65页。

院讲一次技术课,容纳1200多人的剧场,次次都是座无虚席,各村镇各乡镇村还要排着号抢他去讲。他还要负责处理全县技术上的一系列难题,无论白天黑夜,都随叫随到,深更半夜钻大棚,给蔬菜"诊病"是常事。他在寿光4年,平均每天跑400里路,到七八个乡镇,足迹遍布了寿光乡村的角角落落。超负荷的工作量,终于把他击倒了,医生要他住院他不肯,仍咬紧牙关,白天撑着身子巡回指导,晚上再去医院打针治疗。寿光能够达到今天的成就,得益于韩师傅的无私奉献。因此,有人说,寿光没有山,但从此寿光大地上有了一座永远不倒的山——韩永山。[1]

(三)民为邦本,和衷共济

"想百姓所想,急百姓所急,忧百姓所忧,痛百姓所痛",是以王伯祥、王乐义为代表的寿光基层干部的工作宗旨,他们真正做到了扶贫济困、和衷共济,让寿光走向山东省、走向全国,将"寿光元素"带到世界上各个有需要的地方。"绿色革命"让祖国各地的黄土地、黑土地、红土地释放出史无前例的巨大能量,真正改变了中国人冬天餐桌上只有白菜、萝卜、土豆的历史。有人说,他们达到了领导干部的最高境界,真正把自己当成了人民群众的儿子,真正把"为民"二字刻进骨子里。山东寿光成了中国的"菜篮子",也鼓起了各族群众的钱袋子。

农民用土办法在深冬生产精细菜,这是件非常了不起的事情。在有关领导的关注和媒体的推荐下,寿光县的蔬菜大棚和蔬菜批发市场的知名度越来越高,全国各省市县到寿光考察学习者络绎不绝,希望寿光能把这项技术向全国推广,解决全国冬季吃菜的难题。这种争先恐后的现象令寿光人自豪,但也引起了当地人的警惕:有人提出不能把技术毫不保留地传出去,来参观的,应付一下就行,请技术员的一律谢绝,出去作报告的要有分寸,不搞完全彻底。[2] 为此,王伯祥书记意识到比蔬菜革

---

[1] 王良瑛、李登建、展恩华:《大地为鉴》,山东文艺出版社2008年版,第76—78页。

[2] 王良瑛、李登建、展恩华:《大地为鉴》,山东文艺出版社2008年版,第82页。

命更紧迫的是思想革命,于是专门为大家作了思想动员:"菜多市场大,市大通天下。大伙想想,菜多了,市场不就大了吗?市场大了,客商不就多了吗?客商多了,不就卖得多了吗?卖得多了,钱不就挣得更多了吗?可是如果不把大棚菜扩大到全国各地,不把市场扩大成买全国、卖全国的集散地,才真的要把钱袋子丢掉,就算保住了,也不过是一个小袋袋。全国种菜的多了,来我们这儿交易的多了,我们挣钱也就多了,在市场经济条件下应该有这样的大局意识,全局观念,再说咱这技术又不是祖传秘方,又不是无字天书,你藏得了保得住吗?"①

在这样的动员下,寿光县每年都有3000多名农民技术员在全国26个省、自治区、直辖市忙碌着,他们毫不保留地传授着大棚蔬菜种植技术,传播着绿色的科技、绿色的希望,茫茫雪原,戈壁沙滩,绿色的喜悦充盈着千千万万户农家。山东省自然是近水楼台先得月,寿光人传播技术的足迹遍布全省90多个县市区,从沂蒙山区到鲁北平原,从东海之滨到黄河故道,绿色革命的浪潮处处涌动,至1993年全省大棚蔬菜种植面积突破100万亩,2000年即达到了620万亩,仅蔬菜一项全省就增加产值240多亿元。②

寿光人走出去,外地人走进来。全国各地到三元朱村参观学习的,已累计达90万人次,几乎每天都有两三百人前来,最多的一天接待了来自7个省的3000多人。冬暖式大棚从寿光县发展到全山东省,从山东省发展到全中国,王乐义跑了11个地区,山西、陕西、江苏、河南、湖南、河北、吉林……处处都有王乐义的足迹,处处都回荡着他讲课的声音。值得一提的是边疆地区,新疆原来一年中有8个月吃菜靠从外地购运,冬天则只能从四川成都一带购买胡萝卜和洋葱,自治区主席阿不来提到三元朱村考察后,请王乐义帮助新疆也发展大棚菜,解决吃菜难问题,王乐义一口答应。1个月后,王乐义带领6名技术员到新

---

① 王良瑛、李登建、展恩华:《大地为鉴》,山东文艺出版社2008年版,第83—84页。
② 王良瑛、李登建、展恩华:《大地为鉴》,山东文艺出版社2008年版,第84页。

疆哈密，一口气搞了26个大棚，第二年他又带领42名技术员，二次进疆，从南疆到北疆一路走一路传授，短短几年间他进疆7次，现在三元朱村冬暖式大棚已遍及新疆各地，结束了全新疆自古8个月吃菜靠外买的历史。①

目前，寿光模式在全国乃至全球推进"共同富裕"的事业中扮演着重要角色，课题组在调研和访谈中也获取了不少经典案例。

案例1：恒蔬无疆产业园区对口支援，助力新疆农业高质量发展

2021年，寿光市恒蔬无疆农业发展集团与新疆生产建设兵团第十四师达成战略合作，在和田规划建设了3处现代农业产业园。园区吸纳寿光模式现代服务体系，打造全产业链发展模式、领军农企"管家式"代营模式、"龙头企业+党支部+合作社"可持续发展模式三大特色模式，每年可实现综合经济效益5000万元以上，外派技术人员100余人，培训新疆产业工人6000余人，带动维吾尔族等少数民族群众2000余人稳定就业，以实际行动践行了"同心同德同奋斗，共建共享共富裕"。

案例2：九丰集团赋能乡村振兴，助力共同富裕

九丰集团先后在贵州毕节、遵义，江西井冈山、瑞金等地建设了大型蔬菜基地，带动蔬菜种植10万多亩，当地群众人均增收3万元。他们把寿光蔬菜生产模式问题解决方案传播到了各地，又开创了产业扶贫精准扶贫的新路子。2015年6月，习近平总书记考察寿光在贵州遵义建设的现代农业园区时说："我到这里来，主要就是看中你们对农民的带动作用。大棚不错，希望继续努力"。

---

① 王良瑛、李登建、展恩华：《大地为鉴》，山东文艺出版社2008年版，第85页。

案例3：寿光蔬菜产业控股集团建设产业园区打造对口支援平台

寿光蔬菜产业控股集团充分发挥资源优势，先后建设了江西信丰现代蔬菜产业园、西藏日喀则有机蔬菜产业园、四川泸州董允坝现代农业示范区、重庆北川维斯特农业科技示范园产业园区、海南保亭七彩庄园种植基地，配套建设工厂化育苗中心、冷链物流配送中心、果蔬生产加工车间、育种研发及检测中心、培训中心等功能区。依托集团在全国布局的30多万亩标准化蔬菜产业基地，先后培育新型职业农民2000余人次，安置1万多人就业，6万多人实现再就业，2万多户贫困户实现稳定脱贫，扶持带动10万多农户走向增收致富道路。

案例4：山东鲁威农业集团积极援建农业科技园区助力贫困地区农业转型升级

山东鲁威集团以寿光基地为核心，辐射江苏、江西、云南等省市，建设了邳州鲁盛科技示范园、宜丰县鲁盛农业蔬菜产业基地、潍城鲁盛智慧农业产业园、齐河现化农业产业园区、云南鲁盛高端葡萄产业等大型农业示范园区。园区实行"公司+基地+农户"的利益联结机制，"六统一"的运营销售模式，打造智慧高效数字农业和精准扶贫、产业振兴相结合的创新农业，解决就业岗位1万余个，带动当地群众人均增收3万余元。

案例5：跨越山海去种菜，藏汉一家显真情

寿光市民营经济人士孟德利带领团队在西藏日喀则市建立了日喀则珠峰现代科技农业博览园，项目总占地面积1700余亩，现有蔬菜大棚128座，高标准玻璃温室2座，户外养殖水面达1000多平方米，孵化设施设备齐全。他带领团队推行"园区+龙头企业+合作社+基地+农户"的产业扶贫模式，通过土地流转、务工、产业分红带动当地群众脱贫增收，帮助藏族农牧民实现长期就业150人，年人均增收5万元

> 以上。2019年，园区被评为民族团结进步创建示范产业园区、孟德利个人也被评为白朗县民族团结进步模范个人。

如今，寿光市蔬菜种植面积60万亩，蔬菜大棚15.7万个，年产蔬菜450万吨，年交易蔬菜约900万吨。自20世纪90年代开始，寿光积极向全国输出技术、人才。据不完全统计，山东70%以上，全国50%以上的新建蔬菜大棚都有"寿光元素"。目前，寿光市有160多家企业，在新疆、内蒙古、甘肃、宁夏、江西、贵州、青海、西藏、四川、江苏、河南、河北、海南、安徽、山西、湖北、云南、北京、天津、重庆等26个省、自治区、直辖市建设300多个蔬菜园区，种植设施蔬菜75万亩，辐射带动设施蔬菜3000多万亩，常年有8000多名蔬菜技术员在全国各地指导蔬菜生产。[①]

（四）继往开来，推而广之

王伯祥书记认为："寿光经济能够发展起来，是几届县委、县政府领导的'接力跑'，是全县人民的共同努力。我做的这一切，是党员干部的分内之责、应有之义，共产党的县委书记就应该这么办，为老百姓着想，为老百姓办事。我只是给寿光的发展打了个底子。"[②] 这种"接力跑"的比喻，形象地刻画了寿光在一届届党委、政府的领导下不断打开新局面的努力，它之所以能成为今天全国县域经济的"领头羊"，主要来自基层干部继往开来、带领群众走进新时代的责任与担当。"一定要拔掉穷根，富裕起来，自己富富不住，富大家才叫富。如当一村之家，要让全村富；如当一乡之家，要让全乡富；当一县之家，要让全县富！"[③] 只有充分重

---

① 以上案例和数据来自课题组于2023年6月11日在三元朱村的调研。
② 《"百姓书记"王伯祥：只要对群众有利就大胆地干、勇敢地改》，中国文明网，2018年12月25日。
③ 王良瑛、李登建、展恩华：《大地为鉴》，山东文艺出版社2008年版，第85页。

视其"民为邦本""为民造福"的政治和伦理逻辑，以及这背后一整套的目的论、价值观体系，才能避免以单一的经济视角理解政府与社会的关系，从而理解为何寿光历届党委、政府会以提高人民生活水平为己任，而非放任无为，让寿光人民在资本运行的逻辑中成为一个中间环节。党委、政府的主导也是今天的乡村振兴能够避免"资本下乡"、实现"要素下乡"，避免"资本逻辑"、实现"情感逻辑"的核心原因。①

从 2000 年到 2012 年，以中国（寿光）国际蔬菜科技博览会举办为标志，寿光市搭建起了农民与农业高新技术、农产品与市场对接的桥梁，先后有 80 多个国家、地区和 30 多个省、自治区、直辖市的客商参会，推广国内外新技术 300 多项、新品种 1000 多个，使分散经营的农户与国内外大市场更加紧密衔接，设施农业先进技术加快普及，打响了"寿光蔬菜"品牌，寿光蔬菜享誉国内外。2012 年至今，寿光市按照习近平总书记提出的"给农业插上科技翅膀""农业的出路在现代化，农业现代化关键在科技进步"的要求，全力做好种业研发、现代农业高新技术集成应用等工作，主动扛起振兴民族种业责任，积极探索农业适度规模新型经营方式、组织方式，向全国输出寿光标准和集成解决方案，加快向农业现代化迈进。"北到黑龙江省五常市的'冬季温室'，南到南沙永暑礁的蔬菜繁育基地，西到贵州省遵义市的'枫香速度'，在全国新建的蔬菜大棚中，一半以上都有'寿光元素'。"②

在"寿光元素"的推广和普及方面，三元朱村依旧走在前列。三元朱村被国家民委命名为全国唯一的"中国（寿光）少数民族蔬菜大棚种植技术培训基地"，三元朱村所在的孙家集街道也被评为省级民族团结进步模范集体。多年来，三元朱村牢记党中央和领导嘱托，在王乐义书记带领下，毅然肩负起了将冬暖式蔬菜大棚技术传向全国各地的重任。一

---

① 王立胜：《乡村振兴方法论》，中共中央党校出版社 2021 年版，第 24 页。
② 《山东寿光发展冬暖式蔬菜大棚 30 年——从"看天种菜"到"知天而作"》，《中国气象报》2019 年 6 月 12 日。

是走出去教，先后选派技术员5000多人次，到新疆喀什、吐鲁番、和田，宁夏银川、吴忠，内蒙古巴林左旗等26个少数民族地区传授大棚技术，共帮助发展冬暖式大棚30多万个，20多万名少数民族群众因此脱贫脱困。二是敞开大门请进来学，已接待来自全国各地的学习参观者300多万人次，其中西藏、新疆、宁夏等地的少数民族人员约占一半，培训农业技术骨干30多万人次。多年来，三元朱村面向全国开展"乐义现代农业科技示范基地"建设行动，以少数民族地区为重点，在新疆、青海、宁夏、贵州等省区建成示范基地28个，带动了当地蔬菜产业发展和农民致富增收，取得了较好的经济效益和社会效益。①

---

① 以上数据来自课题组于2023年6月11日在三元朱村的调研。

05
CHAPTER

第五章

构建、再造适配本土社会结构的全域社会治理体系

社会治理是国家治理的重要方面。面对新时代我国基层社会治理的新形势和新要求，寿光市在党委的统领下，整体推进、综合施策，持续加大基层基础设施投入、统筹公共产品供给、实现多规合一，完善基层治理体制机制建设。在具体的治理实践中，寿光市准确把握其本土社会结构，尊重其基本社会构成，构建适配本土社会结构的全域社会治理体系。总的来说，寿光市通过党的集中统一领导、本土文化复育、集体经济发展、政府市场关系协调，取得了良性善治的社会治理效果。

一、尊重基本社会构成，构建适配本土社会结构的全域社会治理体系

区域内的产业基础和产业结构对相应区域的社会结构和人口结构具有明显的影响。近年来，寿光市依托蔬菜产业化为基础实现当地一、二、三产业融合发展，充分激活农业产业化发展，形成以综合市场为龙头、1356处"地头市场"为基础的市场体系，成为全国重要的蔬菜集散中心、价格形成中心、信息交流中心和物流配送中心。寿光市通过更新迭代大棚蔬菜种植设施，实现了从单纯的农业供给向产业技术输出、休闲农业观赏等农业多功能拓展，蔬菜博览会等会展经济成为带动寿光服务业、旅游业发展的重要因素；进一步带动了寿光市育种育苗、生物制药、技术研发、产品营销、食品加工、物流运输、社会金融保险服务及三产融合在内的产业链、供应链、价值链扩展，将生产、加工、贸易、营销等环节相互融合，农业纵向一体化建设初见成效。

三产融合发展的产业结构充分影响了县域内的社会结构和人口结构。围绕蔬菜生产，寿光市人口劳动力分配、土地、技术等各类要素通过得到更为有效的配置，呈现出县域就地城镇化的发展逻辑，实现了"超越

空心化"[1]的县域发展困局。寿光市蔬菜产业的优化升级在本地创造了大量的就业机会,实现了县域劳动力人口的本地吸纳,遏制了县域人口外流的趋势,并具体表现为县域内劳动力人口主要围绕农业产业开展就地生产。

据《寿光市2022年统计年鉴》,截至2022年末,寿光市户籍总人口已达1112099人,常住人口约为121.38万人。其中,总城镇人口598222人,乡村人口513877人,省内省外共迁入2799人,农村常住人口数占户籍人口数的46.17%,基本实现县域内城乡均衡发展。

在此社会情景下,寿光市以党的领导为基础,健全治理领导体制;以本土文化建设为切入,丰富群众文化生活;以集体经济建设为保障,提高群众社会治理获得感;以市场参与为重点,丰富民生供给模式和渠道;以"情感治理+软治理"为线索,内化社会矛盾与冲突,推进县域城乡治理"三治"融合,逐步构建了适配本土社会结构的全域社会治理体系。

(一)以党的领导为基础,健全治理领导体制

在推进基层治理现代化的进程中,寿光市始终将党的领导作为各项工作推进的领导核心,充分发挥党组织的战斗堡垒作用以及党员的先锋模范作用,不断优化基层治理体系,直面基层治理困境与难题。在基层治理具体实践中,寿光市遵循党建引领的治理结构逻辑,以健全的领导制度体系作保障,厚植发展优势;同时,通过实践中"双轮驱动"[2]政治治理原则的实行,推动党的领导能够全面有效地融入群众生活,密切党群之间的"鱼水之情",以强大的凝聚力和向心力为社会治理各项工作的推进提供了源源不断的动力。

---

[1] 吴重庆:《超越空心化》,中国人民大学出版社2023年版,第1—8页。
[2] 刘红凛:《坚持党的领导:内涵演进、实现机制与历史启示》,《教学与研究》2022年第4期。

1. 寿光市在社会治理的过程中毫不动摇地坚持党的领导，不断健全党的领导制度体系

作为"中国蔬菜之乡"、全国综合实力百强县、产业和区域特色鲜明的县级中等城市，寿光市始终明确推进治理有效，关键在党、关键在人，将强化党的政治核心作用作为各项工作建设的根本，着力探索并构建一核多元的协同治理体系，既不断密切上下层级之间的联系，又持续推进党建力量深入社会、深入基层，切实发挥出党的领导、党建引领的优势，推动了社会治理走向良序善治。

第一，突出"以上率下"，高位推进党领合作，形成了上下贯通、统筹协调的治理态势。在具体社会治理的过程中，寿光市通过"书记项目"这一治理策略，突出"书记抓、抓书记"的工作机制，将党建引领基层治理作为市委书记抓基层党建重点突破项目，连续3年列入市委重点突破事项，为不同层级分别设定了"书记项目"，推动重点、难点任务项目化管理、精准化突破，形成一级抓一级、层层抓落实的工作局面。同时，寿光市不断地做实、筑牢网格党支部，以"全力覆盖"提供"有力服务"，制定网格党支部工作规范、履职清单、坐班接访等系列制度举措，确保各个网格党支部能够规范、有序、有效地发挥作用；以精细、精准治理推动党支部、党组织能够渗透到基层治理的各个层面，规划建设社区、商圈、新业态新就业群体等党群服务阵地13处，布局"菜乡红"驿站55处，把党的全面领导落到实处、贯彻到各个领域。

第二，突出"以人为本"，以党建引领、汇集、动员各方力量共建共治，将满足民生需求作为治理中心工作予以重点推进。在强化政治引领的进程中，寿光市始终坚定践行以人民为中心的发展理念。为了更好地了解民生需求，寿光市委、市政府面向社会启动2023年民生实事"海选"活动，让群众自主选择党委、政府的工作重点和重心。针对"海选"选出的教育、卫生服务、老旧小区改造、推广使用绿色清洁能源、建设助老食堂、低保扩围增效、打造户外劳动者驿站等群众关注度高、利益关联密切的10项民生实事项目,寿光市各级党委、政府积极聚集各方资源,细化工作方案,坚持一事一策,逐级分解到位,保证每个对象、每个项目、每个环节没有遗漏空缺,按期兑现民生承诺。

第三,突出以创新为引领,不断加强并创新社会治理举措,激发社会治理的生机和活力。在县域城镇化发展进程中,寿光市社会治理面临群众日益复杂化、异质化的治理需求。对此,寿光市坚持在党的领导、党建引领的基础上加强、创新社会治理举措,满足群众多样化、个性化的美好生活需要。圣城街道下辖30个城市社区和70个农村社区,管理生产经营性单位超3万家、人口和个体户数量均占寿光市总量的1/3,是寿光市的发展较为突出的镇街。为了有效解决本辖区治理对象繁杂、群众诉求繁多、治理情况复杂等难题,圣城街道深入挖掘党建治理在城市社区中的潜力,以党建为引领,建立物业服务、平安防控、共驻共建、居民自治5种网络,构建"一核五网城市微治理体系":在470个小区建设了255个小区实体化党支部,构建"街道党工委–城市社区党委–小区党支部–楼道长–党员中心户"的5级党建引领体系,把党建的力量延伸至治理的每一个细微环节,有效满足了群众多样化诉求。针对群众在日常生活中经常与物业产生摩擦的问题,圣城街道创新推动警法力量下沉,组织成立一家亲矛盾纠纷调解队,壮大基层矛盾纠纷调解力量,有效地将大量矛盾化解在基层,切实提升了群众的获得感。

2.在社会治理的实践中达成"双轮驱动"

通过党的组织体系密切联系群众,实现党对人民群众的政治领导,通过有效行使党的执政权、科学执政,实现了对社会的有效治理。在党群关系日益密切、党的执政地位持续夯实中,寿光市巩固并加强了党对社会治理工作的全面领导,促进了党的坚强领导下共建共治共享的治理格局形成。

第一,寿光市坚持党领、党管下各类组织有机化联结,为群众提供了精准且及时可靠的公共服务,密切党同群众之间相互依存的联系。作为经济较为发达的县级城市，寿光市100多个市直机关、事业单位集中在城区办公，但是由于域内以农业产业化为主导的产业结构，导致大量社会治理的重点、焦点问题发生在村庄。距离的间隔以及区划的因素使公共服务难以及时、高效地触及迫切需求的群体。针对这一实际，寿光市委按照"不求所在、但求所用"的原则，根据各社区实际和各部门单位特点，打破地域和单位界限，在就近就地确定共建单位的基础上，对机关事业单位、国有企业、金融机构等优势资源进行适当调配、优化组合，推动公共服务供给与治理资源均衡摆布、统筹利用。截至2021年，寿光市全市91个市直部门单位、13家国有企业、38家金融机构分别确定了共建社区，选派了党建工作指导员130名深入基层，以为农村地区提供高质量的公共服务。

第二，寿光市各级党委的科学执政，调动了社会治理的"内驱动力"，实现了对社会的有效治理。寿光市各级党委坚持因地制宜，摸索客观规律，以科学、有效对社会治理进行领导。针对城市社区主要面临多元治理主体掣肘、居民需求无法切实满足、居民与物业矛盾纠纷频发的问题，寿光市以基层党支部为基础，打造了"需求收集上报－服务精准供给－协调联动合作"机制，在治理需求收集方面形成社区党支部接访制度，在治理服务供给方面设立社区党群服务站，在协调多元主体参与治理方面探索出"阳光议事会""书记工作室"等协商议事方式，让党的领导在各个治理环节中切实发挥作用，形成以党建托底为特征的多元共治格局。

此外，针对乡村基础设施落后、矛盾繁杂且难以理清的问题，寿光市各级党委一方面坚持自上而下推动资源下乡，不断完善村庄基础设施；另一方面也积极凭借增能村党支部、激活村集体等多种途径收集村庄村民需求，采取网格叠加、党员服务队等措施"向下治理"，助推乡村治理实现"小事不出村、矛盾不上交"，推动乡村治理现代化的水平不断提升。

（二）以本土文化建设为切入，丰富群众文化生活

寿光市社会治理始终注重发挥文化的主体性作用，以"文化治理"推动多元主体之间协调互动、共建共治。在具体的治理实践中，寿光市坚持以本土文化建设为切入，整合县域内文化资源。通过开展各类文化惠民活动，向居民提供普惠、全面且多样的公共文化服务，推动了城乡文化一体化建设，提升了群众的文化获得感。同时，寿光市有效发挥文化教育人、培养人、提高人的积极作用，撬动社会治理资源，加强和创新社会治理。

1.从县域层面对本地文化资源进行整合，开展各类文化服务活动，丰富群众文化生活

在具体实践中，寿光市实施了"三个文化圈、三大工程、三大体系"一体推进的治理模式，创新打造县域公共文化服务体系，让城乡居民无差别共享公共文化服务，实现由"送文化"到"种文化"的转变，市民参与程度和文明程度显著提高，获得感和幸福感显著增强。

首先，寿光市开展各类文化活动，积极借助多元主体力量为文化治理赋能，丰富人民群众的文化生活。寿光市文联组织、寿光市书协、美协、摄协联合组织的文艺志愿服务活动通过多元部门的协同与合作，实现各种各类文化信息的联合，精准对接群众文艺需求，举办符合百姓文化需求的精准化、多样化的文艺活动。此外，寿光市积极以外生促内生，挖掘本土文化潜能，普遍成立庄户剧团和文艺社团，先后成立侯镇诗词楹联协会、剪纸文化艺术中心、书法协会、京剧协会、乒乓球协会等民间文艺协会组织，开展了各类文体比赛活动、举办了各色文化艺术节、展演了各项非遗项目，丰富了广大群众的精神文化生活。

其次，寿光市实现文化城乡联动，打造县域公共文化服务体系。寿光市将县域内的文化资源进行整合，加快实现公共文化服务设施全覆盖，推动公共文化服务发展。近年来，寿光市将"丰富群众精神文化生活"

列入10件重点民生实事，由党委政府主导举办了千场公益巡演、百姓大舞台等30项文化惠民活动。通过举办乡村文化艺术节，寿光市委、市政府将30余项文化活动纳入全年工作计划中，2022年，当地千场公益巡演、周末群众大舞台、京剧票友大赛、戏曲进校园等30项文化惠民活动开展2000余场次，举办送电影下乡活动12000余次，为本地居民提供了富有时代气息、体现文化内涵、具有鲜明价值导向的文化活动。

除此之外，寿光市还按照合理安排、统筹兼顾原则全面启动城市书房建设工作，计划在15个镇街实现城乡书房建设全覆盖，最终打造15分钟城乡阅读圈，促使乡村与城市互促、互补、互利，最终解决县域之间公共文化服务不均衡的问题。比如，寿光市为便利群众参与文化生活，在位于城郊的寿光市洛城街道韩家牟城村建立综合性文化服务中心。在中心城区建成市文化中心、市民阅读中心等大批文化场所，借助乡村文化以及城市文化打造"特色文化圈"。当前，寿光市已建成市级公共文化设施为龙头，镇街综合性文化服务中心为纽带，村（社区）综合性文化服务中心为基础的三级公共文化服务网络体系，公共文化设施全部免费开放，群众步行10分钟，就可享受公益性文化服务。同时，寿光市通过开展"送戏下乡""文化进万家"等文化惠民活动，将新兴文化与乡土文化相结合，满足群众的多样化需求，孕育了社会好风尚。"近5年来寿光市重点推进文明城市创建，开展了很多提升农民精神生活的做法：例如，以乡村文化艺术节为契机，在各个乡镇全面开展文化下乡，共计开展了千余场公益巡演，实现968个村全覆盖。在机制上，市里每场补贴1000元。此外，村村都开展了饺子宴，重点营造了敬老孝老氛围……还创作了本地歌曲《菜香姑娘》。"[①] 寿光市将县域文化资源进行有效、有机整合，加快了公共文化服务的推进，缩小了城乡文化发展差距，不断为群众提供更精准、更深层次的文化服务。

---

① 课题调研组访谈资料，2023年6月11日。

2.充分发挥文化教育人、培养人、提高人的功能

通过建设文化驿站、城市书房、乡村文化礼堂等公共文化空间，扩充主题教育途径，为广大群众提供优质公共文化服务，也为加强和创新社会治理探索了新路径。

第一，利用本土文化资源强化干部教育。寿光市立足寿光农业发展特色，将"廉洁"元素融入菜博会，打造出一条具有鲜明廉洁特色的文化景观带，依托仓颉汉字馆，开展"以字立人，以字警人"廉洁教育，打造18万平方米的"弥水清风"主题园；通过菜园雕刻，整合传统教育与现代教育相融合的政德教育，形成具有特色的廉洁文化长廊，通过创意性学习，加强对干部的正面引导和思想灌输，提升廉洁教育的实效性。

第二，复育传统文化，推动民众教化。寿光市不断挖掘我国优秀传统文化中蕴含的优秀思想观念、人文精神、道德规范，充分发挥长期形成的乡土文化在凝聚人心、教化群众、淳化民风中的关键作用。寿光市以乡村文化振兴为着力点，针对农村孝道缺失等问题，创新"孝心示范村"建设，开设孝德文化大讲堂，加强孝德教育，普及"孝老爱亲"的美德，推动乡风文明建设，让中华传统美德在农村回归扎根。

（三）以集体经济建设为保障，提高群众的社会治理获得感

寿光市在推进和完善基层治理的过程中，大力发展农村集体经济，这既为打造过硬党支部、保障村级组织正常运转提供了经济保障，也为提高群众社会治理获得感、参与感提供了组织保障。为持续发展、壮大新型农村集体经济，寿光市先后开展实施"领头雁"培育、项目帮扶造血、村干部论坛互促等活动，迅速壮大了村集体经济，加快了强村富民步伐。通过发展集体经济促进集体增收，为提升农村地区的公共服务水平和基础设施建设以及人居环境改善，提升村民的幸福感和安全感提供了组织和经济保障。

1.实施"领头雁"培育,选优配强"红色经理人",提升对农村的致富带富能力

在实践中,寿光市将坚持建设一支政治坚定、素质过硬、作风务实、担当有为的"领头雁"队伍作为集体经济建设的第一要务,选派第一书记时从各村实际出发,充分考虑第一书记的政治素质、工作能力、专业学识等,不断提升党建引领农村集体经济发展这一过程效能。

第一,从"人、财、物"三个维度对基层集体经济组织赋能,以此带动和引领村级治理队伍水平整体提升。其一,寿光市积极打造人才队伍,赋能村集体经济发展,将人才引进与乡村振兴实际需求有机结合,建立农村实用人才信息库、村级后备干部和乡土人才档案库,培育农村实用、经营管理、专业技术、技能等各种人才。其二,寿光市推出各种惠民性举措,强化政府财政金融政策联动,创新财政投融资机制,全力做好财政资金保障。其三,寿光市各书记带领各村充分挖掘集体土地资源潜力,对宅基地探索有偿使用,在集体建设用地上兴建商铺店面,依托各类土地资源壮大集体经济实力。在此基础上,寿光市多次举办"优秀村官论坛",总结推广了科学流转土地、领办专业合作社、发展特色产业等增收渠道,并选取典型村庄和案例,让优秀村干部现身说法,引导各村立足村情、因地制宜,找到适合自己的发展路径。

第二,引导具有先进管理经验、了解市场需求的新农人返乡创业,通过促进村庄集体经济经营,实现合作社与村集体经济发展的双赢。近年来,寿光市出现诸多"80后""00后"返乡新农人,为推动当地乡村振兴、实现共同富裕注入活力。以寿光市洛城街道东湛灌村为例,通过新农人返乡创业,推进村党支部领办湛都果菜专业合作社,大力发展五彩椒种植。在新农人和基层党支部的有力配合下,当地激活发展要素,引进先进管理技术,将村民组织起来抱团发展。2022年合作社增加集体收入180万元,社员人均增收4000元。寿光市在内的许多农村通过党支部领办合作社,从选育良种、先进管理技术引进与学习等均由合作社负

责,形成"合作社+农户"的生产模式,有效实现了村集体和村民的双增收。

2.通过项目帮扶造血,用活政策杠杆,转变农村经济发展方式

寿光市不断完善对农政策及措施,精准对接,整合各部门支农惠农资金统一使用,依托集体经济组织,立足当地蔬菜产业发展优势,探索规模化、集中化、特色化的集体经济实现形式,推动基层治理能力的提升。寿光市通过立足蔬菜产业发展优势借助政策带动,推动集体经济的发展。

首先,寿光市立足蔬菜产业发展优势,发展"规模效应"。寿光市农村集体经济发展并不是单一主体的发展形式,而是在政府政策的主导下,通过政府资金注入、农业龙头企业参与,通过固定收益分红这一模式整合资金、技术、管理人才等各项资源,发挥其规模效应。寿光市借助发展特色产业进行投资,财政专项资金建设产业发展相关配套设施,帮扶蔬菜产业项目发展,以蔬菜产业发展为抓手增强"造血"功能。

其次,寿光市整合各部门单位政策资源,向基层一线倾斜。寿光市用活政策杠杆,设立村集体经济专项发展资金,大力建设市场前景良好、效益稳定可观的致富项目。除此之外,寿光市还整合经管、农业、财政、金融等12个部门单位的政策资源,分类形成了政策倾斜、资金支持、项目发展、技术信息、表彰激励五个方面的扶持措施,统筹整合资金、管理方式、政策资源、品牌电商、公益品牌资源等有效解决农村集体经济发展难题。

最后,通过集体经济做保障服务民生,完善村内民生服务。寿光市积极培育壮大集体经济,归根结底是为了更好地开展社会治理。当下,寿光市多数村庄以发展集体经济收入作为保障,进一步完善了村内民生服务。经过探索,寿光市基本形成了"政府涉农资金转移支付+农村集体收入"的村庄治理资金模式,有效缓解了政府财政压力,提升了村庄自主建设能力。充裕的村庄建设资金进一步保障了农村基础设施进行升

级改造；实现农村"五通"全覆盖的同时，推进农村生产路硬化建设，进一步便利群众生产生活；对农业水利系统进行改造升级，提升村内抗旱抗涝能力；投资房地产，新建公寓楼，改善村民居住条件；改善工业布局，带动群众就业。

县域是我国当下缩小区域发展差距、提升整体社会发展水平的重要场域，经济建设是县域发展的基础，也是治县的一个关键部分。县域城镇化的发展逻辑即在强调减小城乡收入差距，推进城乡融合发展。寿光市从本地社会结构、经济结构出发推进以集体经济发展为载体的县域内乡村社会治理水平的路径，是推进城乡融合、区域经济协调发展的重要举措。

（四）以市场参与为重点，丰富民生供给模式和渠道

当前，推进社会治理现代化，不是政府的单一治理状态，而是"政府、市场、社会"等多元主体共同参与，不断重塑新型社会治理机制，充分打造基层治理共同体，打造共建共治共享的治理平台的过程。在实践中，市场主体能将政府制定的政策目标、社会目标与运行效益、先进技术结合起来，提高公共产品的供给效率。对此，寿光市高度重视市场主体在构建社会治理共同体中的关键作用，积极推进政府与国有企业、私营企业等市场主体合作。

第一，国有企业充分发挥自身特殊市场主体的优势，积极承担社会建设责任，提升公共服务供给力度。在水利工程建设方面，2018年寿光特大水灾后，寿光市先后投资90多亿元并吸引中交投资公司、中交天津航道局公司、中交路桥建设公司、福建海峡环保集团公司组建联合体投资建设，对寿光市弥河流域综合治理和地表水利用工程、寿光市弥河县道阻水桥梁维修改造工程、寿光市农圣街弥河大桥改建工程3个子项目，共撬动了23亿元的社会资本参与寿光市的水利设施建设，有效保障了水利建设资金需求。

在电力供应方面，加强稳定对民生的供给。国网山东省电力公司潍坊供电公司立足寿光市当地的资源禀赋和三次产业结构的比重，促进能源生产消费升级，推动经济、政治、社会三个属性的有机统一，有效缩小城乡差距，丰富民生供给。在此计划之下，国网潍坊供电公司与寿光市政府进行合作，实现县域内统筹治理，通过供电公司对社会治理体制的融入，统筹县域充电设施建设，推动县域范围内构建布局合理。在完善供电基础设施建设的同时完善电力网格化服务，将电力网格化服务纳入基层社区治理，开展各种便民服务，当民众有需求，能够通过网上APP进行反馈，由工作人员与民众迅速取得联系，协助民众解决各项问题。

第二，私营企业积极承担社会管理责任，充分发挥自身优势，促进城乡基层治理技术革新。首先，寿光市大力推进私营企业在智能化社会治理中的作用，借助私营企业在信息、智能技术等方面的优势，提升全域社会智慧治理能力水平。近年来，寿光市政府与思创立方科技有限公司进行合作，凭借科技公司的大数据、物联网、人工智能等技术适应寿光市在社会治理领域出现的新形势、新问题，以现代科技为引领，不断提高社会治理现代化水平。在具体操作中，寿光市通过社会治理网络化大数据平台，统筹借力数据资源，通过数字化、信息化技术，广泛采集"何人""何事""何物"等基底数据，实现了本域社会结构基础信息有效储存，在此基础上对基层社会综合治理问题进行统一分析、判断以及综合管理。在推进智慧城市建设中，寿光市强化数据信息协同管理，将社会治理数据与城市管理、安全生产、社会治安、工商管理、政务服务等业务部门数据互联互通，将各种繁杂的事务汇聚到"基层一张网"，有效打破治理部门壁垒，提升社会综合治理效能。通过科技公司与寿光市政府的合作，最终形成从社区、镇（街道）、区到市等每一级都能基于网格化大数据平台实现智慧治理新机制，变成由多元主体共育、群众共同参与的共建共治共享的社会治理新格局。

其次，寿光市有效发挥物业社会管理的职能，挖掘物业管理的潜能。寿光市政府在积极探索政务服务时，率先与群众生活密切相关且具有公共服务属性的物业服务领域，打造具有统一标准、双向互动、多元主体协同参与的"政务+物业"新模式。在新时代群众日益增长的多元诉求中，物业的参与有利于解决群众诉求与物业服务发展有限之间的矛盾，根据民生需求与物业服务发展实际，物业干预社会治理的领域有"服务管理、安全管理、停车管理、维修管理、环境管理、公示管理"六大方面入手，坚持以群众需求为导向，推进物业服务向精细化、智能化、个性化转变，提高与政府之间的密切合作，打造社会治理服务新平台。

（五）以"情感治理+软治理"为线索，推进县域城乡治理"三治融合"

当前，针对城市和农村社区治理的不同情景和不同需求，社会治理基本形成了情感治理和软治理两条治理路径。其中，城市社区治理中将情感治理作为一个重要的治理手段，而农村治理则强调软治理的突出优势。

情感治理作为一种典型的治理策略，在符合我国城市社区的社会结构和文化形态之中，将人情、面子等传统人际交往规则吸纳到治理中来，对维系社区秩序、实现社区善治具有重要作用。[1]而乡村软治理强调政府"官治"与村民的"自治"以及农村合作组织等第三部门的相互配合，突出心理疏导、人文关怀等"柔性"执法手段，在执法手段使用之前，重视调解、协商、讨论等柔性化手段的使用，最终实现党的领导、依法治村、村民当家做主的有机统一。[2]为了有效提升社会治理水平，寿光市在

---

[1] 田先红、张庆贺：《城市社区中的情感治理：基础、机制及限度》，《探索》2019年第6期。

[2] 刘祖云、孔德斌：《乡村软治理：一个新的学术命题》，《华中师范大学学报（人文社会科学版）》2013年第3期。

城市社区和农村社区分别采取了情感治理和软治理的治理策略，实现了城乡社会治理水平和治理能力的双提升。

第一，在寿光市这类县域城市社区中，社区居民的基本社会习俗相近，"县城"的弱熟人社会网络特征明显，人情、面子等传统人际交往规则对维系社区秩序、实现社区善治具有重要作用。寿光市的城市社区基本呈现"教育城镇化+"的发展逻辑，多数居民都是寿光本地居民，共处于同一社会文化圈内。这种城市社区的一个突出特点是，居民遵从共同的社会习俗，共享相近的社会网络，在社区内部呈现出较为开放的社会交往心态，这种社区氛围是利用人情、面子等传统人际交往规则开展社会治理的先决基础。此外，县域内城市社区的社区工作者多是本社区内成员，身处社区的弱熟人社会交往圈中，基本掌握社区内的治理对象情况，能够在具体事务中满足群众的多样化需求，热心、耐心地向社区居民回答疑惑，从而使居民对干部产生信任。社区干部与社区居民的生活习惯、语言表达等方面存在共通之处，不存在沟通障碍；在社区居民遇到一些生活上的困难或重大变故以及红白事时，社区干部会主动去进行关怀，通过社区干部给予的关心，双方建立起较为紧密的情感联结。

以寿光市洛城街道W社区为例，W社区位于弥水东岸、东城新区，下辖6个小区，有4267户、9372人，高层建设137栋楼，沿街商铺326家、银行3家、学校2所。该社区党委书记、居委会主任是洛城街道人，完全见证了改社区从无到有的发展过程，十分了解当地社区内的情况。

由于居委会主任熟知社区的实际情况和治理难点，因此W社区能够基于现实所需创新组织设置。在洛城街道党工委的支持下，W社区优化了社区内的网格划分，把党支部建在网格上，按照"便于组织、便于管理、便于服务、全面覆盖"的原则，建立了"1名网格长+多名网格员+N名服务共建人员"的三级网格治理团队和与网格划分一致的"社区大党委+网格党支部+楼栋党小组（楼长）"三级网格组织架构，实现了组织设置嵌入网格、职责任务落在网格、党员干部下沉网格的治理逻辑，有效提升了社区治理效能。

基于小区内的弱熟人关系网络，W社区建起了"邻里之家"党群服务站，设立红色网格、红色物业及红色生态长廊等服务板块。在社区设置红色管家、便民服务点等，为居民提供贴近、贴心的精准化服务，有效解决了邻里纠纷、物业投诉等问题。[①]

第二，寿光市在农村村居治理中通过软治理，提高群众对治理的参与度和认可度。乡村软治理模式是对乡村复杂社会关系和由此引发的社会冲突的一种本土化调试。在熟人社会中，法律、经济和行政强制手段等硬性执法手段虽能一时制止社会矛盾，但往往在宗亲、血缘的熟人社会网络中加剧社会矛盾紧张。因此，在强制的硬性治理手段前，以"调解、协商、讨论、指导、说服、人文关怀和心理疏导等柔性化执法手段"能更低成本、更为有效地推进乡村治理工作。

首先，寿光市在农村治理中重视调解、协商、讨论等柔性化手段的使用。当前由于现代化生活方式对"男强女弱"的传统良性婚姻关系造成冲击，影响了寿光农村家庭建设，保护女性的合法权益、促进家庭的和谐成为当前农村社会治理的一项重要议题。对此，在寿光市委、市政府的统筹组织之下，市关工委、市妇联、市民政局联合成立的婚姻家庭辅导中心进镇村进行调解辅导工作，及时有效疏导心理及婚姻家庭问题，化解家庭矛盾，提高当事人婚姻家庭理念和经营家庭的能力，努力为家庭幸福、社会文明作出贡献。

其次，寿光市在农村治理中重视政府"官治"与村民"自治"相互配合，同时重视农民合作组织的作用。寿光市稻田镇阁上村自1993年就未进行过土地调整，在领导班子换届中，部分土地在个人之间不断倒手，导致土地底子不清、合同理不顺、承包时间不明、账目混乱等问题特别突出，群众怨言大。在村民矛盾的解决中，由村里组建由党员、村民代

---

① 《寿光韩树华：心有群众大小事　做好社区"当家人"》，齐鲁网，2022年12月1日。

表以及德高望重的村民组成工作组，运用法治思维，对全村土地重新丈量，将多出来的地按照统一标准上缴村委，这一办法得到村民拥护，在此后又完成解决社会抚养费的收缴、农业用电改造等问题。在这些问题解决的过程中，不仅是政府出面进行的解决，更是由于村民的参与才使得这一解决结果让大家更信服，由硬治理转向软治理，不仅能够解决问题，而且还能够提高村两委的威信以及村民参与村庄公共事务的获得感和幸福感。

二、四位一体：适配本土社会结构的全域社会治理体系再造

寿光市在社会治理与建设方面取得的斐然成就，与其域内良性适配的社会治理体系是密切相关的。在深入推进农业农村现代化的过程中，寿光市积极有为地推动全域社会治理体系再造，因地制宜、因时制宜、因需制宜，构筑适应本土实际且高度现代化的社会治理体系。

（一）党建统领：构建适配本土社会的全域社会治理体系的根本

寿光市在全面推进乡村振兴的进程中所构建的、适配本土社会结构的、高度现代化的社会治理体系，归根结底是以党组织、党支部为政治核心，联系、统合并领导各方力量、多元主体协同参与所建构的社会治理共同体。党建统领是寿光市全域社会治理共同体有序运行的保证，也是该社会治理体系能够行之有效的根本。寿光市在党建统领社会治理进程中，除了保持以往党建引领社会治理的一般共性以外，也展现出了自身鲜明的特性。

第一，寿光市党建统领社会治理体系构建以党委统筹为基本盘。在"五级书记抓乡村振兴"的背景下，寿光市不断以特色且多样的形式联系

上下级党组织机构与村民、社会力量，形塑乡村治理的社会基础，使党组织的影响力和号召力深入基层的社区建设和治理过程。一方面，寿光市坚持"抓两头促中间"：一手抓先进，树榜样、树典范；一手抓后进，加强村级干部队伍建设。营造比学赶帮超的发展氛围，激活发展的内生动力。另一方面，寿光市积极与省委、地方市委对接，坚持在各级党委的领导下科学、合理部署五类（公共管理、公共服务、社会事业、设施维护、社会治理）城乡公益性岗位，吸纳并安置2295人次就业，发挥党委的领导核心作用平衡、协调城乡关系，维护了社会稳定，推动了农业农村优先发展。

在对上、下不同层级、多元主体的互动沟通中，寿光市各级党委成功地实现了自我"赋权"，强化了党组织对社会治理的统领权力；也实现了内驱"增能"，提升了作为政治核心引领多元主体的治理能力。通过"织网扎根·平急结合""党支部领办合作社""党建引领·金融赋能乡村振兴"等举措与行动，寿光市各级党委自上而下地统率了发展全局并深嵌其中，将发展优势厚植于全域社会治理之中。凭借对社会治理的有效协调以及领导核心作用的持续发挥，寿光市各级党委切实凝聚了各个层级、不同主体的资源与力量，避免了治理碎片化、内卷化等困境。寿光市以党建统领形成了治理合力，为各项工作的推进提供了保障。

第二，寿光市党建统领社会治理体系构建以党政到户为基本面。一个现代化社会治理共同体，应当实现在"横向"上能够将社会群体加以融合，在"纵向"上能把社会和经济阶级加以同化。[①] 寿光市党建统领多元主体协同共建，不仅是在整体层面营造氛围、厚植优势，更在日常的生活层面不断推进服务精细化、柔性化，推动纵向、横向不同层面的党建力量融入社会生活之中。一方面，寿光市创新了网络治理方式，在生活网格上建立生产网格，把地缘、业缘等关系叠加起来；另一方面，寿

---

① 塞缪尔·亨廷顿：《变化社会中的政治秩序》，上海人民出版社2008年版，第361页。

光市持续注重党员先锋模范作用的发挥,组成了党员服务队,服务网格成员的防火防盗、农业生产等日常活动。

通过生产与生活网格叠加、以党员为政党与农民之间密切联系的结构性节点等方式,寿光市在纵向层面密切了党和国家与农村农民之间的联系,使政党与农民之间取得了深层次的结合;也在横向层面联通基层社会内部的关系,使党员户与农户之间的政治组织关系日益牢固。党政力量深入乡村的生产生活之中、嵌入进乡土社会的社会网络之内,吸纳、整合了分散的小农户,使小农户能够真切地感受到党建的凝聚力和向心力。党员作为党的代表,在党建统领的过程中可以直接地联络、服务村民,通过先锋模范作用的高效发挥,筑牢、巩固与村庄村民的鱼水之情,使党群关系日益增进、不断深化。寿光市党建统领在纵向传递、横向联系层面直抵个体农户,协调并整合了政党与民众之间的关系,有效提升了社会治理效能。

第三,寿光市党建统领社会治理体系构建以党建引领经济建设为关键线索。党委统筹社会发展、党政到户引领治理,归根结底其实都是为了服务和推进本地经济发展的。在党建统筹多元主体持续参与、不同治理力量持续融入的过程中,寿光市各级党委牢牢把握经济高质量发展这一主线,凝聚各方资源、推动社会参与、加强治理能力以实现"有钱办事,有人干事,有章理事",使居民收入、村集体经济能够稳步增长。截至2022年,寿光市城乡居民人均可支配收入达42173元,同比增长6.1%;其中,农民人均可支配收入达28293元,位居潍坊各县市第一;90%以上的农村村集体收入超过10万元,16%的农村村集体收入超过100万元。

寿光市坚持在壮大村集体经济过程中"藏富于民""藏粮于地",竭力避免运动式发展,保持小农户的自主性和能动性;在合理规划的前提下将村集体的机动地尽可能减少,以使村民能够有充足的土地要素进行蔬菜生产。在寿光市党建统领社会治理体系建设的过程中,以农业农村的长效发展以及民众的生活富裕为旨归，不同层级的资金、资源、要素的潜能被充分激发出来，党委统领的影响力和号召力也得到持续的彰显与强化，推动了其社会治理体系在灵活适应本土社会结构的同时向着更加现代化与更具有机性的方向发展。

（二）组织激活：构建适应本土社会的全域社会治理体系的前提

在构筑全域社会治理体系的过程中，寿光市不仅着眼于将国家力量深入基层社会、将政治任务有效地传达至社区内部，还凭借一系列举措潜移默化地推动分散的小农户组织起来、促使日益疏离化、原子化个体团结协作。以县域为基本空间，寿光市激活了各类生产发展要素，为社会治理体系良性善治运行提供了坚实的保障。

第一，寿光市在完善治理体系、提升治理能力的过程中，以发展壮大新型集体经济为核心激活了县域社会治理的细胞单元——村集体，在"以基层为中心"的各个层级协调推进中，优化了治理成效。

首先，作为治理"一线指挥部"的寿光市委，在社会治理的过程中科学地统合了发展规划，赋予了村集体更多的自主空间，使其能动作用得到了显著加强。寿光市委在统筹、规划村级治理和村庄集体经济发展壮大过程中，坚决杜绝"一刀切""眉毛胡子一把抓"等问题，持续推动了治理重心下移。以推进合作社建设与农村集体产权改革为契机，寿光市委多措并举，提高了村集体的影响力与治理能力，让基层"一根针"既切实深入民众生活之中，也牢牢地与上层"千根线"形成紧密联系，促使村庄实现内生式发展，也为村庄内的小农户生产以及农业产业发展提供由内而外的保障。

其次，作为"不完备政权"的乡镇（街道）[①]，在推动社会治理、发展

[①] 田先红：《县域政策共同体：理解中国公共政策过程的一个新视角》，《学海》2023年第4期。

壮大集体经济的过程中也会重视与村集体的合作交流，注意吸收来自村庄内部的需求反馈，使村集体发挥出作为村庄与外界连接点的中介、纽带作用。寿光市各乡镇（街道）在发展中充分尊重、遵循本土的小农户蔬菜生产特色，注意服务村民、服务农户，重视具有农户"代理人"、村庄"经纪人"角色的村集体的作用和声音。在治理实践中，寿光市各乡镇（街道）会通过"有事好商量"协商议事室、马扎会、大棚会等常态化的协商途径和广泛的沟通渠道收集村集体的需求与意见，并在执行上级政策时给予其适度的调适空间，尽力而为、量力而行地调动村集体自身能力和作用。

最后，来自农户和社会的力量在实践中也会推动村集体治理作用的激活，促使其治理效能提升。寿光模式区别于诸城模式，不是资本、企业下乡进驻所塑造的产业发展，而是更多地依赖农村农民内生式发展。千千万万小农户的辛勤、科学耕作铸就了寿光模式。那么，小农户在寿光市社会治理中必然要通过一定的形式和主体表达自己的声音，扎根乡土、代表村民集体的村两委或村集体也就顺理成章地成为小农户与外界沟通联络的重要主体与渠道，小农户的发展与壮大推动着村集体地位的上升与作用的增强。此外，社会多元主体例如市场企业、社会组织在与农户对接中必然通过一定的媒介途径，代表农户村集体也就成为其可靠选择。在上下级党委以及村民、社会等不同主体不约而同地推动下，村集体作为治理的细微单元的作用得到充分发挥，进一步聚合、组织了村庄村民。

第二，寿光市在社会治理中做到了"细微治理"，推动了治理的整体化、有效化和精细化。寿光市各级党委、政府在实施治理举措过程中坚决规避了"大水漫灌""救火突击"等做法，以"系统推进""务求实效""精准滴灌"的方式动员了群众、汇集了资源、凝聚了合力。

首先，寿光市在实践中探索并固定了生产网格建在生活网格之上的网格治理方式，符合当地生产生活重叠的社会秩序，实现了政策导向与民众需求的有机结合。寿光市生产生活网格叠加的治理方式，在贴合、落实潍坊市委"织网·扎根"行动的同时发挥出镇街党委（党工委）、农村管区党总支、村党支部、农村片区党小组、党员街巷长（楼道长）"五级联动"，网格员促发展、促服务、促治理、促落实"四促并举"以及建立专兼结合、平战结合、奖惩结合运行机制"三制运行"的"五联四促三结合"作用，以层层深入的精准服务画出了治理的"最大同心圆"，将民众的生产生活联系在一起。

其次，寿光市在实践中不断夯实了村集体的在位度，组织、整合了本土治理资源和要素，为民众提供了高质量的公共服务。寿光市以生产、生活网格的叠加的方式促使小农户之间的生产生活联系更加紧密。小农户整体的独立性不断增强，主体作用得到进一步发挥，作为小农户"经纪人""代理人"角色的村集体的组织在位度也由此持续夯实。村集体在乡村治理中的存在感日益增强，可以更加确切、有效地反映村庄需求。村集体由此被切实赋权、赋能。寿光市全域农村在内部逐步地赋权、赋能中，一点一点组织起本土的社会治理资源和要素。以村为基本单元，被组织起来的治理资源和要素根据村庄需求提供"乡村阅读季""读书朗诵大赛""孝善食堂"等特色的公共服务，提升了村民的幸福感和获得感。

最后，除适配民众的日常生活、激活基层组织以外，寿光市还以需求为导向，坚持精细化的治理路径。寿光市的社会治理措施多从细微处入手，于细微处打通治理的"神经末梢"。以县域内老龄社会治理工作为例，面对域内116万常住人口中60岁以上老龄人口占比超过23%的"超级老龄化社会"现状[①]，寿光市立足本土社会的习俗观念，积极探索居家、社区和机构养老融合方式。在引入、引进5家企业提供市场化和专业化养老的同时，大力培育老年协会与养老服务组织，出台在地发展农村互

---

① 按照国际通行标准划分，一般区域内60岁以上人口占比超过20%，就会被认为是进入"超级老龄化社会"。

助养老的支持政策，抓好、筑牢了"养老不离家"的服务体系。除实现老年人物质方面有所供养外，寿光市高度重视对老年人的精神慰藉，注意关注、呵护老年人的心理健康，不仅实现"老有所养"，更力求达到"老有善养"。

寿光市各级党委、政府于民生细微处推进社会治理建设，规避了大而化之、"水过地皮湿"的"运动式"治理、"救火式"管理等问题，通过日常治理细节的优化，构建了既全面又精准的社会治理的机制体系。在不断惠及民生的过程中，寿光市各级党委、政府广聚群众力量，确保了经济社会的高质量持续发展和人民生活的安居乐业，建设了人人有责、人人尽责、人人享有的治理共同体。

（三）复育文化：构建适配本土社会的全域社会治理体系的切入点

寿光市构建、再造全域社会治理体系除了在制度层面不断加强并创新社会治理举措外，也在精神文明建设方面以文化复育为切入点，从优秀传统文化、本土文化中汲取丰厚的治理资源，推进了善治的实现。寿光市在社会治理建设过程中坚持推动优秀传统文化、本土文化创造性转化、创新性发展，使其与新时代、新条件和新形势相适应、相结合，培育了服务乡村并以农民为主体的新文化，进一步形塑并巩固了适配本土社会结构的全域社会治理体系。

1.寿光市文化复育重拾了传统文化中的丰厚的治理资源

首先，积极重塑邻里守望传统，重拾传统文化中的"熟人关系"资源。一方面，寿光市在村庄建设了"一场""两堂""三室""四墙"乡村文化设施，即综合文化广场、道德讲堂、文化礼堂，党建活动室、文化活动室、图书阅览室，主题教育墙、村史村情墙、乡风民俗墙、崇德尚贤墙等，为村民提供集体活动的场所，让其在休闲娱乐时有充足的活动空间，能够与邻里亲朋友好交流，培育村民睦邻协作意识。另一方面，寿光市政府着力开展了"村村有好戏""美德信用进社区""邻里一家亲"等活动，丰富了文化活动载体与形式，打造和谐、温馨、幸福的美德信用好社区，增强了群众文化文明和精神力量的获得感、幸福感、安全感。

其次，积极推动"文化下乡"工程、"文化带动"工程与"文化惠民"工程，以文化人，重拾传统文化中"以人为本"的资源。传统文化讲求"重人"，主张"本者，非耕耘种植之谓，务其人也"。但是，在市场经济以及工业文明的冲击下，"人"逐渐变成生产过程中的商品和环节，成为一种生产要素。寿光市通过市文化馆、博物馆、非遗中心、京剧艺术团等机构的专业人员下沉到村庄社区、田间地头，对庄户剧团和民间文艺爱好者进行专业培训指导的"文化下乡"工程；盘活当地特色文化资源，打造107个文化特色村暨公共文化服务示范点的"文化带动"工程；戏曲进校园、非遗进校园，历史文化进社区、学校，文化志愿服务队进军营、进福利院、进社区等"文化惠民"工程，让"人"在文化氛围中再次感受到主体地位和精神激励，在让文化资源更多更公平地惠及民众的过程中，回归了传统文化中的"以人为本"观念。

再次，积极举办生态文化活动，贯彻"民胞物与"理念。寿光市坚定地践行"两山理念"，不违农时，促进了域内土地资源的持续利用；积极举办"全国生态文明日""森林文化周"等绿色生态理念宣传活动，激起了人们的生态意识，用现代化、生态化的生产技术培育了生态文明理念，用乡村乡土文化资源为乡村绿色发展提供新载体、新途径，打造了"绿色寿光""文明寿光"。

最后，在以文化复育推动建设人与人之间的关系、人本身以及人与世界关系中，以"德行"为切入点规范社会居民个体在公共生活的行为。具体来看，寿光市以"乡村美德建设""创建文明城市"等工程为契机，借助常态化的政府监督方式，实现了村民的道德"复育"。

> 今年我们（民政局）重点开展美德信用户的评定，选取了40多个省级（及）以上文明村开展试点工作。根据村里村民的现实情况，

凡是符合标准的就予以一星到五星的评定。……村里90%以上的村民被评为文明户，这个村就可以评为美德信用村。……现实看来，这很好地提升了村民在村庄内的道德水平，村民之间的矛盾纠纷事件减少了……下一步我们还将和农业农村局一起推进乡村美德共建。贯彻好省政府要求的"美德山东和信用山东建设"。（资料来源：2023年6月11日 寿光模式座谈会）

近5年来，寿光文明城市创建抓得很紧，我们围绕创城，向广大群众积极倡树新时代美德健康生活方式，将倡树新时代美德健康生活方式纳入党委（党组）理论学习中心组、党校干部培训主题班次，组织开展全民大讨论，参与群众50多万人次，建立了"倡树新时代美德健康生活方式，建设更高水平文明城市"重点项目库，创新开展"银杏树下""周家板报"等特色宣讲活动，设立500万元的"美德基金"。这些内容的开展都被纳入我们常态化测评中。（资料来源：2023年6月11日 寿光模式座谈会）

2. 寿光市文化复育实现了现代思维、技术与本土文化的有机结合，推动了本土文化向前发展

一方面，寿光市坚持学术研究与精品创作的双线交流，不断厚植本土文化的特色底蕴，聚焦学术研究成果，并连续举办了11届中华农圣贾思勰文化国际研讨会；出版了《农圣文化概论》《贾思勰家缘源流研究》等重点书目，成功入选"十三五"国家重点图书规划"文艺精品工程"。以现代学术思维、理念推动了本土文化发展。另一方面，寿光市积极推进蔬菜文化与先进科技、营销方法相结合，不断塑造本土文化的发展优势，建成丹河设施蔬菜标准化生产示范园、番茄小镇、现代农业高新技术集成示范区等一批现代农业基地；连续举办了23届中国（寿光）国际蔬菜科技博览会，通过文化与技术之间的关联性特点，实现了文化与技术在农业产业化中的共促与共生。

在坚持传统与现代的结合中，寿光市也推进了文化知识体系的在地化。寿光市坚持弘扬本土特色，坚持文化服务乡村，以农民为主体，根据本土特色，一方面，创作了《菜乡姑娘》《大海味道》等具有地域特色且通俗悦耳的歌曲；另一方面，以菜博会蔬菜文化为引领，建设蔬菜实用技术馆、蔬菜文化艺术馆等设施，并将已有的蔬菜文化书籍、蔬菜艺术作品、蔬菜微型影视作品等研究成果，利用短视频、微博等互联网平台广泛宣传，创制蔬菜文化景观，创成了"中国民间文化之乡""中国农耕文化之乡"等称号。

3.寿光市文化复育高度重视作为文化传播者和创造者的人才的在地化培养

在本土文化的弘扬和创新中，寿光市采用"内培为主，外引为辅"的方式，引进外来人才，培育本土人才，促进了域内科技文化的发展。截至2023年，寿光市已引进、培育农业领域省级以上人才工程人选21人、农业企业合作院士10人、自主培育乡村之星106人、新型职业农民3464人、选派农业科技特派员71人、每年培训各类基层实用人才1万人次以上。依托省级（乡村振兴）专家服务基地，寿光市打造了"产学研用"研发推广平台，优化了乡土人才创新创业环境，为文化新业态的培育提供了条件。

此外，寿光市还大力推动市场企业与高端人才密切合作，为本土文化发展供给智力支持。如寿光蔬菜产业控股集团有限公司，与23位专家建立了长期稳定的合作关系，先后开展物联网水肥一体化技术、茄果类蔬菜嫁新品种选育、设施蔬菜病虫害绿色防控等课题研究，落地、转化了科研项目数十项。

（四）动员市场：构建适配本土社会的全域社会治理体系的保障

寿光市在推进社会治理进程中所构建的、适配本土社会结构的、高度现代化的社会治理体系，是在顺应当代服务型社会治理模式的导向下，多元社会治理主体互助合作，以复合化的治理手段来保障有序运行的。其中，市场主体在其中发挥了重要作用。市场的动员与有序参与为多样化的社会矛盾和问题处于可控、可调的状态提供了支持，是寿光市"积极式治理"的重要表现。寿光市在动员市场参与社会治理进程中，既切实发挥了政府的宏观调控作用，实现了政府的科学、合理归位，又充分利用了政社合作的附加优势，使政府、市场互为主体，展现了寿光市社会治理体系的特色。

1.寿光市动员市场是以政府的科学、合理归位为基础的

寿光市在顺应时代发展推动社会治理现代化的过程中，始终明确政府自身"掌舵而非划桨"的角色定位，既围绕以人民为中心、人民至上的理念，营造了良善的治理环境，不断提升群众的获得感；又注重与市场协调合作，在推进农业产业化的过程中推动了灵活开放、共建共享的交融式协同态势形成。寿光市治理实践中的"政府归位"，在保持政府"归位"又不"缺位""越位"的进程中，规避了政府和市场的失灵问题，使市场被科学且充分地动员起来，参与社会治理。

第一，寿光市"政府归位"继续履行了"国家办社会"下国家对人民的福利照顾的责任和基层社会治理的承诺，持续稳定地投入民生保障及社会治理资源，切实落实了以人民为中心、人民至上的执政理念。[1]以养老事业建设为例，2016年，寿光市政府针对本地老龄人口逐渐增多问题开展养老服务时，确定了在政府政策的指导、指引之下，以市场为导向、以集团为依托、创新县域养老服务机构及功能的发展思路。政府发挥宏观调控的职能，为主动纳入寿光市养老服务的市场主体落实税收优惠政策，并通过政府购买服务的方式对养老服务进行有机补充；考虑到老年人对养老服务的多样化需求，又引入社区医护机构提供及时、专业且优质的养老医疗服务；探索了政社互动、家庭与社区结合的互助养老

---

[1] 向羽、张和清：《政府购买服务准市场化的异化与中国特色社会工作发展道路反思——以广东社会工作发展历程为例》，《暨南学报（哲学社会科学版）》2023年第2期。

模式，为老人提供全面且周到的养老服务。

第二，寿光市的"政府归位"在克服政府"缺位"问题的同时，也避免了政府"越位"，使市场在资源配置中的决定性作用得到充分发挥。面对老龄化程度逐步加深，失能失智老人护理困难、护理人员不足等一系列老龄社会治理中的急难愁盼问题，寿光市积极借助市场资源和社会力量扩大、优化养老服务供给，探索发展养老服务新业态。例如，寿光市政府就通过与寿光养老服务集团有限公司、寿光城投太阳城老年服务中心等主体的合作，在基层社区打造了诸多"嵌入式"养老平台，让护理机构嵌入社区，达到了失能失智老人"养老不离家"就可以享受全方位服务的效果；通过与各类养老服务机构养老服务加盟商的协同发力，推进了医康养教融合服务模式，形成具有寿光特色的智慧养老服务模式，以积极应对人口老龄化的挑战。

2. 处理好政府和市场两者之间的关系，发挥"市场办社会"的作用，在政府与市场的互动中确保社会治理的人民性和技术性

第一，寿光市政府注重民生发展需求，坚持以民生发展需求为导向，解决市场对于更好融入社会发展诉求。例如，便民市场作为简单方便的交易场所，对于人们增收具有重要作用，但是便民市场常常面临着占道经营、环境脏乱等问题，因而常常成为治理难题。对此，寿光市在市政府制定好城市管理规则、规划好便民市场发展大框架的前提下，要求综合行政执法局联合属地，采取"疏堵结合、合理布局、有序经营"结合的方式，在全市7处便民市场设置260余处免费摊位，引导弱势群体入市经营，劝导流动摊点入市经营，劝导市场周边非机动车有序停放，使便民市场在保持人居环境整洁中吸纳老弱群体就业，促进了民众增收。

第二，寿光市在动员市场参与社会治理过程中通过政府与市场互为主体，有效推动了政府履行职能和市场发挥作用，促使了政市合作达成合力。寿光市政府会为市场主体的有效参与提供政策保证，比如，在养老服务、便民市场建设中政府大量投入了资金并着力提供了政策支持，

推动市场主体尤其是小微主体能够与政府协调联动，在动态的行动中获取民生需求，优化政府的治理举措。这种政社互动的方式使寿光市既规避了"全能型政府""管理型行政"的种种问题，也防止了市场发育不足带来的"短浅效果"，使双方能够处在平等的地位上共同发挥作用。

总体来看，在政府与市场的协同互动中，寿光市坚持了社会治理"以人为本"的特征[①]，同时，也发挥出市场参与治理的技术性，促进了治理的高效化和现代化。

三、寿光模式的社会治理体系机制

寿光市以党委统领、组织激活、复育文化与动员市场等方式构筑了适配本土社会结构的全域社会治理体系，实现了复杂治理场域下的社会基础再造，助推了寿光模式的高质量发展与完善。综合来看，寿光模式的社会治理体系并不是单个方面、单项工作的探索创新，而是具有很强结构性和整体性系统工程。本节将进一步对寿光模式社会治理体系的具体特点进行概括性总结，以阐发其能够取得良性善治效果的内在机理。

（一）党的领导是重造县域社会治理新格局的核心

寿光市社会治理体系的构筑牢牢立足于党的统筹协调、领导核心作用的发挥，通过党的领导持续重塑、创造社会治理新格局。寿光市以党的绝对领导保证了在主体多元、形式多样、情况复杂的社会治理中县域整体的治理建设能够始终坚持立场不变、方向不偏、力度不减；以党的先进性、纯洁性保障了各项社会治理工作的推进能够始终直接面对群众切身问题、直接关系人民切身利益；以党的思想引领力、社会号召力和

---

① 沈荣华、刘洋：《习近平社会治理思想创新与贡献》，《理论探讨》2019年第3期。

群众组织力形塑了社会治理新格局，不断丰富民众物质生活，构筑了有序良性的治理共同体。加强基层党的建设、巩固党的执政基础作为贯彻寿光社会治理的一条红线，始终体现在其县域社会治理的各个环节以及不同方面，并在寿光市社会治理中发挥着重要作用。

1.寿光市社会治理在以党建统筹为基本盘中实现了"全面"与"精准"的有机统一

寿光市在以县域为中心沟通并联络上下级党委、政府的过程中，对资源进行了聚合再分配。在整合来自不同层级、多元主体资源的过程中，寿光市切实转变了城乡二元思维模式，把城乡基层党建纳入城乡融合发展的整体布局，以党的二十大报告中"坚持城乡融合发展"为引领，谋划了基层党建；以一体化的方式优化资源配置，畅通了城乡之间的要素流动。在党建作用有效发挥、城乡资源持续整合的基础上，寿光市对治理资源及要素进行了科学的配适，使其达到了"惠及全民""共建共享"的效果，让民众发自内心地接受、认同党建引领与党的领导，为社会治理体系的构建奠定了基础。

寿光市在统筹资源、系统推进基层党建引领社会治理中，坚持实事求是原则，并杜绝"撒芝麻""画大饼"的治理取向，视本地区实际情况，做到"精准惠民"。以村集体增收工作为例，寿光市委、市政府在筹集、争取到上级下发的村集体经济发展资金后，并没有立刻将其投入基层，而是缜密调研、科学谋划，了解各个村集体增收所面临的主要困境并进行系统研究。摸清楚多数村集体面临债务负担严重、发展难以维系的问题后，寿光市委、市政府专门留出5200万元，用于清理村集体的尾欠，在治理中精准匹配了基层社会的需求，把"好钢用在刀刃上"，增强了党建统筹的韧性、科学性和持续性。

2.寿光市社会治理在以党政到户为基本面中做到了"科层治理"与"简约治理"的共同推进

长期以来，民众对宏观意义上的国家存在理性化想象与描绘，但在与现实中的组织机构、政府部门打交道时则会因为其与应然状态的差距而倾向于采取利益化、无规则的手段与方式[①]，究其根本，在于日益行政化、科层化的组织越来越难以深入以"简约治理"为传统[②]的基层社会，无法准确有力地团结群众，满足其日常具体需求。而寿光市却在切实密切党员、群众关系以及深入推动党员服务嵌入民众生产、生活的过程中，以一个个党员为中介纽带，达成了科层治理与简约治理在基层的有机结合，在满足民众多样化需求的基础上将其高度组织了起来。

一方面，寿光市委通过规范党员队伍建设，不断提高广大党员的思想素质水平，借助党员联络群众的各个网格积极培育民众主观思想层面的共同认识，把以往"政府要我们做"的行政式的群众工作叙事话语转换为"这是我们共同的事"的共同体叙事，在发动群众参与"共谋、共建、共管、共评、共享"等环节中，不断塑造区域共性、聚集共同利益、制定共同规则、凝聚发展共识。另一方面，寿光各级党委均注重党员先锋作用的切实发挥，以组建矛盾纠纷调解小组、完善"网格+12345"诉求联动机制、开展"我为大家巡一夜，大家为我保一月"的大棚夜间巡逻活动等特色党建方式，打造了"党-群"协作共同治理的行动共同体，协调了集体行动。党、群在思想和实践层面的密切互动使寿光模式的社会治理体系既保持科层治理的优势，也具备了简约治理的自主性和灵活性。

3.寿光市社会治理在以党建引领经济建设为关键线索中达到了"有效"与"长效"的双重效果

一方面，寿光市各级党委在开展工作时坚持"藏富于民""让利于民"，赋能社会化小农户充分发展，因势利导，在各村设立合作社引导其协同合作，尊重农户个人意愿也促使国家的大政方针能够落地落实，使

[①] 项飙：《普通人的"国家"理论》，《开放时代》2010年第10期。
[②] 欧阳静：《简约治理：超越科层化的乡村治理现代化》，《中国社会科学》2022年第3期。

农户的灵活性、合作的协调性都能够围绕个体增收而被有效调动。另一方面，寿光市各级党委坚持在经济发展中体现自身特色，紧紧抓住蔬菜生产这一主要优势及特色标志，建立了寿光市蔬菜产业跨区域党建联盟，打造了"寿光蔬菜"品牌，建设了生态经济发展中心，推动蔬菜产业抱团发展，以好口碑赢得市场，获得经济的持久发展。

物质的丰富发展作为重要保障，推动着寿光市社会治理不断进步并向前发展。在党建引领民众增收、打造区域特色品牌的过程中，寿光模式的社会治理体系形成了自身的深厚基底。以党建引领经济高质量发展为主线，民众收入的日益增长，民心逐渐凝聚，由此寿光模式的社会治理体系能够不断深入基层，并构筑有序共同体；集体的收入不断增加，整体的经济向快向好发展，带动了寿光模式的社会治理体系能持续、长效运行。

（二）适配县域社会结构是重造县域社会治理新格局的基础

寿光市各级党委、政府在推进农业产业发展、推动农业农村现代化过程中，面对各种复杂问题与矛盾，持续加强并创新社会治理举措，强化社会治理效能，保持自身发展特色并着力实现良性善治。从实际取得的效果来看，寿光市近3年群众满意度调查排名均居于山东省前三位，并获"全国信访工作示范县""山东省高质量发展先进县"等荣誉，治理工作推进效果显著。寿光市推进良性善治工作既是国家治理体系和治理能力现代化的全局的一部分，也是其各级党委、政府遵从本土社会实际、从实际出发采取治理举措的结果。适配县域社会结构是寿光市在农业产业化发展中重造县域社会治理新格局的基础。本土的实际、县域实然状态的社会结构是寿光市加强并创新社会治理举措的"根"。在牢牢把握本土实际、现实实践的基础上，寿光市实现了"以村为中心"的特色发展，推动了公共服务的精细化、精准化和有机化。

第一，寿光市根据当地农业产业化的基本产业结构和以农业为主的三产融合的人口就业现实，充分重视"以农为本"的现实治理需要，实现了"以村为中心"的特色发展。寿光市在发展过程中充分尊重本土的经济和文化逻辑，坚持农民的主体地位，坚持走群众路线，以服务市内小农户生产为主的实际情况为指引，将社会治理的着力点定位在村集体上。市及乡镇（街道）的各级党委、政府在社会治理的过程中会有针对性地引导治理重心、治理权力向村集体流动，推动治理重心向村级下移，使村集体能够自主、独立地引领外部多元主体如资本企业、新乡贤等切实参与村庄治理，激活村集体的能动性，赋能、赋权村集体，使其成为"有为集体"。

村集体作为社会治理的细微单元和寿光"以农为本"社会治理"代言人"，在寿光市构筑社会治理体系的过程中被充分激活，并在社会治理的创新和加强中发挥出重要作用。作为全国村级议事协商创新实验试点单位，寿光市一以贯之地坚持党建引领下的"自主议事、自治管理、自我服务"工作法，探索出"大棚会商""双线同步"等民主协商方式，确保来自基层社会治理需求的反馈建议能够被吸纳进政府的政策制定议程，促使政府不断加强并创新社会治理措施。在综合施策、精准发力、加强并创新社会治理措施的过程中，寿光市各级党委及政府持续扩大村集体对村民的影响力和凝聚力。借助人居环境综合提升、污水处理、村庄清洁等行动，寿光市政府为村集体注入了更多的发展动能与发展资金，使其有效调动、雇用了村庄村民，提升了村集体的组织能力与服务能力。

第二，寿光市立足本地社会治理"双高需求"的特点，以"大整治""大调解""大参与"等治理方式推动了公共服务的均等化、精准化和有机化。

首先，寿光市以解决实际中存在的"社会治理需求量大、社会治理需求细碎"问题为导向，在实践中形成"大整治"式社会治理方式，推动了公共服务精准化。面对县域内农村规模大、小农户分布广、矛盾繁多的实际，寿光市坚持以实事求实功，聚焦影响农村发展和稳定的突出矛盾和问题，定期在全市农村集中开展全方位的农村综合治理，要求市、镇、村三级干部齐上阵，全面整治集体经济合同、尾欠、人地矛盾、农用电管理、信访5类突出问题。迄今为止，全市累计清理各类欠款3.75亿元、村级合同36447份、多占宅基地及乱搭乱建16074处、多占闲置土地11114亩，制定完善了自治章程、村规民约等各类制度728项6462条，整体消除了集体收入5万元以下的村。

其次，寿光市以解决实际中存在的"社会治理的治理质量要求高"为目标，在工作中探索出"大调解"式社会治理方式，促进了诉源治理，推动了公共服务的精准化。寿光市坚持"调解优先、诉讼断后"，创新构建"集约化"非诉纠纷解决机制，整合人民调解、行政调解、司法调解等力量，依托法院创新设立"依法治理中心"，让医疗、住建、婚姻家庭、交通事故等8个调委会集中入驻，情理法并用，促进诉前、庭前、诉中调解，切实把问题解决在诉前、化解在诉外。"大调解"式社会治理方式既节省了诉讼成本、减轻了群众诉累，又缓解了法院"案多人少"的矛盾。2022年，寿光市全市诉讼案件数量同比下降了23.39%，并且出现了许许多多"小事不出村、矛盾不上交"的"无讼村庄"。

最后，寿光市以激发社会治理活力为取向，在社会治理中形塑了"大参与"式社会治理方式，激发了社会共治活力，推动了公共服务有机化发展。一方面，寿光市在实践中持续探索，推动党员先锋、人大代表、新乡贤等不同群体协同发力，推进了共商共建治理体系的构建；另一方面，寿光市积极引导群众参与基层治理，创新设立"社会治理齐参与"积分商城，组建了"一家亲"志愿调解队、"红袖标"平安巡防队、社会信息员、婚姻家庭志愿服务队、公益律师团等群众性自治组织54个、6200余人，促使了群众自主议事、自治管理、自我服务蔚然成风。

需要特别指出的是，寿光市"大整治""大调解""大参与"式社会治理方式是其立足于本土，将现代化的治理方式与群众路线工作方法相结合的结果。具体的运作机制、治理方式只是它们的"形"，它们能够实现有效治理的关键是在实践中始终贴合并适配县域本土的社会结构。

（三）强化乡土文化建设是重造县域社会治理新格局的关键

习近平总书记指出："乡村文明是中华民族文明史的主体，村庄是这种文明的载体，耕读文明是我们的软实力。"[1]在某种程度上，乡村文明其实就是乡土文化、耕读文化，其蕴含了几千年历史沉淀下来的优秀传统文化基因。[2]寿光市社会治理体系、社会治理格局的构建以文化建设为核心，强化乡土文化建设是重塑县域社会治理新格局的关键。

第一，寿光市坚持用乡土文化复兴树立价值标杆、以文化滋润人心、以文化为乡村振兴铸魂。村庄有了文化生活的滋养，才能真正聚集人才、产业，形成可持续健康发展的现代乡村生态。现在一些地方盲目地上项目，企图通过招商引资发展乡村产业，但在当前工农产品总体上全面过剩的背景下，这是一种"高成本、低实效"的做法；而寿光市以乡土文化复育为突破点的乡村振兴则是一种凝聚乡村精气神，提升整个乡村精神风貌的"低成本、高实效"的路径。围绕乡土文化复育，2023年，寿光市先后向中央、省、市等申请公共文化服务体系建设专项资金共计388万元，对968个行政村开展上千场文化公益巡演，举办"田园之乐""黄河大集"等特色文化活动，将本土、本地的优秀传统文化工作落到实处，出现实效。

第二，寿光市坚持"文化引领、产业带动"，以文化振兴为切入点全面推进乡村振兴。乡土文化复兴是乡村振兴的灵魂，也是乡村产业可持续发展的根本。党的十八大以来，寿光市不断融产业发展于文化振兴之中，按照"挖掘一批、培育一批、复制一批、提升一批、推广一批"的文化产业发展思路，市、镇、村三级联动，着力挖掘了一批"从一个

---

[1] 《十八大以来重要文献选编》（上），中央文献出版社2014年版，第605—606页。
[2] 何慧丽、刘坤、许珍珍：《弘农试验：以乡土文化复育推动乡村振兴》，《文艺理论与批评》2021年第6期。

故事到一个产业"文化非遗村,实现文化产业可持续发展。此外,截至2023年,寿光市已做到公共文化设施全部免费开放,实现"10分钟公共文化服务圈"全覆盖;以公共图书馆、综合书城、特色书吧、农家书屋等为支撑的十五分钟现代公共阅读服务体系全面建成;广泛开展了"你选书,我买单""新时代乡村阅读季""读书朗诵大赛"等主题活动10余项,"书香寿光"的阅读品牌越来越响亮;举办了重大节庆系列群众文化活动、民间文艺团体大赛、千场公益巡演等38项文化活动2000余场,通过全面化、常态化的文化活动,丰富了群众的文化生活,让群众的文化获得感和满意度"节节攀升"。

第三,在文化环境氛围的不断营造、文化产业的持续发展过程中,寿光市以乡土文化强化引领了全域社会治理建设,推动了乡土文化实现无处不在、无"微"不至、入脑入心的效果。一是无处不在。寿光市围绕"乡村环境美、生态美、人文美有机统一"的目标,让文化建设、文明乡风融入寿光的各处各地,通过"一场""两堂""三室""四墙"乡村文化设施的建设,使人们生活中处处有了乡土文化、处处存在了乡土文化。二是无微不至。寿光市的乡土文化建设,紧紧汲取传统文化中的睦邻友好、以人为本、天人合一的优秀因素,细微但又潜移默化地影响人们生活的方方面面,取得了"以文化人"的成效。三是入脑入心。寿光市推进乡土文化建设,不是搞"形式主义"只装装样子,而是致力于使人们真学、真信、真用,无论是图书馆等公共文化设施的免费开放,抑或是特色文化活动的举行,都是以优秀文化去塑造人们的精神境界,推动在社会层面形成良好的价值观念。

(四)协调良善的政府市场关系是重造县域社会治理新格局的条件

在长期社会治理和经济发展过程中,我国基本形成的"充分发挥市场在资源配置中的决定性作用,更好地发挥政府作用"、"看不见的手"与

"看得见的手"相结合、"有效市场"与"有为政府"相结合的政府市场关系，形塑、推动着我国社会治理格局发展。寿光模式的社会治理体系，也是在良善的政府市场关系中逐步推进并逐渐完善的。在具体的治理实践中，寿光市也不断协调政府市场关系，推进了治理体系和治理能力现代化。

第一，寿光市各级政府在社会治理过程中对市场微观主体进行了持续的中立、普惠赋能，推动了公共服务的范围不断拓展。寿光模式是始于蔬菜种植、兴于农业产业化，通过全链条融合带来了产业发展模式的深刻重塑。寿光市各级政府在推进以农业产业化为基础的社会治理中，于前端、中间、后端各个环节都充分调动了社会化小农户和微观市场主体的主动性，对其进行了有效的赋能，推动了民众增收和产业发展。于前端，寿光市各级政府与小微企业、社会组织切实合作，以科技创新为引擎，瞄准种子研发、标准制定、数字赋能，自主研发了蔬菜品种178个，打造了一个个"智慧车间""绿色工厂"，延伸了蔬菜创新链产业链，带动了民众就业。于中间，寿光市政府不断推进双层经营体制新变革，与农民合作社、家庭农场密切合作，发展了适度规模经营，为农户蔬菜生产提供保障。截至2023年，寿光市已有85%的农户进入了产业化经营体系，农业生产的协作程度不断提高。于后端，寿光市坚持以市场引领为导向，瞄准提升品质、打造品牌，积极开拓销售渠道，从传统种菜卖菜到"买全国、卖全国"，激发了市场发展动力与活力，创造了许许多多的就业岗位，促进了县域经济发展。寿光市各级政府在社会治理的不同环节对市场微观主体进行充分的赋能，激发了其参与社会治理的主动性，拓展了公共服务的供给范围。

第二，寿光市各级政府通过积极地动员市场，调动了市场参与社会治理的积极性，促进了"和谐稳定"的社会治理核心目标实现[①]。和谐与

---

① 张来明、刘理晖：《新中国社会治理的理论与实践》，《管理世界》2022年第1期。

稳定，是新中国成立以来社会治理的两个核心目标。其中，社会和谐是对理想社会的价值追求，贯穿于中国特色社会主义建设的全过程。社会稳定则是基于中国国情和发展实际提出的特定历史条件下社会治理的全局性目标。新时代，社会加速变革，治理场域也日益复杂。面对变局，寿光市在坚持党的领导的根本前提下，不断发挥政府的主导作用，将更多主体纳入治理中，尤其是着力调动市场作为重要治理主体的作用，用政策设计、政策制定、政策执行、政策监督和财政保障等工具，对社会治理和民生资源源源不断地投入，营造了良好的发展环境，引导市场积极参与社会治理和民生工作之中，形成了政府与市场灵活开放、共建共享的交融式协同态势。寿光市通过这种协同式治理，使政府与市场的服务相互补充，促进政府职能加快转变，发挥了市场合理资源配置的优势和更加广泛的群众参与的优点。

第三，寿光市在社会治理除积极动员市场外，也不断发挥政府作用，夯实了政府在社会治理中的主导地位。寿光市在积极培育市场主动性、发挥市场主体能动作用的同时，始终保持强政府、有为政府的发展取向，不断夯实、加强政府的主导作用，采取了创新"网格化"管理体系、民情档案、网络信息化应用机制等一系列措施，确保了行政力量对社会宏观调控作用的有效发挥，使社会治理体系在吸纳多元主体参与、持续发展完善的过程中始终遵循了"以人民为中心"的理念。无论是市场主体的不断被赋能，抑或是动员市场成效的取得，都是寿光市各级政府切实履行自身职能、向"服务型政府"转型的结果。在寿光市的社会治理中，政府自始至终保持着主导地位，坚守"为人民服务"的宗旨，推进治理体系和治理能力的现代化。

第四，寿光市在实践中构建的协调良善的政府市场关系，降低了"政府失灵""规制俘获"等治理困境发生的可能性。寿光市在协调政府市场关系中，打破了原有的政府作为单一主体的治理结构，建立了包括政府、社会多元主体及市场主体在内的多中心社会治理体制。在大力倡

第五章
构建、再造适配本土社会结构的全域社会治理体系

树"严真细实快"工作作风、深入开展"三看三比"竞赛活动、营造了担当实干且"比学赶超"浓厚氛围中，寿光市推动了社会治理中心落到基层社区、推进了社会治理体系吸纳市场作为重要主体，使社会治理体系内嵌入权力规制的因素[①]，有效避免了权力寻租、政府俘获等现象发生。通过市、政之间持续互动与动态耦合，寿光市各级政府渐进地确定了权力的边界属性，明确了权责范围；寿光市市场主体也能够综合运用政策扶持、财政补贴、基础设施建设，搭建社会资源平台，与政府有机互补，推进良性善治。寿光市在协调政市关系的实践中，不断健全共建共治共享的社会治理制度，切实提升社会治理效能。

寿光的全域社会治理体系以党的领导为基础，健全治理领导体制；以本土文化建设为切入点，丰富群众文化生活；以集体经济建设为保障，提高群众社会治理的获得感；以市场参与为重点，丰富民生供给模式和渠道；以情感治理+软治理为线索，内化社会矛盾与冲突，推进县域城乡社会治理三治融合发展。

寿光市全域社会治理体系的机制具体表征为"四位一体"的复合关系。第一，党委统领、党建到户以促发经济建设的"党建统领全域社会治理"是根本；第二，激活县域社会治理的基层细胞单元而形成"以基层为中心"的"细微治理"格局是前提；第三，注重社会治理中的精神文明建设面向，通过文化复育从优秀传统文化、本土文化中汲取治理资源推进善治是其切入点；第四，在当代服务型社会治理模式导向中处理好"政府归位"和"市场办社会"关系是全域社会治理体系的保障。

总结寿光模式中县域城镇化的社会治理机制经验发现：其一，需要全面坚持党的领导，并统合好党建引领的"全面"和"精准"、"科层治理"和"简约治理"两对关系。其二，需要尊重本土的实际、县域实然状态的社会结构，以此为基础展开社会治理创新。其三，需要重视文化在教

---

① 胡税根、翁列恩：《构建政府权力规制的公共治理模式》，《中国社会科学》2017年第11期。

化人心、提升社会治理效能方面的作用,以传统文化、本土文化的复育复兴引领社会治理现代化。其四,需要在服务型政府的建设逻辑中发挥好"有效市场"与"有为政府"的各自优势,以"政府+市场"的合力助推县域治理。以上基本可以为新阶段相应县域在推进就地城镇化过程中的社会治理予以镜鉴。

第六章

以生态优势赋能乡村全面振兴

人与自然是生命共同体，生态环境关系文明兴衰，如何实现人与自然和谐共生是人类文明发展的基本问题。中国式现代化具有许多重要特征，其中之一就是人与自然和谐共生的现代化，注重同步推进物质文明建设、精神文明建设和生态文明建设。全面推进乡村振兴，必须牢固树立和践行"绿水青山就是金山银山"理念，站在人与自然和谐共生的高度谋划农业农村发展。生态振兴是乡村振兴的重要内容，也是寿光模式的重要内涵。新时代新征程，寿光市坚持习近平生态文明思想，把"整县域推进乡村生态振兴"纳入总体布局，以生态优势赋能乡村全面振兴。

一、生态环境治理成效突出

党的十八大以来，寿光市始终坚持"绿水青山就是金山银山"理念，认真落实国家和山东省、潍坊市生态环境保护决策部署，坚持源头治理、精准治理、系统治理、全域治理，将生态环境保护作为重要的民生工程来抓，各项工作扎实有效开展，绿色发展理念深入人心，生态环境质量持续稳定向好，生态环境治理的体制机制逐步完善，人民群众对优美生态环境的获得感、幸福感不断提升。

（一）绿色发展理念已深入人心

环境就是民生，青山就是美丽，蓝天也是幸福。党的十八大以来，寿光市深入开展生态环保宣传教育，持续规范、约束和引导全社会保护生态环境。目前，已基本构建起全方位、多角度、立体式的生态环保宣传工作格局，建立起生态环保宣传长效机制，既宣传好党的生态文明方针政策、相关法律法规，也讲好"寿光环保故事"，实现公众对环保工作的理解和支持度持续提升。2020年，寿光市成立生活垃圾分类工作领导小组，统筹协调推进全市生活垃圾分类工作，向公众、家庭普及垃圾分类的知识。2023年，寿光市成立首家生态环境执法实战实训基地暨法治宣传教育基地。一方面，加强寿光生态环境执法队伍建设，促进教育培训的规范化、专业化、科学化；另一方面，强化生态环保思想理念、法律法规的宣传工作，提高城乡居民的环保意识。在正面宣传的同时，寿光市还充分利用电视、报纸等新闻媒体，对查处的典型环境违法行为进行曝光，实现"打击一个、教育一片、震慑一方"。比如，2019年，开展"散乱污"企业综合整治行动，关停张清叶砖厂和马明文粉厂两家企业。坚持正面宣传与反面曝光相结合，让广大群众理解、支持生态环保和转型发展，动员群众自觉投入环境治理中，构建全民保护生态环境的良好氛围。总体来看，在寿光市绿色发展理念已深入人心，尤其是基层干部和群众深刻认识到"绿水青山就是金山银山"的重大意义，在日常生产生活中始终坚持生态优先、绿色发展，以高水平生态环境保护助力高质量发展。

（二）生态环境治理取得历史性成就

党的十八大以来，寿光市的生态环境保护发生历史性、转折性、全局性变化，美丽寿光建设迈出坚实步伐。

1.生态环境质量大幅提升

近年来，寿光市先后制定出台《关于全面加强生态环境保护坚决打好污染防治攻坚战的实施意见》等"1+1+7"污染防治攻坚方案，扎实推进"亮剑2019""决胜2020"等攻坚行动，燃煤锅炉、燃煤机组、烧结机等全部实施了超低排放改造，拆除淘汰35蒸吨/小时以下燃煤锅炉，组织实施防水卷材、橡胶行业特色产业集群VOCs治理提升，有力促进了环境质量的持续改善，见图6-1和表6-1。2022年，空气质量优良天数264天，空气质量优良率达到72.3%，较2014年增加135天；PM10[①]

---

① PM10为2021年数据。

和PM2.5分别为75微克/米³和37微克/米³，较2014年分别降低47.7%和56.5%，二氧化硫、二氧化氮稳定达到环境空气质量二级标准；重污染已降至3天，比2019年改善11天；环境空气质量综合指数4.39，同比改善3.5%。全市重点河流断面全部消除劣Ⅴ类，稳定达到地表水五类水质标准要求。全面消除农村黑臭水体，整县制推进农村生活污水治理，美丽庭院建成率达60.1%。土壤和地下水环境质量总体稳定。受污染耕地、污染地块安全利用率均达100%。2022年，寿光市入选全省"整县域推进乡村生态振兴"重点打造区域，是潍坊市唯一入选的县市区。[①]

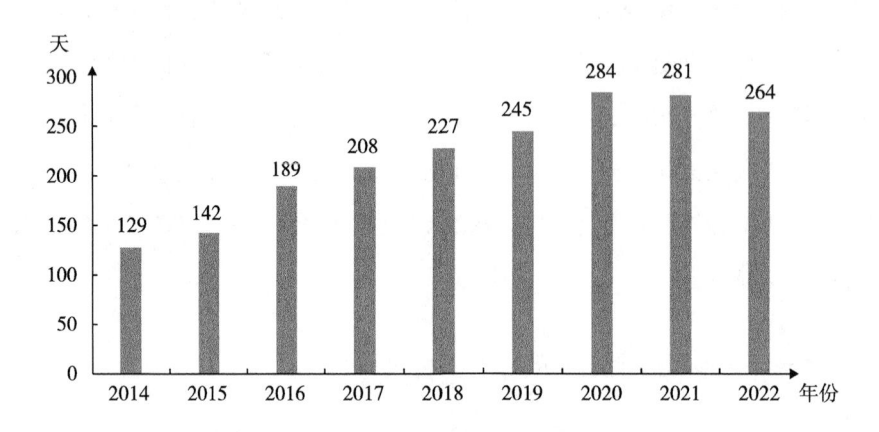

图6-1 寿光市全年空气优良天数

数据来源：2014—2022年寿光市国民经济和社会发展统计公报。

表6-1 寿光市主要污染物浓度　　（单位：微克/米³）

年度	2014	2015	2016	2017	2018	2019	2020	2021	2022
PM2.5浓度	85	79	66	60	53	55	48	42	37
PM10浓度	143	129	109	101	96	100	86	75	—
二氧化硫浓度	61	46	38	31	25	23	20	16	—

数据来源：2014—2022年寿光市国民经济和社会发展统计公报，部分数据研究团队根据官方公布的改善率计算。

---

① 本章数据来源：历年寿光市国民经济和社会发展统计公报，历年寿光市政府工作报告，历年潍坊市生态环境局寿光分局工作总结，寿光市"十四五"生态环境保护规划。

2.发展方式绿色转型扎实推进

寿光市深入推进"四减四增"行动,动能转换持续提速,高质量发展初见成效。产业结构绿色转型,三次产业结构实现了由"二三一"向"三二一"历史性转变[①]。2016—2020年("十三五"期间)退出斜交胎产能7.7万条,压减合成氨5万吨,整治"散、乱、污"企业507家,关闭退出化工生产企业95家,化工企业入园率达到50%以上。推进能源结构调整,"十三五"期间单位地区生产总值能耗同比降低20.8%,煤炭消费占下降14.2个百分点,新能源总装机容量提升至107万千瓦。持续推动清洁取暖,城区基本实现集中供热,农村地区清洁取暖改造扎实推进。推动运输结构调整,淘汰国三营运柴油货车,铁路货运量持续增长,晨鸣、巨能、联盟一分、鲁清石化、国华电厂等企业建成铁路专用线。全市新能源公交车占比超过97%,巡游出租车全部采用油气混合的清洁能源车型。推动农业投入结构调整,单位耕地面积化肥使用量、农药使用量不断下降,有机肥使用量持续增加。"四个结构"优化调整,有力地促进了主要污染物减排(见表6-1),超额完成减排目标。寿光市用水总量控制在28400万立方米以下,2023年万元GDP用水量比2020年下降8%,万元工业增加值用水量比2020年下降5%。

3.生态环境保护与修复稳步推进

目前,寿光市已完成生态保护红线评估调整与勘界定标工作。"十三五"期间先后实施森林资源修复、水土流失治理、湿地保护与修复、生物多样性保护等一批重大工程,国土绿化面积超过18.2万亩,获评"国家生态园林城市""全国村庄清洁行动先进县"等荣誉称号。寿光农业绿色发展模式已基本形成,蔬菜废弃物资源化利用率已超过70%,废旧农用薄膜基本实现全回收,规模养殖场粪污处理设施全部配建到位,粪污综合利用率达到90%以上,农业面源污染防治水平显著提升。通过

---

① 2019年,寿光市第三产业增加值338.4亿元,首次超过第二产业(328.5亿元)。

开展全域美丽幸福河湖创建，15个镇街区全部整建制创建为市级全域美丽幸福河湖镇，丹河争创为省级美丽幸福示范河湖。

4.城乡环境治理能力再上新水平

党的十八大以来，寿光市聚焦群众反映强烈的环境问题，制定了城区环卫作业、农村环境卫生保洁清运、国省道路面保洁、农村公路保洁、河湖沟渠保洁等系列考核办法，增加了政府直接投入，扩大了保洁范围；将城区道路空管区域、农村周边100米范围及其沟塘湾池、铁路沿线，以及部分园区路、连村路、进出村路等纳入统一保洁范围，扩大"三小堆"等混合垃圾、大棚秸蔓等的收运区域；将乡级及以上道路、河湖、沟渠、绿化带（包括道路两侧等绿化带）纳入统一保洁范围。目前，寿光市已全面打破城市管理条块分割体制，将全市村庄、道路、水域、绿化带、铁路沿线等区域全面纳入统一保洁范围，有效解决多头管理带来的矛盾和问题，实现全域化保洁、"一把扫帚扫到底"。城乡环卫实现一体化全覆盖，城镇生活垃圾回收利用率达到100%，全市农村生活垃圾处理率为100%，生活垃圾无害化处理率始终保持100%。2018年以来，寿光市对排污（烟气、污水、挥发性有机物、扬尘）单位安装在线检测设备，并不断完善联网监测系统，实时监控企业污染防治设施运行和重污染天气应急减排措施落实情况，实现了对排污企业生产和排放环节的实时全方位监控。在各镇街区、排污单位、河流、污水管网、公共区域等安装建设了空气站、废水、烟气、挥发性有机物、扬尘、视频摄像头等各类自动监测监控设备1440台套，基本实现了自动监测监控的全覆盖。

（三）生态环境治理的体制机制更加完善

党的十八大以来，寿光市坚持目标导向和问题导向，深入加快破解制约生态环境保护的体制机制障碍，进一步完善生态环境法规体系，善用体制机制、政策、法治、综合施策、科学规划，开展常态化生态保护建设，扎实推动可持续性发展，不断提升生态环境治理能力和水平。

1.加快破解制约生态环境保护的体制机制障碍

调整成立寿光市生态环境委员会，下设燃煤、工业等8个专业委员会，对中央和省环保督察反馈问题建立清单化调度、督查督办、整改销号等机制；建立市、镇街区、村居三级网格化环境监管体系，建立一级网格1个、二级网格15个、三级网格941个，在各级网格派驻环境监管人员1003人，为打好打赢污染防治攻坚战提供了坚实的组织保障；建立林长制（2019年）、河湖长制（2020年）、田长制（2021年），建立健全森林、水、土地等生态资源保护长效机制，严守生态保护红线，强化各级领导干部增绿意识、提质意识、生态意识、责任意识，推进生态寿光、美丽寿光建设；完善生态环境治理的工作机制，针对生态环境违法案件，建立清单化管理制度。对环境问题突出，环保意识淡薄的企业，建立"黑名单"监管制度；综合运用第三方巡查、智慧监控、人工核查的立体监管模式，建立生态环境治理成效、生态环境质量测评，与镇（街道、中心）高质量发展综合绩效考核挂钩。

2.进一步完善生态环境法规体系

划定"高排放非道路移动机械禁用区域"（2022年），减少非道路移动机械排气污染，改善环境空气质量；建立"土壤普查工作机制"（2022年）[1]，强化土壤资源开发利用保护水平；制定"渤海沿岸原油码头等重点风险源专项执法检查制度"（2019年）、《寿光市"绿盾2019"自然保护地强化监督工作实施方案》（2019年）[2]《寿光市湾长制领域生态环境问题排查整治行动工作方案》（2022年），妥善处理好自然保护地建设管理与当地社会经济发展及居民生产生活的关系，对存在环境违法行为的，坚决按要求立案查处；制定《寿光市严厉打击生态环境违法行为综合执法行动方案》（2019年），着力解决执法力度不够，执法精准度不高、企业守

---

[1] 2022年8月，寿光市组织开展第三次土壤普查工作。

[2] 在2017年、2018年"绿盾"专项行动的基础上，对寿光市所有自然保护地存在的问题进行整改，形成"不敢、不能、不想"违规侵占自然保护地的社会环境和政治氛围。

法意识不强、企业违法成本低等一系列长期存在的突出问题，在实战中不断提高执法人员生态环境监管水平，致力于打造一支生态环境执法铁军，为寿光生态环境质量改善提供可靠保障。

3. 善用体制机制、政策、法治

制定《寿光市冬季清洁取暖①工作实施方案》(2021年，2022年)、《寿光市能源消费总量和强度"双控"工作总体方案(2021—2022年)》(2021年)、《寿光市煤炭消费压减工作总体方案(2021—2022年)》(2021年)、《寿光市整县屋顶分布式光伏规模化开发工作实施方案》(2022年)、《寿光市新一轮"四增四减"三年行动方案(2021—2023年)》(2022年)，进一步提高寿光市农村地区冬季取暖清洁化水平，提高能源利用效率，优化能源结构和产业结构，充分发挥新能源在能源供应保障中的作用，加快调整产业、能源、运输、农业投入与用地结构，实现减污降碳协同效应，做好"碳达峰、碳中和"工作，深入打好污染防治攻坚战，持续改善生态环境质量，实现经济社会绿色转型和高质量发展。

4. 综合施策、科学规划

出台《寿光市加强湿地保护修复实施方案》(2019年)、《寿光市农村闲散土地盘活利用实施方案》(2019年)、《寿光市设施农业用地管理办法》(2020年)、《寿光市限额以下乡村建设工程②质量安全管理暂行办法》(2021年)，科学合理规划设施农业用地③布局，确定设施农业用地的数量、规模，并将其分级传导至镇国土空间规划和村庄规划。以保护耕地、节约集约利用土地。提高农村节约集约用地水平，为寿光乡村振兴战略实施和美丽乡村建设提供有力的保障。保障生态用地，助推生态旅游、

---

① 清洁取暖是指利用天然气、电、工业余热、热电联产、太阳能、生物质等清洁化能源，降低污染物排放，减少能源消耗，实现低排放、低能耗的取暖方式。

② 限额以下乡村建设工程是指在农村集体建设用地上，农民个人自建2层以下住宅工程和投资额不足30万元且建筑面积不足300平方米的建设工程。

③ 设施农业用地是指农业生产中直接用于作物种植和畜禽水产养殖的设施用地，各类设施用地按功能分为生产设施用地和与生产关联的辅助设施用地。

生态农业、循环农业发展，改善农业农村生态环境，维护区域生态平衡。完善湿地分级管理体系，完善湿地保护修复保障机制；制定《寿光市蔬菜废弃物资源化利用工作实施方案》(2021年)、《寿光市废旧农用薄膜回收处置利用工作实施方案》(2021年)、《寿光市病死畜禽无害化处理管理办法》(2021年)，为防治农用薄膜、病死畜禽污染，及时对蔬菜废弃物、废旧农用薄膜、病死畜禽及病害畜禽产品进行资源化利用或无害化处理，强化监督、管理和考核，推进农业绿色发展，保护和改善农村生态环境。

5.开展常态化生态保护建设

制定《关于建立耕地和永久基本农田保护田长制实施方案》(2021年)、建立"寿光市自然保护地生态环境保护综合执法联动工作机制"(2023年)，建立耕地和永久基本农田保护各级各部门密切合作、分工负责、齐抓共管的长效机制，寿光生态环境局与自然资源和规划局成立自然保护地生态环境综合执法联动工作组，进一步明确责任分工，加强部门衔接，制订检查计划，对自然保护地内非法开矿、修路、筑坝、建设造成生态破坏和违法排放污染物等执法事项开展日常执法工作，规范自然保护地生态环境日常监管执法；制定《寿光市美丽示范河湖建设实施方案(2020—2023年)》(2020年)、《寿光市农村饮用水水源地保护区划分方案》(2020年)、《寿光市农村生活污水治理实施方案》(2020年)、《寿光市小清河口综合整治修复方案》(2020年)、《寿光市水文管理办法》(2021年)、《寿光市入海排污口分类整治方案》(2021年)、《寿光市全域美丽幸福河湖创建攻坚行动方案》(2021年)、《推动黄河流域生态保护和高质量发展实施方案》(2022年，2023年)，提升水文监测能力，全面推进入海排污口分类整治工作，深化河湖长制、落实河长责任，推进"美丽海湾"建设和全域美丽幸福河湖创建，常态化开展陆海衔接区环境监管、河湖清"四乱"行动，持续开展海河湖问题排查整治，助力美丽宜居乡村建设，加快实现"水润圣城、河清岸绿、生态寿光"目标。针对水旱灾害领域薄弱环节，开展灾害风险调查和重点隐患排查，提高水旱灾害防治能力。严格水资源消耗总量和强度双控，落实最严格水资源管理制度。积极推进城乡供水一体化和农村供水规模化发展，更新改造一批老旧供水工程和管网，推进实施一批小型供水工程标准化建设和改造。深入实施农村供水提质工程，推进农村规模化供水工程建设，提升农村供水能力和水质。

6.扎实推动可持续性发展

制定《寿光市美丽乡村暨农村人居环境综合提升三年行动实施方案（2019—2021年）》（2019年）、《全市农村人居环境整治村庄道路硬化行动实施方案》（2019年），提升乡村道路等基础设施建设水平，全面改善乡村人居环境；制定《全市农村人居环境示范村暨户户通建设工程实施方案》（2020年）、《全市农村厕所改造工作实施方案》（2020年），对示范村建设暨户户通建设工程进行补助，对农村户厕、公厕改造标准进行规定，推进粪污收集处理站试点工程建设，健全农村改厕智能化监管平台建设和运行维护体系，全面提升寿光市农村人居环境建设水平。

二、以生态优势赋能乡村全面振兴的机理

以生态优势赋能乡村全面振兴，必须坚持目标导向和问题导向相结合，立足寿光市经济社会发展和生态环境实际，实现到2035年"基本建成美丽寿光"目标。到2025年，将生态文明理念深度融入乡村振兴的各方面，乡村生态振兴和产业振兴、人才振兴、文化振兴、组织振兴相互融合的发展格局基本形成，生产生活绿色转型成效显著，能源资源配置更加合理、利用效率大幅提高，生态产业快速发展，生态环境质量稳步提升，碳排放强度持续降低，生态系统稳定性明显增强，环境安全有效保障，生态文化特色优势彰显，"低碳、天蓝、水绿、土净、景美"的美丽乡村建设取得重大进展（见表6-2）。

表6-2 寿光市美丽乡村建设指标

	主要指标	单位	指标属性	2022年指标值
低碳	第三产业增加值占地区生产总值比重	%	正向	43.4
	高新技术产业产值占规模以上工业总产值比重	%	正向	48
	煤炭占能源消费总量的比重	%	负向	—
	单位地区生产总值二氧化碳排放值	吨	负向	—
	农村清洁能源普及率	%	正向	69
天蓝	环境空气质量优良率	%	正向	72.3
	空气优良天数	天	正向	264
	PM2.5浓度	微克/立方米	负向	37
	环境空气质量综合指数	—	负向	4.39
水绿	地表水四类水质比例	%	正向	100
	化学需氧量排放量	万吨	负向	—
	农村污水集中处理率	%	正向	54
	农村旱厕改造率	%	正向	87
土净	受污染耕地、污染地块安全利用率	%	正向	100
	配方肥应用面积	万公顷	正向	5.3
	化肥使用量降低率	%	正向	3
	农药使用量降低率	%	正向	6
	商品有机肥使用量	万吨	正向	6.8
景美	城市建成区绿化覆盖率	%	正向	43.1
	城市人均公园绿地面积	米²/人	正向	17.5
	城乡生活垃圾无害化处理率	%	正向	100
	农村村内道路硬化率	%	正向	100

资料来源：研究团队整理。

当前，对标人民对美好生活的期盼、美丽寿光目标，寿光市生态环境治理仍面临诸多挑战。比如，战略性新兴产业创新引领不足，寿光市骨干企业仍以造纸、石化、化工、火电、钢铁等传统行业为主，高耗能、高排放企业多的现状短时间内难以根本改变，以煤炭为主的能源结构和以公路为主的交通运输结构短时间内也难以根本改变，绿色低碳发展水平亟需提升；PM2.5和O_3复合型二次污染对环境空气质量的影响程度持续加深，扬尘管控存在短板，雨污分流不彻底，"三水"统筹格局尚未形成，农村生态环境保护工作基础较为薄弱，农村地区生活污水处理设施运行率低，农业面源污染不容忽视，生态环境持续改善压力巨大；生态文明建设与经济社会发展协调性不足，环境监管能力和机制有待优化，农村生态环境保护缺乏长效机制，生态环境治理体系和能力有待提升；环保基础设施建设仍存在短板，环境风险管控面临较大挑战，环境污染治理边际成本上升、新型污染物日趋严重等问题凸显，生态环境风险全过程、全链条防范体系亟待健全。从全面推进乡村振兴的视角来看，寿光市要直面生态环境治理的问题，以乡村生态振兴推动产业振兴、人才振兴、文化振兴、组织振兴、城乡融合发展（见图6-2）。乡村生态振兴不能仅仅局限于农业农村，要坚持系统思想，整县域、全方位、全过程推进乡村生态振兴。

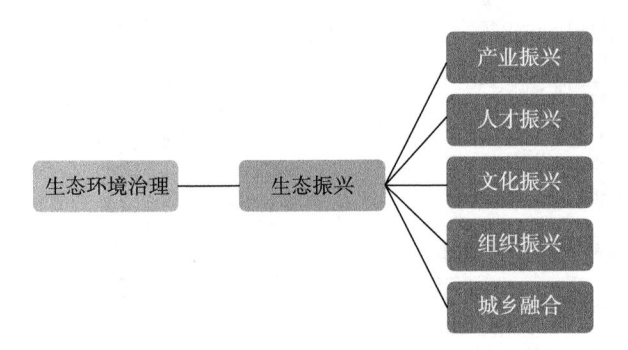

图6-2 以生态优势赋能乡村全面振兴的逻辑关系

资料来源：研究团队绘制。

（一）以绿色低碳发展推动生态振兴

以生态振兴为引领，充分发挥寿光生态优势，扎实推进新旧动能转换和"碳达峰、碳中和"，推动经济社会全面绿色转型，加快建设人民满意的现代化品质寿光。

1.深入调整产业结构，构建绿色低碳产业体系

一是淘汰低效落后产能。以地炼、煤电、水泥、轮胎、化工等行业为重点，分类组织实施转移、压减、整合、关停等任务，加快淘汰低效落后产能。[①]持续开展"散乱污"企业排查整治，淘汰《产业结构调整指导目录》中不符合国家产业政策的僵尸企业和落后产能，对"淘汰类"工艺和装备全部淘汰出清，对"限制类"工艺和装备严禁新建。二是严控重点行业新增产能。重大项目建设，严格落实污染物排放总量和产能总量控制刚性要求，深入实施"四上四压"，坚持"上新压旧""上大压小""上高压低""上整压散"。对钢铁、地炼、煤电、水泥、轮胎、平板玻璃等重点行业严格执行产能置换要求，对"两高"项目实行清单管理，进行分类处置、动态监控，做到产能减量、能耗减量、煤炭减量、碳排放减量和常规污染物减量五个减量。三是推动绿色循环低碳改造。电力、钢铁、建材、石化、化工等重点行业制定碳达峰目标，实施减污降碳协同治理，推进产业布局优化、转型升级。严格落实"三线一单"生态环境分区管控要求，推动"三线一单"与环境质量、排污许可、监测执法等生态环境数据系统及国土空间基础信息平台等其他部门业务平台的互联互通。以钢铁、铸造、建材、石化、化工、工业涂装、包装印刷等行业为重点，开展全流程清洁化、循环化、低碳化改造，促进传统

---

① 比如，淘汰寿光市联盟石油化工有限公司210万吨地炼产能，直径3.2米及以下水泥磨机全部整合退出，产能在120万条以下的全钢子午胎（工程轮胎、航空轮胎、宽断面无内胎等特种轮胎除外）、500万条以下的半钢子午胎（缺气保用轮胎、赛车胎高端产品、超低断面轮胎等特种轮胎除外）企业全部整合退出，不能实现密闭式自动投料的炼胶机及不能实现充氮工艺的子午胎行业硫化设备全部淘汰。

产业绿色转型升级。推动生产、使用低（无）VOCs含量的工业涂料、油墨、胶黏剂、清洗剂等产品，从源头减少VOCs排放。推进城区及周边企业搬迁改造，鼓励和引导企业退城进园。加快生态工业园区建设，推动园区公共设施共建共享、能源梯级利用、资源循环利用和污染物集中安全处置。四是培育壮大新动能。聚焦新一代信息技术、高端装备、新能源新材料、现代海洋、医养健康等优势产业和未来产业，推动新兴产业壮大规模、增量崛起，构建高质量发展新引擎。积极应用物联网、大数据和云计算等信息技术，建立绿色供应链管理体系，加快推进工业产品生态设计和绿色制造研发应用。全面推行"链长制"，围绕重点产业领域，开展强链、建链、补链、保链行动，完善产业链协作配套机制，强化产业链协同创新，提升产业基础高级化、产业链现代化水平。做新做优环境服务业，积极推行环境污染第三方治理、环保管家、环境医院、环境治理综合托管服务等模式，提升环境治理市场化、专业化水平。做精做专资源综合利用业、加强秸秆等综合利用，规范废旧物资回收利用、构建协同高效的资源综合利用产业发展新格局。

2.深入调整能源结构，推动能源结构低碳转型

一是严控化石能源消费。在满足全社会民生、重大项目能源需求前提下，持续推进煤炭消费压减，增加清洁能源供给，加大清洁能源替代力度，进一步控制化石能源消费，逐步实现新增能源需求主要由清洁能源供给。持续淘汰落后燃煤机组，削减小型燃煤锅炉、民用散煤与农业用煤消费量，促进煤炭集中使用、清洁高效利用。扩大城乡集中供热范围，深入推进农村地区清洁取暖改造。按照"因地制宜、多元发展、稳步推进"的原则，依据当地资源禀赋、服务设施布局、经济可承受能力、环境承载能力等因素，科学确定农村地区清洁取暖技术路线、取暖方式和推进次序。二是提高能源利用效率。全面提高工业、公共机构、商贸流通、农业农村、重点用能单位等领域能源利用效率，提高重点工业行业能源使用效率，推进公共机构节能。推行农业农村节能，加快淘汰老

旧农业机械，推广农用节能机械、设备和渔船，重点发展节能型设施农业。三是壮大清洁能源规模。大力推广终端用能清洁化，加快工业、建筑、交通等各用能领域电气化、智能化发展，推行清洁能源替代。实施可再生能源替代行动，大力增加清洁能源生产供给能力，有序推进风电开发，规划布局新能源装备产业。不断扩大太阳能利用规模，推动生物质能资源规模化和市场化开发。持续推进农村电网升级改造，加大农村电网建设力度，全面巩固提升农村电力保障水平。推进燃气下乡，建设安全可靠的乡村储气罐站和微管网供气系统。发展农村生物质能源，持续推进清洁取暖，在集中供暖难以覆盖的城中村、城乡接合部、农村地区因地制宜地推进气代煤、电代煤、热代煤、集中生物质等清洁采暖方式。对暂不具备清洁采暖条件的地区、偏远农村区域，使用清洁型煤、优质无烟块煤、兰炭等清洁煤炭进行替代，采用"清洁煤炭+节能环保炉具"模式。

3. 大力减少交通污染，加快交通运输结构绿色转型

一是减少移动源污染排放。推进国四中重型营运柴油货车、高排放老旧非道路移动机械、老旧农业机械等淘汰，加大检查力度，严禁已淘汰车辆在城市周边、农村等地区非法营运或进入工矿企业内部使用。健全完善柴油货车运行监管机制，实时监控车辆位置、运行轨迹、排放水平等，鼓励港口、铁路货场、物流园区等重点场所使用国四及以上排放标准或新能源非道路移动机械。二是提高新能源汽车比例。加快推进交通用能清洁化，持续推广新能源汽车等节能环保车辆，积极倡导私家车等社会用车清洁化。财政资金购买的公交车、公务用车（除涉及国家安全、侦查办案、防汛抢险救灾等特殊工作要求的车辆外）及市政、环卫车辆，统一采购新能源车。公交（除保留必要交通战备、抗险救灾等应急车辆外）、环卫、邮政、市内货运等行业新增车辆力争全面实现电动化，出租汽车新增及更新车辆选用新能源汽车，同时加快新能源充电桩等汽车配套基础设施建设，鼓励网络预约出租汽车使用新能源汽车。三

是大力发展绿色交通。建设绿色低碳交通综合体系,持续加强公交专用道路、步行、自行车等低碳绿色交通系统建设,提升城乡公共交通出行比重。构建智慧交通服务系统,推进交通运输数字化、网络化、智能化。

(二)以协同治理推动生态振兴

山水林田湖草是生命共同体,围绕解决关系人民群众切身利益的大气、水、土壤污染及生态破坏等突出环境问题,建立健全生态环境保护的监测预警、督察执法、司法保障等体制机制,构建城乡一体、气水土协同的生态环境治理体系。

1.持续改善空气质量

一是减缓温室气体排放。强化多部门联合执法,加强机动车全流程污染管控,依法查处尾气超标排放、治理设施不正常运行、破坏篡改车载诊断系统(OBD)等违法行为。大力发展绿色建筑,推进既有居住建筑和公共建筑的绿色节能改造,鼓励和支持开展农村住房节能改造。实施温室气体和污染物协同控制,制定工业、农业温室气体和污染物减排协同控制方案,加强污水、垃圾等集中处置设施温室气体排放协同控制。加强标准化规模种植养殖,选育高产低排放良种,推广测土配方施肥,控制农田和畜禽养殖甲烷和氧化亚氮排放。二是科学应对气候变化。提升城乡建设、农业生产、基础设施适应气候变化能力。完善防灾减灾及风险应对机制,增强农业抗御自然风险能力,加强主要粮食作物区农业气象灾害应对防范体系建设。统筹提升城乡极端气候事件监测预警、防灾减灾综合评估和风险管控能力,制定应对和防范措施。三是实施空气质量提升行动。大力推进挥发性有机物和氮氧化物协同减排,推动城市PM2.5浓度持续下降,有效遏制O_3浓度增长趋势,实施季节性差异化管控措施,稳步增加空气质量优良天数。全面排查工业源、农业源、生活源涉挥发性有机物产排现状,编制涉挥发性有机物排放源清单。强化重污染天气应对和区域协作,参与大气污染联防联控和重污染应急联动,推动落实统一标准、统一监测、统一执法、统一污染防治措施。加强养殖业、种植业大气氨排放源头防控，优化肥料、饲料结构。加大餐饮油烟污染治理力度，建立动态监管台账。加大其他涉气污染物的治理力度，强化多污染物协同控制。

2.提升水生态环境品质

一是加强水生态环境系统治理。落实河湖长制、渠（沟）长制、湾长制、林长制，强化水资源、水生态、水环境协同管理。实施水资源消耗总量和强度双控，严守水资源开发利用和用水效率控制红线，削减主要水污染物排放总量。增加生态用水保障，促进水生态恢复。推进地表水与地下水协同防治，强化流域污染联防联控，减少受污染河段侧渗和垂直补给对地下水的污染。依托排污许可证，形成"水体－入河湖排污口－排污管线－污染源"全链条管理的水污染物排放治理体系，充分运用现代信息化监管手段，实现流域精细化管理。二是加强水体生态保护。实施农村饮用水水源地保护工程，加强"千吨万人"农村饮用水水源水质监测，健全部门间监测数据共享机制。系统推进城乡黑臭水体治理，防止城市污水向农村转移。三是深化水污染防治。实施入河湖排污口分类整治，以寿光市的弥河、丹河、桂河、张僧河、营子沟等河道为重点，深入开展河流（湖库）入河湖排污口溯源，建立"排污单位－排污通道－排污口－受纳水体"的排污路径，建立排污口"户籍"管理制度。完善城乡污水管网建设，推行污水处理厂、管网与河湖水体联动"厂－网－河（湖）"一体化、专业化运行维护，保障污水收集处理设施的系统性和完整性。狠抓工业污染防治的同时，推进农业面源污染防治。严控畜禽养殖排水，形成粪污收集、存储、转运、处理闭环管理，提升畜禽粪污综合利用率。发展生态农业，推广水肥一体化技术，减少化肥、农药使用量，提升测土配方施肥覆盖率和绿色防控面积。制定整市农业产业准入负面清单，优化农业种植结构，大力推行绿色种植模式，减少大肥大水种植方式。整县制推进农村污水治理，完成重点河流干、支流沿线农村污水治理。四是提升水源涵养功能。有序推进低质低效林改造、湿地生态修复等生态修复工程，涵水于地、涵水于林草，全面提升生态系统涵水功能。扩大节水灌溉规模，提高农田灌溉水有效利用系数。严格高耗水行业用水定额管理，洗浴、洗车、游泳馆、洗涤、宾馆等行业，积极推广低耗水、循环用水等节水技术、设备和工艺。加强再生水、雨水、海水等非常规水的多元、梯级和安全利用，将非常规水纳入水资源统一配置。推动区域再生水循环利用，形成污染治理、循环利用、生态保护有机结合的综合治理体系。开展水系连通及农村水系综合整治，恢复农村河湖生态功能。五是推进美丽河湖建设。在支流入干流处、河流入湖口及其他适宜的区域开展人工湿地净化工程建设，加强河湖生态恢复和综合治理力度。在维护河湖生态功能的基础上，合理建设亲水便民设施，使人民群众直观感受到治理成效、河湖之美。

3.推进土壤污染防治

一是加强耕地污染源头控制。减少化肥使用量，深入推广测土配方施肥技术，加快推广应用配方肥。开展种植绿肥、增施有机肥、施用农家肥，合理调整施肥结构。加强农药规范化生产与管理，健全农药追溯系统，严禁经营和使用禁用农药，严格控制使用剧毒高毒高风险农药，建立实施剧毒高毒农药定点经营和实名购买制度，加大违法违规使用农药执法力度。加快提升科学用药水平，深入推进绿色防控，着力推进统防统治升级。大力推广高效、低毒、低残留农药，运用理化诱控、生物防治、生态调控、科学用药等防控措施，集成推广全程绿色防控技术模式。统筹推进农药包装废弃物、农膜、化肥包装废弃物回收，健全回收体系，推广"环卫+"回收处置模式。二是推进农用地安全利用。严格落实农用地分类管理制度，将优先保护类耕地划为永久基本农田，实行严格保护，确保其面积不减少、土壤环境质量不下降。持续推进受污染耕地安全利用和管控修复，择优选择安全利用技术和农作物种植种类。加强严格管控类耕地监管，依法划定特定农产品严格管控区域，采取种植结构调整等措施，在确保完成寿光市耕地保护目标的基础上，严格管控类耕地退出可食用农产品种植。根据土地利用变更、土壤和农产品协同监测结果等，动态调整耕地土壤环境质量类别。加大对安全利用类耕地和严格管控类耕地产出的农产品临田检测力度。探索逐步开展林地、草地、园地等其他农用地土壤环境质量类别划定等工作，加强林地草地园地土壤环境管理。三是提高绿色生态用地质量。发展绿色种养循环农业，促进粪肥就地消纳、就近还田利用；推广秸秆粉碎还田、快速腐熟还田等技术；在荒地、未利用地等适宜造林地块进行科学绿化，提升国土绿化水平。推进农业垃圾综合利用，形成农业垃圾"产－运－处理"链条。四是加强施工工地生态管控。全面开展城乡清洁行动，对城市建筑、市政、公路、水利等施工场地扬尘进行精细化管控。制定施工扬尘污染防治实施方案，严格落实施工工地扬尘管控责任。全面推行绿色施工，将绿色施工纳入企业资质评价、信用评价。建筑施工工地全面落实"六个百分百"制度[①]，全面落实规模以上建筑工地主要扬尘产生点安装扬尘在线监测和远程视频监控的"两个监控探头"制度，对工地扬尘污染和施工机械管控措施实施动态管理。

（三）加强环境保护推动生态振兴

农村生态环境保护是生态振兴的基石，也是农业农村高质量发展的前提。根据寿光市农村环境质量现状及变化趋势，目前应重点开展农村环境整治、生活污水治理、黑臭水体治理、养殖业污染治理、种植业污染防治。

1.加大农村环境整治力度

以农村生活污水治理、农村黑臭水体治理、农村饮用水水源地保护等为重点，开展农村人居环境整治提升行动。推进农村生活垃圾就地分

[①] 建筑工地周边100%围挡、易扬尘物料及裸露土地100%覆盖、出入车辆100%冲洗、现场道路100%硬化、土方开挖及保洁100%湿法作业、渣土车辆100%密闭运输。

类、健全收集、转运、处置设施体系，强化垃圾资源化利用。推进农村环境卫生综合整治行动，做好非正规垃圾堆放点排查整治，防止出现反弹。深入开展村庄清洁和绿化行动，实现村庄公共空间及庭院房屋、村庄周边干净整洁。鼓励有条件的地区结合农村环境整治，开展美丽宜居村庄建设活动。构建集污水、垃圾、固废、危废、医废处理处置设施和监测监管能力于一体的环境基础设施体系，形成由城市向建制镇和乡村延伸覆盖的环境基础设施网络。

2. 推进农村生活污水和黑臭水体治理

以饮用水水源地保护区范围内村庄、镇街政府驻地和中心村村庄等为重点，因地制宜选取污水处理或资源化利用模式，梯次推进农村生活污水治理。推进城镇污水处理设施和服务向周边农村延伸。巩固提升农村厕所革命成果，因地制宜推进农村厕所革命与生活污水治理有效衔接。健全农村生活污水处理设施长效管护机制，明确设施管理主体，加强管护队伍建设，保障已建成的农村生活垃圾、污水处理设施正常运行。推进农村生活污水治理统一规划、统一建设、统一运行和统一管理。采用集中拉运、市政纳管处理以及村级污水处理站集中处理等模式，健全生活污水治理体系。统筹实施农村黑臭水体治理及水系综合整治，合理选择治理技术模式，实施控源截污、清淤疏浚、水体净化等工程。进一步加强遥感与地面监测"星地协同"，形成农村黑臭水体常态化动态监管机制，对于新发现的农村黑臭水体及时纳入清单管理。

3. 加强白色污染治理

持续开展塑料污染治理行动，依法查处生产、销售厚度小于0.025毫米的超薄塑料购物袋、厚度小于0.01毫米的聚乙烯农用地膜和一次性发泡塑料餐具、一次性塑料棉签，生产含塑料微珠的日化产品，以医疗废物为原料制造塑料制品等违法行为。加强塑料污染全链条防治，积极推广替代产品，增加可循环、易回收、可降解的绿色产品供给。有序限制、禁止部分塑料制品的生产、销售和使用。持续减少不可降解塑料袋、一次性塑料餐具、宾馆酒店一次性塑料用品、快递塑料包装等使用。常态化开展河湖水域、岸线、滩地等重点区域塑料垃圾清理，开展废旧农膜回收处置利用。

4.强化养殖业和种植业污染治理

科学划定畜禽养殖禁养区。支持大型养殖场建设养殖废水处理、沼气等治理设施，因地制宜建设畜禽粪便有机肥厂。规模畜禽养殖场应全部配套粪污处理设施，提升畜禽粪污综合利用率。合理布局水产养殖生产，推进水产绿色健康养殖，严格水产养殖投入品管理，扩大生态健康养殖规模，严格控制河流湖库、近岸海域投饵网箱养殖。强化秸秆禁烧工作，开展重点时段秸秆禁烧专项巡查。推进秸秆全量化综合利用，落实秸秆还田离田支持政策。持续推动蔬菜废弃物资源化利用，全面推广精细化还田、肥料化、生物质燃料三种处理模式，打造蔬菜废弃物资源化利用的寿光模式。健全完善棚膜、地膜、反光膜等废旧农膜及农药包装废弃物回收利用体系和长效机制。

（四）优化生态格局推动生态振兴

优化寿光市生态格局，守住自然生态安全底线，加强生态系统保护与修复，强化生物多样性保护，提升生态服务功能。

1.守住自然生态安全底线

一是落实生态保护红线评估调整。在国土空间规划中统筹划定生态保护红线、永久基本农田、城镇开发边界线三条控制线，衔接国土空间规划、交通、水利、河湖岸线保护利用等相关规划，将存在矛盾冲突的生态功能极重要、生态环境极敏感脆弱区域纳入生态保护红线。二是强化自然保护地体系整合优化。科学划定自然保护地类型、范围及分区，加快整合优化各类自然保护地。严格管控自然保护地范围内非生态活动，稳妥推进核心保护区内居民、耕地、矿权有序退出。三是强化生态保护执法监管。落实生态保护红线和自然保护地生态环境监管制度，各级生态环境部门会同有关部门依法组织开展自然保护地、生态保护红线监督执法，对发现的问题及时反馈，由相关部门依据职责依法依规处理。深入开展"绿盾"自然保护地强化监管，加强重要区域的自然保护地、生态保护红线监督管理。四是建立保护修复成效评估机制。定期对自然保护地、生态保护红线的保护修复成效进行评估，对自然保护地、生态保护红线保护修复和管理情况开展督察，强化主体责任和监督责任。加大对挤占生态空间和损害重要生态系统行为的惩处力度，对违反生态保护管控要求、造成生态破坏的单位和个人，依法追究责任。

2.加强生态系统保护与修复

一是统筹山水林田湖草沙系统治理。推进山水林田湖草沙一体化保护修复，持续开展生态保护修复工程，加强重要生态廊道建设，着力提升生态系统质量和稳定性。完善林长制，科学开展国土绿化攻坚行动。坚持自然恢复为主，强化湿地保护。加强以弥河为重点的水资源保护和水生态建设，与寿光市周边区县共同打造区域湿地景观和自然生态保护地。推行森林河流湖泊休养生息，开展耕地休耕轮作，巩固荒山绿化、退田还湖还湿、退围还滩还海成果。二是科学推进水土流失综合治理。按照《寿光市水土保持规划（2016—2030年）》，因地制宜、分类施策，实施水土保持监督管理和水土流失综合治理。以小流域为单元，加强自然修复和治理保护，通过工程措施、植物措施有机结合，强化坡面防护、径流调控、沟道拦蓄，实施沟坡兼治，保持水土。三是推进城市生态系统修复。在城市更新行动中，推进生态修复和功能完善工程。加强城市自然风貌保护，开展废弃工矿用地修复。实施城市河湖生态修复工程，系统开展城市江河、湖泊、湿地、岸线等治理和修复。高标准推进城市水网、廊道和河湖岸线生态缓冲带建设，恢复河湖水系连通性和流动性。深入推进城市增绿和绿化品质提升，科学规划布局城市绿环绿廊绿楔绿道，构建多层次城市公园体系，加强城郊绿地、绿化隔离地及城市绿色生态屏障等建设。

3.加强生物多样性保护

一是加强生物多样性保护。以弥河陆地生物多样性保护优先区域和寿光滨海海洋特别保护区海洋与海岸带生物多样性保护优先区域为重点，开展生物多样性调查和保护。加强野生动植物保护监督，全面禁止非法交易野生动物。推动实现生物多样性观测常态化，加强生物多样性保护与生物安全宣传教育。二是推进生物遗传资源保护与管理。落实生物遗传资源和生物多样性相关传统知识调查、登记和数据库建设。落实生物遗传资源获取与惠益分享管理制度，加强国家生物遗传资源迁地和离体保藏工作，强化野生生物种质资源收集、保藏，健全种质资源保存体系，开展重要生物遗传资源保护成效评估。三是加强生物安全管理。建立健全生物安全风险防控和治理体系。完善监测和预警体系，持续开展自然生态系统外来入侵物种调查、监测和预警。抓好互花米草、松材线虫、美国白蛾等外来入侵物种长效治理。加强对自然保护地、生物多样性保护优先区域等重点区域外来入侵物种防控工作的监督，开展外来入侵物种清除试点。

三、以生态优势赋能乡村全面振兴的特点

党的十八大以来，寿光市把乡村生态振兴作为拓展创新寿光模式的重要内容，以"整县域推进乡村生态振兴"为引领，坚持遵循规律、整体谋划、因地制宜、守住底线、农民主体的基本原则，构建系统完备的制度体系、精准施策的推进体系、多元融合的保障体系、绿色低碳的民生体系"四大体系"，突出上下联动抓推进、县域联动抓攻坚、建管联动抓落实，全面推动乡村生态振兴迈出坚实步伐。

（一）坚持和完善生态振兴的制度体系

寿光市已将"整县域推进乡村生态振兴"纳入高质量发展和现代化强市建设的总体布局，以生态优势赋能乡村全面振兴并非只是一场运动，

而是创新制度机制、提升生态环境治理能力的过程。

1. 健全生态环境保护统筹协调机制

一是落实党委政府领导责任。乡村振兴战略实施以来，寿光市严格落实党委政府领导责任（书记、市长"一把手"工程），不断深化生态环境机构监测监察执法垂直管理改革。强化生态环境保护责任考核，将考核结果作为领导班子和领导干部综合考核评价、奖惩任免的重要依据，落实"党政同责、一岗双责"。落实生态资源保护发展的责任，开展领导干部自然资源资产离任审计，实行生态环境损害责任终身追究制。二是强化部门协作联动。寿光市严格落实生态环境保护责任清单，落实管发展必须管环保、管生产必须管环保、管行业必须管环保要求。建立健全生态环境部门与相关部门联席会商、联动执法、联合响应机制。实行生态环境保护综合行政执法机关、公安机关、检察机关、审判机关信息共享、案情通报、案件移送制度，对生态环境违法犯罪行为的查处侦办力度持续加大。落实生态环境损害赔偿制度，基本做到了应赔尽赔。同时，扎实推动行政处罚、刑事司法与生态环境损害赔偿工作有效衔接。

2. 严格落实生态环境法规制度

一是全面实行排污许可制。寿光市全面落实以排污许可制为核心的固定污染源监管制度，强化固定污染源全过程管理和多污染物协同控制。环评与排污许可衔接融合，总量控制、生态环境统计、生态环境监测、生态环境执法等生态环境管理制度衔接顺畅，基本实现重点行业环境影响评价、排污许可、监管执法全闭环管理。排污许可证换证或登记延续动态更新工作扎实推进，排污许可证及执行报告填报质量稳步提升。目前，已基本实现企业自我申报排污情况、自我承诺排污真实性、自我监测、自我管理、自我公开信息、自我接受社会监督。建立以排污许可证为主要依据的生态环境日常执法监督体系，严格对排污许可证实施监管，对排污许可落实和执行情况开展专项执法检查，实现排污许可"一证式"管理。二是严格落实污染物排放总量控制制度。近年来，寿光市实施系列重点减排工程，较好地完成绿色低碳转型的阶段性任务。落实国家建立非固定污染源减排管理体系的要求，实施非固定污染源全过程调度管理，强化统计、监管、考核。统筹推进多污染物协同减排，减污降碳协同增效，寿光市确定的重点区域流域、重点领域、重点行业减排工程扎实推进。三是落实环境治理信用制度。建立起环保政务失信记录，政务失信信息共享交换机制也在不断健全。环保政务信用信息使用不断规范，依托"信用中国（山东潍坊）""信用中国（山东潍坊寿光）"网站等依法依规逐步公开。企业环境信用评价工作扎实推进，依据评价结果实施分级分类监管，企事业单位主体责任逐步压实。严格落实黑名单制度，将企业在环境影响评价、社会化环境监测、危险废物处置、环境治理及设施运营、清洁生产审核、污染场地风险调查评估等领域的违法违规信息记入企业信用记录，纳入信用信息共享平台，定期向社会公开。落实国家强制性环境治理信息披露办法，督促上市公司、发债企业等市场主体全面、及时、准确地披露环境信息。

3.健全清单化任务落实机制

寿光市高度重视乡村生态振兴，紧盯生态环境治理的各项任务部署，市委、市政府整合生态环境、农业农村、住建、财政以及各镇街等23个部门单位，统筹推进乡村生态振兴工作。与此同时，寿光市出台了《寿光市市域农村生活污水治理项目实施方案》（2020年），按照"因地制宜、一村一策"的治理思路，计划分三年全部完成寿光市剩余694个村庄治理；建立乡村生态振兴推进机制，出台了《寿光市"整县域推进乡村生态振兴"实施方案》（2022年），将6大任务细化分解为21条具体措施，每条措施都明确了推进计划、工作要求、责任单位，真正做到试点工作有部署、有方案、有成效；建立常态化督导考核机制，出台了《寿光市镇街推进乡村生态振兴成效评估工作方案》（2022年），将乡村生态振兴工作开展情况作为作风竞赛重要内容，全面强化"干好干坏不一样"鲜明导向，安排专职人员对各单位推进中的亮点工作、典型做法、存在问题进行总结和梳理,既交流经验,又鞭策后进,以强有力的监督推动生态环境治理工作落实到位。

4.提升生态环境监管能力

一是健全生态环境综合执法体系。近年来,寿光市着力补齐应对气候变化、海洋环境、生态监管、农业农村、移动源等领域执法能力短板,推进执法能力规范化建设。创新执法方式,加强遥感卫星、红外、无人机等新技术新设备运用,大力推进非现场执法。强化生态环境监管与技术支持基础能力建设,加强重点排污单位在线监测数据超标查处和联合惩戒力度。全面推行"双随机、一公开"监管制度,强化重点园区、重点企业环境监管,构建起以环境信用评级为基础的分级分类差别化"双随机"监管模式。加强部门联动和协同配合,形成工作合力。目前,寿光市已将生态环境保护行政执法事项纳入地方综合行政执法指挥调度平台统一管理,推行"互联网+统一指挥+综合执法"。二是生态环境监管能力大幅提升。经过近几年的探索,寿光市已构建起"纵到底、横到边、全覆盖、无死角"的网格化环境监管格局,大气、地表水、地下水、海洋、土壤、温室气体、噪声、辐射等全部要素的生态环境监管不断加强。将监管责任精准落实到单位、到岗位,确保环境问题全部解决在一线。PM2.5和O_3协同监测与预警、移动源排气监控网络建设、地下水环境监测、重点流域水生态调查监测等水平稳步提升。严格落实排污单位自行监测数据质量主体责任和信息公开制度,完善了企业生产线和治污设施智慧用电监管系统,建立起污染源全过程监管平台。生态环境监测体系、污染源执法监测机制持续完善,排污单位和工业园区污染源自行监测不断规范。严格按照生态环境监测质量管理制度和量值溯源体系,对排污单位和各类生态环境监测机构监督管理不断加强,确保监测数据"真、准、全"。对环境监测和运维机构监管逐渐加强,严厉惩处环境监测数据弄虚作假行为。三是开展农村环境监测工作。寿光市将农村生态环境保护重点工作纳入网格化监管内容,构建起农业农村生态环境监测体系。

特别地，寿光市依托数字社会、数字政府建设，建立起社会经济与生态环境数据要素资源体系，精细化服务感知、精准化风险识别、网络化行动协作的智慧环保治理能力以及生态环境信息化水平大幅提升。

（二）坚持整体推进和精准施策相结合

事物是普遍联系的，世界是相互联系的整体，也是相互作用的系统。推进乡村生态振兴要善于从城乡生态环境的内在联系去把握生态振兴，去认识生态振兴的规律、处理生态振兴面临的难题。[①] 寿光市以生态优势赋能乡村全面振兴，既能坚持系统观念、整体推进，又能充分考虑实际情况、坚持精准施策，坚持整体推进和精准施策相结合是其重要特点。

1. 坚持一村一策（一河一策）、系统治理，实现生活污水变"污"为"净"

乡村振兴战略实施以来，寿光市坚持把打造宜居宜业和美寿光作为"一个目标"，立足因地制宜、以民为本"两个根本"，落实组织、技术、资金"三个保障"。2022年投资8000万元，采用就地利用、集中拉运、建站处理、纳管收集"四种治理模式"，完成治理村庄545个，治理率达63.15%。《寿光市市域农村生活污水治理项目实施方案》，按照"因地制宜、一村一策"的治理思路，计划三年全部完成寿光市剩余694个村庄治理，2022年共完成103个村庄治理任务，超出市定任务16个，省定21个任务村庄已全部完成并通过验收。在推进乡村生态振兴的各项工作中，根据村庄规模、地理位置、人口聚集程度、现有基础设施等条件，在尊重农民意愿的基础上，借助全域13处污水处理厂，对辐射半径内的村庄采取优先纳管和集中拉运，在提升污水治理效果的同时，大大降低了运输和处理成本，也有效解决了冬季污水处理的难题。比如，寿光市投资4.6亿元建成的西城污水处理厂，是全国首座一次性建成日处理量5万吨

[①] 《习近平经济思想学习纲要》，人民出版社、学习出版社2022年版，第163页。

规模的准三类生活污水处理厂，可有效满足周边村庄生活污水处理的需要。同时，实行动态清零，彻底解决黑臭水体问题。建立长效管护机制，对完成治理的农村黑臭水体，定期开展巡查、监测，确保治理水体不返黑返臭。对新产生的黑臭水体，发现一处、整治一处，确保动态清零。

近年来，寿光市针对境内10条市控及以上重点河流，逐一调研分析了影响水质的关键因素，精准落实"一河一策"，从污水处理能力提升、河流生态补水、水产养殖尾水治理等方面，全面抓好综合治理。投资4.6亿元，建成投用了出水主要指标达到三类水质的寿光市西城污水处理厂，新增污水处理能力5万米^3/日，处理后排水作为弥河生态补水，实现了治污效益和生态效益的统一。潍坊市生态环境局寿光分局与水利部门协调联动，适时对缺乏生态流量的弥河、丹河、营子沟等河流进行生态补水；投资700万元，实施了联四沟拦河闸控制工程，2022年已动工，建设后通过水系联通可有效改善提升水质。

2. 坚持城乡一体、统一清运处理，实现了生活垃圾变"乱"为"治"

寿光市依托建立起的覆盖全域的环卫管理体系，自2011年以来将968个行政村及周边、铁路沿线、绿化带、主要国省县乡级道路等全部纳入城乡环卫一体化范围。投资近4亿元建设21座生活垃圾中转站和1处焚烧发电厂，组建300多人的清运队伍，配备保洁员3350人、机械车辆150多部，每天对农村生活垃圾清运一次，农村环境卫生实现统一保洁，生活垃圾实现统一收集清运处理。同时，在15个镇街全面开展垃圾分类试点，配备各类生活垃圾分类桶22000余个。

3. 坚持因地制宜、实现了农业秸秆变"废"为"宝"

寿光市小麦、玉米年产生大田秸秆约80万吨，机械化收割率达到99%，大田作物秸秆除用作动物青（黄）贮饲料，全部还田利用。作为全国最大的"菜篮子"，每年产生100多万吨大棚秸蔓。针对这个实际，我们在做好大田秸秆处理的基础上，把大棚秸蔓作为处理的重点，近6年，对蔬菜秸秆投入9000多万元，全面推广秸秆精细化还田、肥料化、燃料化等模式，不但减少了化肥用量、减轻了环境污染，还增加了土壤有机质含量、培肥了地力。比如，寿光市招引了泰昌生物科技公司，投资1.1亿元建设了年产10万吨的生物有机肥项目，主要利用蔬菜秸秆及畜禽粪便生产生物有机肥和微生物菌剂，年处理20万吨大田和蔬菜秸秆，产品可替代减少底肥使用量30%以上，实现了绿色生态农业双减、土壤绿色生态修复"双促进"。与此同时，强化科技支撑，实施智慧化监管。通过高空瞭望系统24小时监控秸秆焚烧，第一时间安排环境执法人员和所属镇街进行现场核实，近年来，均未出现大面积火点。

（三）坚持以多元融合激活全要素活力

生态环境是一个有机整体，从来不是孤立存在的。生态振兴是一场"人民战争"，要激发各方面活力共同参与到生态环境治理中。寿光市以生态优势赋能乡村全面振兴注重充分调动各类主体参与环境治理的积极性，推动政府、企业、社会组织、公众等多主体共治，构建多元融合的保障体系，突出建管联动，全要素推动乡村生态治理形成合力。

1.充分发挥政府的主导作用

生态环境治理体系是国家治理体系的重要组成部分，是推进乡村生态振兴的基础支撑。在生态环境治理体系中，政府主导是第一位的，通过政府统领全局，主动地介入生态环境治理体系中，引领全社会的力量来关心环保、参与环保、支持环保、践行环保。寿光市以生态环境保护督察和生态文明建设目标评价考核体系为抓手，压实各层级推动环境治理的责任，形成县镇村三级落实的环境治理格局。制定《寿光市"镇街推进乡村生态振兴"成效评估工作方案》，建立县镇村三级包靠管护机制，[①]实施农村环境卫生网格化管理，将试点工作纳入网格员和党员巷长

---

① 目前，寿光市要求各级各部门单位严格落实"三管三必须"要求和属地管理责任，推动建立权责明晰、协调联动的生态环境治理体系，建立并实施"环保吹哨、镇街部门报到"工作机制，形成齐抓共管的"大环保"格局。

日常工作内容，建立日常督、常态看、考核查的落实机制，确保各项部署落实到位、取得实效。总体来看，作为县级政府，寿光市统筹做好监管执法、市场规范等生态环境治理的具体工作，也在实践中较好地解决了污染防治能力弱、监管职能交叉、权责不一致、违法成本过低等问题。深化生态环境领域"放管服"改革，完善重大项目落地机制，推进监督执法"正面清单"制度化、规范化，为新型基础设施、新型城镇化以及交通水利等重大工程建设开辟绿色通道，持续改善营商环境。严格执行投资负面清单要求，抑制高碳投资，创新激励约束机制推动企业减排。严格实施节能审查制度，加强节能审查事中、事后监管。

2.充分调动企业的积极性

在推进乡村生态振兴进程中，企业应强化主体责任，主动采用先进工艺技术和措施，提高资源综合利用率，助推产业转型升级，积极发展节能环保产业。同时，企业要知法、懂法、守法，建立环境保护责任制度，依法公开企业环境信息，并自觉接受监督。近年来，寿光市充分发挥财政、国企"托底"作用，按照"财政拨付一点，国企自筹一点"的思路，建立项目建设"双供给"机制。比如，寿光产投集团包干农村生活污水治理项目，累计投资8200万元，对农村生活污水实施分类治理；寿光水务集团负责农村集中式饮用水水源地保护资金，投资8亿元完成800余个村供水管网改造，有效提升了饮水安全建设管理水平。又如，寿光市统筹各级财政资金，按标准对清洁取暖改造和运行费用给予补贴，不足部分由相关企业、改造户或其他途径合理承担。供热企业是集中供热向农村地区延伸改造实施主体，负责集中供暖向农村地区延伸工作，进一步提高集中供热普及率；清洁能源集中供暖运营单位是清洁能源集中供暖实施主体，负责清洁能源集中供暖改造工作；管道燃气企业负责"气代煤"工程配套燃气管网建设；国网寿光供电公司等配电网运营单位负责"电代煤"工程配套电网改造，其他各实施主体按照职责分工，合力推进工程建设。

与此同时，寿光市建立健全企业推进环境治理的激励机制，引导企业践行绿色生产方式，加强企业环境治理责任制度建设和环境信息公开，形成企业推进环境治理的内在动力和压力。比如，在推动企业节能降耗方面，对企业自愿开展技术改造工作的，寿光市按实施后的年度节能效果实施补助；在鼓励企业减少排放方面，寿光市引导企业主动实施环境污染深度治理或结构性减排，治理措施按期完成且实现了四项主要污染物稳定削减，按工程实际年度减排成效给予补助。采取减排措施并发挥减排效益的单位，形成的可替代总量指标可优先用于本单位新建项目，鼓励企业采取措施减少排放，为区域发展赢得污染物排放总量空间；在税收政策方面，寿光市落实环境保护税、环境保护专用设备企业所得税、第三方治理企业所得税、污水垃圾与污泥处理及再生水产品增值税即征即退等税收优惠政策。近年来，寿光市强化生态环境科技支撑，加快构建市场导向的绿色技术创新体系。以生态环保产业项目为抓手，强化绿色技术产学研协同攻关，加大对企业绿色技术创新的支持力度，初步形成研究开发、应用推广、产业发展贯通融合的绿色技术创新局面。比如，为了解决蔬菜秸秆及禽畜粪便废弃物处理难题，位于寿光市田柳镇的寿光优然牧业有限责任公司自主研究开发了全混式沼气厌氧发酵工艺和智能好氧发酵工艺，实现了粪污无害化处理，沼气、沼渣等得到了资源化利用。

3.动员社会组织和公众共同参与

充分发挥各类社会主体作用，寿光市工会、共青团、妇联等群团组织积极制定措施，动员广大职工、青年、妇女积极参与生态环境保护；行业协会、商会积极发挥桥梁纽带作用，促进行业自律。同时，寿光市生态环境委员会畅通和规范市场主体、新社会阶层、社会工作者等参与环境社会治理的途径，积极搭建平台和载体，广泛发展生态环保志愿服务项目和志愿者队伍。引导具备资格的环保组织依法开展生态环境公益诉讼等活动，鼓励公益慈善基金会助推生态环保公益发展，鼓励村规民约、居民公约加强生态环境保护。近年来，寿光市坚持把乡村生态振兴作为全社会的共同行动，激发社会资本参与的积极性、主动性。比如，引入誉铧生物科技有限公司投资3.6亿元，建设了蔬菜废弃物能源化、资源化煤炭替代综合利用项目，通过"分散收集、集中处理"方式，有效解决蔬菜废弃物处理的难题，项目年产出生物质燃料35万吨，一年就可以替代标煤17.5万吨，减少二氧化碳排放45万吨。积极提升环境治理市场化、专业化水平，支持环境治理整体解决方案、环保管家、环境顾问、区域一体化服务模式，园区污染防治第三方治理示范、小城镇环境综合治理托管服务试点、生态环境导向的开发（EOD）模式试点等创新发展，启动探索"环境医院"建设。寿光市注重发挥环保宣传引导和社会监督的作用，建立环境违法行为有奖举报机制，鼓励曝光各类破坏生态环境问题、环境违法行为等，鼓励人民群众举报各类违法行为，形成主动关心环保、参与环保的浓厚氛围。[①]寿光市还注重开展生态振兴示范创建，积极争创国家生态文明建设示范区、"绿水青山就是金山银山"实践创新基地、国家环境保护模范城市，高质量、高标准开展创建工作。支持美丽寿光建设地方实践，开展美丽城市、美丽乡村、美丽园区等建设，打造新时代乡村生态振兴"寿光样板"。

（四）坚持倡导和践行绿色的生产生活方式

根据马克思主义政治经济学基本原理，生产决定消费，消费也反作用于生产。生活方式的改变可以创造出新的生产需要，创造出生产的内

[①] 潍坊市生态环境局寿光分局高度重视生态文明宣传教育工作，始终保持与时俱进、推陈出新的工作态度与干劲，转变老思路、跟上新需求、提升高能力，多维度发力、多渠道发声、多平台发布，让生态文明宣传飞入"百姓家"、影响"你我他"，营造"人人环保人人参与"的浓厚社会氛围（参见《潍坊市生态环境局寿光分局打出宣传"组合拳"推动生态文明宣教工作迈新阶》，《大众日报》2023年7月25日）。寿光环卫集团成立宣讲团，定期到社区和农村开展"垃圾分类全民行动"主题宣讲活动（参见寿光环卫集团《垃圾分类宣讲进乡村 引领文明低碳新风尚》，《大众日报》2023年10月12日）。

在动机和目的。引导城乡居民形成绿色的生活方式对乡村生态振兴具有十分重要的意义，坚持倡导和践行绿色的生产生活方式也是寿光市以生态优势赋能乡村全面振兴的重要特点。

1. 增强生态文明意识

针对党政干部，寿光市委组织部推动生态环境教育全面融入党政领导干部培训体系和教育体系。在党校、干部培训班开设生态文明教育课程，将习近平生态文明思想纳入各级理论学习中心组学习重要内容，并作为党校、干部培训教学重要内容，加强党政领导干部培训教育；针对青年学生，寿光市教育局将生态文明建设纳入学校教育教学活动安排，培养青少年生态文明行为习惯。推动各类职业培训学校、职业培训班积极开展生态文明教育。推进生态环境保护职业教育发展，加大生态环境保护人才培养力度；针对生态环境保护相关工作人员，潍坊市生态环境局寿光分局创新生态环境保护培训方式，以警示片、守法考试、网上答题等为载体，加大危险废物环境管理、排污许可等培训力度，提高环境管理和排污企业相关人员的业务水平和法律意识；针对普通民众，潍坊市生态环境局寿光分局与寿光市人民法院紧扣"绿水青山就是金山银山"主题，开展生态环境科普活动和普法宣传活动，引导群众积极参与到生态文明建设中。

2. 繁荣生态环保文化

乡村生态振兴既需要硬实力，也需要生态环保文化的软实力。生态环保文化是中华文明的重要支撑，有着"润物细无声"的深远影响。从长远计，生态环保文化是推动生态文明内生发展的不竭动力。近年来，寿光市深入挖掘生态环保文化，将生态文化作为社会化系统工程建设规划并纳入公共财政。在政府主导、社会参与之下，通过以公共财政为主、其他社会资源为辅，公共文化机构为主、其他文化机构和社会组织为辅的方式共同建设。加大农村地区文化建设的帮扶力度，采取多种模式搭建平台，加强生态文明宣传教育，"以文化人""以文育人"，为群众普及生态文化知识、传播生态文化理念。寿光市委宣传部开发体现生态文明建设的网络文学、动漫、有声读物、游戏、短视频等，制作了一批生态环境保护公益广告。潍坊市生态环境局寿光分局利用六五环境日、国际生物多样性日、全国节能宣传周、世界环境日、全国低碳日、世界地球日等重要时间节点，广泛宣传生态文化。开展以"建设人与自然和谐共生的现代化"为主题的"魅力寿光生态菜乡"文艺演出活动，通过歌伴舞、音舞快板、小品、诗朗诵等大家喜闻乐见的形式，向广大市民展示生态环保工作成效，传播绿色低碳生产生活理念，受众人数达到10万余人。在幼儿园、中小学校开展环保科普进课堂活动，通过环境保护知识科普让学生们深切认识到保护环境与每个人都息息相关，引导学生们积极践行绿色环保的生活方式，通过影响一个孩子，带动一个家庭。组成生态文明宣传团深入镇街乡村开展生态文明宣传，使生态文明理念逐步深入人心，筑牢生态安全屏障，全力促进绿色发展，积极打造寿光绿色生态样板。[①]在繁荣生态环保文化的实践中，寿光市还注重挖掘河湖风情文化，聘请一批文化名人担任"文化河长"，鼓励支持"文化河长"和河湖文化爱好者通过多种形式深入挖掘河湖文化和底蕴。编制出版河湖文化系列丛书，以辞赋、散文、书画等形式多维度展示寿光河湖风貌。大力弘扬河湖文化。开展水文化实践教育活动，组织美丽河湖进校园、进社区等志愿者开展爱河护河活动。通过潜移默化的教育、体悟、感化，激发全体市民的护河责任感，营造全民爱河、护河的良好氛围。

3.促进资源节约集约利用

寿光市水资源总量2.31亿立方米，人均占有量208立方米，不足全国人均占有量的1/6，属于资源型缺水城市。近年来，寿光市深入贯彻落实"节水优先、空间均衡、系统治理、两手发力"治水思路，把水资源作为最大的刚性约束，开源与节流并重、保护与开发并行，扎实推进节

---

① 《潍坊市生态环境局寿光分局打出宣传"组合拳"推动生态文明宣教工作迈新阶》，《大众日报》2023年7月25日。

水型社会建设。2021年，万元GDP用水量较2015年降低22%，规模以上工业水重复利用率达到92%以上，农业灌溉水有效利用系数达到0.6802，地下水平均埋深由2016年1月的26.99米上升到2022年2月的14.59米。健全完善节水体制机制，成立了县级统筹、部门主体、社会参与的节水型社会建设工作专班，先后出台了《寿光市工程建设项目节水设施审查监督验收办法》《寿光市落实国家节水行动实施方案》《寿光市人民政府办公室关于实施全民节水行动推进节水型社会建设的意见》《关于贯彻落实习近平总书记在深入推动黄河流域生态保护和高质量发展座谈会上重要讲话精神和视察山东重要指示要求责任分工》等政策文件，实施规划和建设项目节水评价制度，严格控制高耗水项目建设。全面推进农业节水增效，寿光市牢牢抓住农业节水特别是设施蔬菜节水这个工作重点，累计投入5亿元，全域化改善蔬菜灌溉条件，全部实现了喷灌滴灌微灌等高效节水灌溉，蔬菜水肥一体化推广面积达到20多万亩，亩均节水40%~60%，每亩节省成本600元，年节水3000万立方米。近年来，寿光市深化工业企业"亩产效益"评价，盘活闲置低效土地。农业方面坚持挖潜"生"地，不断开展废弃盐田和盐碱地整理，先后利用废弃盐田复垦农用地面积1.12万亩，新增耕地1.04万亩，实现节余指标1.12万亩。此外，寿光市还加强污泥安全处置和综合利用，建设污泥独立焚烧处置工程；加强生活、建筑、工业和危险废弃物的利用和处置，全面落实生产者责任延伸制度，建立布局合理、管理规范的废旧物品回收体系，推动固体废弃物减量化、无害化、资源化利用。

4.践行绿色低碳的生活方式

一直以来，寿光市委、市政府高度重视倡导简约适度、绿色低碳的生活方式。从机关事业单位开始，组织开展各类环保实践活动，广泛动员社会公众积极参与到绿色生活行动中，全面推行绿色低碳的消费模式和生活方式。积极开展绿色生活创建活动，创建节约型机关、绿色家庭、绿色学校、绿色社区、绿色出行、绿色商场等。鼓励宾馆、饭店、景区推出绿色旅游、绿色消费措施，制止餐饮浪费行为；践行"光盘行动"，严格限制一次性用品、餐具使用；在机关、学校、商场、医院、酒店等场所全面推广使用节能、节水、环保、再生等绿色产品。寿光市全面推进绿色生活设施建设，建设城市"绿岛""慢道"，倡导骑行、步行、低碳出行等绿色出行方式，市政项目建设时充分考虑居民绿色出行便利性和可达性。实行公共交通优先，实施村村通新能源公交工程，以补贴形式支持低排量汽车消费，开展"无车日"等公益活动。[①]积极倡导低碳出行方式，截至2023年10月投放共享单车4500辆，共享助力车1500辆，公共自行车3000辆，解决了市民出行"最后一公里"问题。近年来，寿光市不断健全完善绿色交通体系，加快充电桩、充换电站、加气站、加氢站等基础设施建设，提高公共服务领域新能源汽车使用比例；强力推进党政机关和公共机构、企事业单位使用新能源汽车，城乡居民使用新能源汽车规模稳步扩大；推进社区基础设施绿色化，推广节能家电、高效照明产品、节水器具等，强化社区垃圾分类投放的宣传与推进。

---

① 截至2023年10月，寿光市有城市公交线路20条，城乡公交线路45条，公交车544辆，其中城市公交车304辆，城乡公交车240辆，行政村已全部实现村村通公交。每年公交乘坐达370万人次，实行60周岁（含60周岁）以上老年人残疾人、现（退）役军人、高层次人才、星级志愿服务者等群体免费乘车政策，每月免费乘车达10余万人次。

结　语

新征程寿光模式的创新提升思路

寿光模式是伴随40多年波澜壮阔的改革开放历程一路探索、实践形成的，从单纯的"寿光大棚"到"农业产业化"，再到以蔬菜产业化引领的"产城互动、城乡融合"，寿光模式在寿光人民的不断创新提升中不断展现新内涵、谱写新篇章。新时代新征程，在推进乡村振兴的背景下，寿光市围绕农业高质高效、乡村宜居宜业、农民富裕富足，推进产业全链条融合、城乡全要素融合、治理全领域融合，加快乡村经济结构、人口结构和空间结构同步优化，乡村生产方式、生活方式和治理方式同步改进，乡村收入水平、文明水平和生态水平同步提升，实现了由以城带乡到一体均衡、再到无差别融合发展的新跨越，为实现农业农村现代化探索出一条新路。

新时代新征程，寿光市委、市政府和广大寿光人民，要充分发扬历史主动精神，认识和运用中国式农业农村现代化规律，把握大势，在党建引领、有为政府和有效市场的前提下，打造以农业科技创新、现代种业、智慧农业和社会创新为驱动的升级版寿光模式。

一、全面总结和系统建构寿光模式基本内涵、学理道理及其方法论体系，以模式输出替代现有的技术、标准输出

寿光农民早已走出寿光、走出山东，甚至走出国门，指导各地农业生产者种植蔬菜；寿光企业也早已在全国各地"开疆拓土"，帮助建设

和经营蔬菜产业园区；寿光蔬菜的种植技术、质量标准已成为引领全国蔬菜生产的领跑者，全国蔬菜质量标准中心就设在寿光。但是长期以来，似乎始终侧重于输出产品、输出人才、输出技术，输出标准的工作虽然在大规模进行，但也是局限在种植技术、园区运营、产业管理等操作性、微观性的生产力要素层面，而在输出机制、输出体系等制度性、模式性层面还比较欠缺。这与长期以来，将寿光模式的认识定位于农业现代化有关，与对寿光模式全面深入研究的缺乏有关。

寿光模式不是特指蔬菜产业发展的模式，而是中国县域经济社会发展的模式，是在县域范围内正确处理城乡、工农关系的样板，是县域农业农村现代化的模式。尽管寿光以蔬菜著名，但是蔬菜只是寿光成功的载体和表现形式，寿光今天的成就，绝不仅仅依托于蔬菜产业发达这一个方面。寿光蔬菜产业的成功是综合因素结构性优化的成果，寿光模式当然还要比寿光蔬菜产业这一个方面复杂很多。我们应当从认识论和方法论层面理解习近平总书记肯定寿光模式的精神内涵，从底层逻辑和本质含义上进行系统、全面和理性的总结。从学理到哲理，从道理到方法，从操作层面到制度层面，从战略层级到战术层级，从技术领域到运营领域，涵盖"五大振兴"，协同推进县域乡村发展、乡村建设、乡村治理的全面系统经验的集成才是真正的寿光模式。在此基础上，将其进一步显性化、指标化、数字化甚至指数化，成为一整套县域农业农村现代化发展的案例库、说明书、规则体系和操作指南。

这样，拓展寿光模式就有了明确的依据，其他地方学习借鉴寿光模式也就有了从感性认知、实践案例到理性认识、路径指引、政策集成的清晰明确的范本，农户个体之间、各类企业之间、地方政府之间，几个层面各自都有了学习复制的明确样板。同时，也可以在更广阔的空间范围内推广和输出，即从省内到省外、从国内到国际进行模式输出。

二、回答"时代之问",紧紧围绕实现中国式农业农村现代化进行创新提升

新时代的寿光模式要在解决"不平衡不充分的发展"方面交出满意答卷,要回答"实现共同富裕"的"时代之问"。习近平总书记指出:"在我们这样一个拥有近十四亿人口的大国,实现乡村振兴是前无古人、后无来者的伟大创举,没有现成的、可照抄照搬的经验。我国乡村振兴道路怎么走,只能靠我们自己去探索。"[①]要着力从习近平总书记强调的"聚焦农民和土地的关系、农民和集体的关系、农民和市民的关系,推进农村产权明晰化、农村要素市场化、农业支持高效化、乡村治理现代化,提高组织化程度,激活乡村振兴内生动力"等方面出发,解决这些在全国普遍存在、在寿光表现也十分突出的农业农村发展深层次矛盾问题,实施开创性实践,进行理性化提炼,形成政策性范例,在深化农村改革上走在前,奋力蹚出一条实现农业农村现代化的新路子,用这条路子更好实践我们党的创新理论,更好地体现中国特色社会主义本质特征和制度优势。

寿光模式脱胎于城和乡相分离、工与农相脱节的客观时代背景,是特定历史发展阶段的产物,主要着眼于农业现代化的单一任务,带有目标的局限性,与乡村振兴的"农业农村现代化"的总目标任务要求还存在较大差距。

习近平总书记提出,"新时代'三农'工作必须围绕农业农村现代化这个总目标来推进",特别强调实施乡村振兴战略的总目标是农业农村现代化。因此,对寿光模式的定位,提升拓展寿光模式的方向,都应当超越农业产业化的分析框架,不能局限在农业现代化一个方面,而是以实

[①] 习近平:《论"三农"工作》,中央文献出版社2022年版,第278—279页。

现农业农村现代化为目标。农业农村现代化既包括物的现代化，也包括人的现代化、乡村治理体系和治理能力的现代化，目标是从做大农业产业规模向做强农业产业质量转型。

应当承认，对于什么是农业现代化，以及怎样推进农业现代化，我们有比较深切的体会，有比较丰富的实践，也积累了很多成功经验。但是对于农村现代化，我们的认识体会还不深，实践积累还不多，理论认识和相应的政策储备还相当不完备。必须从习近平总书记明确指出的"农村现代化既包括'物'的现代化，也包括'人'的现代化，还包括乡村治理体系和治理能力的现代化"三个方面同时进行深入思考，深刻认识农村生产力水平提高对农村生产关系的巨大影响，深入分析农村生产方式、农民生活方式和思维方式、农村治理方式同步演变的内在规律，积极探索农业农村现代化的实现方式和实践路径，并不断丰富其政策含义，尽快构建农业农村现代化政策体系。在具体实践中，应侧重在以下几个方面发力。

首先，对标现代农业和高质量发展要求，坚持产业为基、全面振兴，坚持片区带动、全域提升，坚持城乡融合、全要素支撑，不断深化农业供给侧结构性改革，优化农业产业结构，强化农业产业发展动力，完善农业产业组织。

其次，提升品质、提高效益，着眼于强龙头、全链条、拓产业、控标准，主攻农产品精深加工，主攻"农业+"新产业、新业态，全力实现农业现代化在更高层次更大范围内的布局与深化。

最后，坚持农业一二三产业融合发展，加快农业产业链、价值链、供应链的"三链重构"，推进全环节升级、全链条升值、全产业增效。

三、强化创新驱动，以新质生产力助推寿光模式的提升

深入实施创新驱动发展战略，做到生产力领域和生产关系领域同步创新。激活和发展新质生产力，推动寿光模式迭代升级。

结　语
新征程寿光模式的创新提升思路

　　新质生产力的核心就是创新，即以新技术、新经济、新业态为主要内涵的生产力，强调科技创新的重要性及主导作用，把创新驱动作为生产力的关键要素。农业新质生产力涉及现代农业技术、智能装备、数字技术、新能源技术、新型农业经营方式等诸多方面，能够对传统农业生产方式进行深度改造和升级，推进跨界融合，延长产业链条，形成产业集群，促进农业生产的现代化、智能化、绿色化和可持续化。新质生产力改变传统农业生产方式，有助于吸引更多人才回归参与到推动乡村全面振兴之中，推进劳动者、劳动资料、劳动对象及其优化组合的跃升，有利于提升农村公共服务水平、改善农民生活质量、促进乡村治理现代化；新质生产力是符合新发展理念的先进生产力质态，能够形成绿色、可持续发展的科技创新，推动农业绿色发展，实现乡村生态美、产业兴、百姓富的有机统一。以新质生产力推动乡村全面振兴，对于推进乡村振兴战略、创新提升寿光模式具有重要意义。

　　新征程上，寿光应扛起形成和发展农业新质生产力，加快农业农村现代化、推进乡村全面振兴的使命担当，把加快形成和发展新质生产力贯穿到实施乡村振兴战略的全过程，为推动农业农村高质量发展作出新的贡献。

　　首先，以农业新科技、数字化新技术、人工智能新技能推进并激发现代农业产业变革，形成新的农业产业业态，创新农业生产及经营方式，促进农业与其他产业高度融合。根据本地的资源禀赋、产业基础、科研条件等，有选择地推动新产业、新模式、新动能发展，用新技术改造提升传统产业，积极促进产业高端化、智能化、绿色化；以新质生产力为基础，借助各种高新技术手段，实现资源的有效开发，尤其是充分借助信息化、数字化、自动化、智能化的新兴技术优势，推动产业链和供应链融合发展，实现产业提档升级。特别是要抓住数字化机遇，提高寿光模式的数字化程度，强化数字化赋能，释放数字化红利，以数字技术抢占农业农村现代化制高点。加快推进农业农村现代化。

其次，加快科技创新步伐，培育和激活新质生产力，助推寿光产业实现高质量发展。加快新产品、新工艺、新技术研发，加快工业机器人、智能物流管理等技术和装备的推广应用，助力传统产业转型升级；坚持高点定位、创新驱动，以新质生产力培育壮大战略性新兴产业，推进新兴产业集群化、高端化突破发展；培育和激活新质生产力，推进农村现代化。通过技术迭代、产业升级、基础设施完善和社会治理改革等，全面提升农村经济社会发展水平，提升农民群体的整体素养，推动农民的生产方式、生活方式、思维方式、技能素质等向现代化转型。

最后，培育农业农村领域新质人才、新型劳动者。通过政府引导、企业参与、教育培训、技术支持等措施，培养具有现代科技素质、市场意识、经营管理能力和较强农业技能的专业农民群体，培养产业开发、创意生产、技术创新、营销推广等适应农业产业发展的各种专门人才。依托潍坊科技学院加大农业新质人才、新型劳动者的培养、培训，持续强化企业创新主体地位，强化项目、资金、人才、平台融合创新，为产业发展提供源源不断的动力；建立新型职业农民资格认证体系，对符合条件的农民进行专业技能等级认定，给予相应的政策待遇，设立奖励机制表彰优秀农民。

四、坚持"农业农村优先发展"原则，深化提升寿光模式

改革开放以来，我们党先后提出"统筹城乡经济社会发展""工业反哺农业、城市支持农村""促进城乡经济社会发展一体化""以城带乡、以工促农"等一系列重要论断。在这些政策语境中，虽然已经对农业农村给予了高度重视，但农村始终还是被定义为落后的、被动的、消极的、弱势的一方，与作为先进的、主动的、积极的、强势的城市相对应。在这种城乡关系条件下，农村仍然是作为城市的附属而存在，处于"先进-落后"的二元对立状态。农村工作的重心必然还是指向城市和工业

发展的目标，服从服务城市和工业发展的阶段性特点，农村更多只是手段，不构成目的本身，这种状态可以称为农村的"无主体性"或"去主体性"。

习近平总书记指出，"把农业农村优先发展作为现代化建设的一项重大原则，把振兴乡村作为实现中华民族伟大复兴的一个重大任务"[①]，历史性地把农业农村工作摆在党和国家工作全局的优先位置。把握农业农村"优先发展"原则，就不能理解为片面强调以城市带动农村、以工业带动农业，而是要改变对农村地位性质的定义，使农村建设发展成为目的本身，要赋予农村与城市平等、对等的主体地位，将农村地区作为独立的而非附属的战略区域赋予发展优先权，在干部配备上优先考虑，在要素配置上优先满足，在资金投入上优先保障，在公共服务上优先安排，加快补齐农业农村短板。

五、坚持县域整体推进

实现以县为单位的乡村振兴意义重大。以县为单位的乡村振兴的可行性就在于县域经济的整体性，以及县域政治、文化、社会、生态文明的整体发展。通过构建县域治理体系和发展县域经济，可以推动内源型城乡融合发展。可以说，县域治理搞好了，县域经济发展了，县域的政治、文化、社会、生态进步了，乡村振兴就实现了。

必须大力推进"县-乡-村"体系化布局，以县域为单元整合资源、统筹力量、整体推进。要以县为单位，设立"五大振兴"协同推进机制、工作抓手和实施平台，统筹各种要素资源，形成体系配套，综合使用多种政策工具，实现经济布局、人口结构、空间布局协调统一。

应继续推进县域全域振兴，进一步破除妨碍城乡要素平等交换、双

---

① 习近平：《论"三农"工作》，中央文献出版社2022年版，第240页。

向流动的制度壁垒，促进发展要素、各类服务更多下乡，把强县和富民统一起来，把改革和发展结合起来，把城镇和乡村贯通起来，在实现县域全域振兴方面走在全省、全国最前列。

要积极推进城乡融合，这种融合不是就城市谈城市、就农村谈农村，而是兼具城乡要素性质的生产生活方式和新的生产生活共同体、新的社会组织运行方式、新的治理方式和治理体制。通过城乡要素、产业、居民、社会和生态等的全面融合，加快构建新型工农城乡关系，让农村成为农民安居乐业的宜居家园。

做好空间规划、乡村规划、行政区划。将经济区与行政区适度分离，优化资源配置，释放发展活力。以"超越村庄"的片区化发展，构建新型农村生产生活共同体。强化功能区划，在原有的县-乡-村行政区划体系基础上创新"城乡融合支撑点"，以此全面改善农村基础设施条件和农民居住生活条件，提升农村地区负载产业和人口的能力水平，使农村地区成为拉动内需的重要渠道、消化产能的重要阵地、经济建设的重要战场。

六、高度尊重和充分发扬农民首创精神

乡村振兴要为农民而兴，乡村建设要为农民而建。农民是乡村振兴的主体，农民满不满意是衡量乡村振兴成效的唯一标准。寿光模式主要经验是以农民为中心的产业化，即充分调动广大农民的积极性，发挥农民首创精神，依靠农民启动和推进产业化，同时，始终坚持以产业为民、产业富民为目标。寿光模式贯穿始终。新征程创新提升寿光模式，仍然要坚持以"提升人民生活品质"为目标。乡村振兴是涉及"三农"问题的全新课题，许多领域、许多方面都需要创新。在实施乡村振兴战略中，作为基层组织，既要找准选对适合产业发展的路径、模式和方向，更要善于引导鼓励农民创新实施先进生产模式，充分发挥好农民的主体作用

和创造精神,将广大农民的聪明才智汇聚成乡村振兴的强大能量。

习近平总书记反复强调,农业强不强、农村美不美、农民富不富,决定着亿万农民的获得感和幸福感,决定着全面小康社会的成色和社会主义现代化的质量。寿光模式的提升和创新要始终坚持以富民为目标,坚持农民的广泛参与和直接受益,把农民增收致富作为乡村振兴的基础工程。